高等职业教育安全保卫专业群规划教材
北京市职业教育分级制改革试验项目成果

与人交流能力训练教程

海 南 主编

中国人民公安大学出版社
·北京·

图书在版编目（CIP）数据

与人交流能力训练教程/海南主编．—北京：中国人民公安大学出版社，2022.1
高等职业教育安全保卫专业群规划教材
ISBN 978-7-5653-4432-9

Ⅰ.①与… Ⅱ.①海… Ⅲ.①人际关系学—高等职业教育—教材 Ⅳ.①C912.11

中国版本图书馆 CIP 数据核字（2021）第 260052 号

与人交流能力训练教程
海 南 主编

出版发行：	中国人民公安大学出版社
地　　址：	北京市西城区木樨地南里
邮政编码：	100038
经　　销：	新华书店
印　　刷：	涿州市新华印刷有限公司
版　　次：	2022 年 1 月第 1 版
印　　次：	2022 年 1 月第 1 次
印　　张：	13
开　　本：	787 毫米×1092 毫米　1/16
字　　数：	300 千字
书　　号：	ISBN 978-7-5653-4432-9
定　　价：	45.00 元
网　　址：	www.cppsup.com.cn　　www.porclub.com.cn
电子邮箱：	zbs@cppsup.com　　zbs@cppsu.edu.cn

营销中心电话：010-83903991
读者服务部电话（门市）：010-83903257
警官读者俱乐部电话（网购、邮购）：010-83901775
教材分社电话：010-83903259

本社图书出现印装质量问题，由本社负责退换
版权所有　侵权必究

高等职业教育安全保卫专业群规划教材

编审委员会

主　任：许传玺
副主任：杨玉泉
委　员：李　伟　　付忠勇　　杨　春　　朱　明
　　　　海　南　　李万明　　金玉兰　　张　林
　　　　李国华　　周　超　　者美杰　　史彦林
　　　　屠连生　　殷卫宏　　尹　杰　　孙风雨
　　　　秦嘉黎

与人交流能力训练教程

主 编：海 南
副主编：周 唯 赵 寅

作者简介

海南，女，北京政法职业学院副教授。主要研究方向为教育管理、职业教育课程与教学论。北京市职业教育分级制改革试验项目——安保管理专业以及北京市职业院校特色高水平骨干专业群——安全保卫专业群项目建设核心成员，先后主持北京市教育科学规划课题、参与国家级教育科学重大课题研究，获得国家级教育教学成果二等奖，司法部职业教育教学成果一等奖，北京市职业教育教学成果二等奖等多个奖项。主编、参编"十三五"国家规划教材2部，发表论文30余篇。

前　言

　　20世纪末至今，一场波及全球的新技术革命在世界范围内引发了市场需求结构的巨大变化，推动了各国产业结构的调整和改组，改变了各国社会经济发展的格局和速度。这种巨大的变革必然会从根本上影响社会职业结构和就业方式的变化。大批新职业以超出人们想象的形式和速度出现在社会生产和生活之中。这些新职业工作岗位的技术更新快、技术复合性强、智能化程度高，工作的完成更多地依靠劳动者的善于学习，会解决实际问题，并具有改革创新精神。与此同时，安全服务领域的工作方式也发生了很大变化，产品、服务和管理更注重以人为本的理念，工作的完成更多地依靠每一个人的团队合作精神和与人沟通的能力。加之工作流动加快，人们在职业生涯中要不断改变职业，不论个人目前掌握何种技术，都不能保证成功地应对今后的工作，社会最需要的是能不断适应新的工作岗位的能力。未来的劳动者需要具备什么样的能力？我们的职业教育和培训能否适应企业和劳动者的就业需要？

　　在人才培养的实际过程中，安保专业群不仅需要重视加强学生专业能力的培养，还需要加强学生的就业和可持续发展能力的培养，以帮助毕业生更好地适应未来的工作、生活。本教材正是针对专业群所在的首都北京区域经济发展的实际需要，结合安全服务职业领域对毕业生全面素质的要求，总结安保专业群人才培养过程中对学生综合职业能力的培养经验，针对如何提升专业群学生的职业核心能力，特别是提升与人交流能力而编写的。

　　本教材在编写体例上，体现了行动导向的教学模式在职业核心能力训练中的运用。采用模块化、项目式教材体例，每个模块下设置教学项目，每个项目均按照明确目标、方法指导、知识准备、行动训练和综合评价的教学流程进行编写。

　　本教材在内容的选取上，主要对照原劳动和社会保障部开发的"职业核心能力培训认证体系"中"与人交流能力"的标准要求，侧重于交谈讨论、当众演讲、阅读和书面表达几个方面，能力层级上侧重于适应高职学生能力特点和未来工作需要的中高层级能力的训练。各训练项目中可能涉及多个知识系统，我们不追求该知识的系统描述，只选取必需的知识点，以"够用为度"组织学习。训练项目的编写顺序符合职业能力训练由简单到复杂能力的训练规律，既能够辅助教师指导学生开展训练，也便于学生课外开展自学，体现了"能学辅教"的功能。

　　本教材在能力训练项目的设置上，综合考虑了校园内课堂教学和第二课堂开展活动的需要，也呼应了学生求职就业的实际需求，使本教材既能成为专业群校内限选、任选课程的教材，也能成为其他专业学生或者社会学习者提升与人交流能力、参加全国职业核心能力认证或参加公务员考试等方面的参考教材。在参考范文的选取上，严格依照教育部教材编写和选用的有关要求，侧重于中华传统经典篇目的选用和贴近高职学生工作生活实际例文的选用，既保证了范文的思想性、文化性，也保证了针对性和时效性。

本教材的编者均具有教育学背景和较为丰富的相关课程的教学经验。教材由北京政法职业学院海南老师任主编，并承担了本教材模块一全部项目，模块三项目二，模块三项目一及模块四项目一"知识准备"部分的编写，同时承担各教学模块综合训练的设计与撰写，并负责了教材整体框架及内容的梳理和审定；第一副主编由北京政法职业学院周唯老师担任，并承担本教材模块二全部项目、模块三项目一部分内容以及附则的编写；第二副主编由北京政法职业学院赵寅老师担任，并承担了本教材模块四项目二、项目三以及项目一部分内容的编写。

本教材在编写过程中参考了职业核心能力训练、公务员考试辅导、应用文写作等领域学者同行的研究成果，在此一并表示衷心的感谢！限于水平，疏漏之处难免，期待广大师生和同行及时指出，不吝赐教！

编者

2021 年 8 月

目 录

模块一 交谈讨论 (1)
 项目一 学会倾听 (1)
 项目二 自我介绍 (9)
 项目三 交谈与讨论 (15)
 项目四 说服的艺术 (21)
 项目五 辩论的技巧 (27)
 综合训练——无领导小组讨论 (38)

模块二 当众演讲 (41)
 项目一 演讲的准备 (41)
 项目二 演讲稿的撰写 (47)
 项目三 演讲的有效表达 (55)
 综合训练——就职演讲主题活动 (61)

模块三 阅读 (63)
 项目一 学会阅读 (63)
 项目二 申论阅读与写作 (82)
 综合训练——《申论》模拟试题 (95)

模块四 书面表达 (101)
 项目一 公文写作 (101)
 项目二 事务文书写作 (131)
 项目三 科技文书写作 (152)
 综合训练——大学生专题研讨大赛 (168)

附 则 (170)
 全国职业核心能力（与人交流能力）测评（中级）文件包及填写指导 (170)
 全国职业核心能力认证过程测评文件包 (184)

主要参考文献 (198)

模块一　交谈讨论

【教学目标】

本模块主要通过对口语表达能力的训练，首先帮助学生掌握说话、说服和交谈讨论的技巧，培养学生把握交谈的主题、交谈的时机，准确地表达自己的观点能力。训练学生运用恰当技巧，说明自己对事物或问题的见解，揭露对方的矛盾，以便取得最后的认识或共同的意见的辩论能力。同时，培养学生综合运用上述技巧在指定情景中恰当进行交流表达的能力。

【教学提示】

本模块共设五个训练项目，并根据交流表达能力培养的顺序确定五个项目的学习顺序。各项目的训练依据行动导向法的要求，在每个能力点均根据"明确能力目标、确定训练任务、做好知识准备、情境训练行动、训练效果评估"五个环节组织教学和训练。在五个项目各能力点的单项训练结束后，在本模块最后设置综合训练项目，帮助学生形成完整的能力素质。

项目一　学会倾听

◎ 训练目标

学会倾听，体会倾听带给我们的心与心的沟通魅力。

◎ 训练任务

认识自我的倾听能力，掌握克服影响倾听效果的障碍的方法，养成用心倾听的习惯，掌握换位思考及倾听反馈的方法，在反复训练中提高倾听能力。

◎ 知识准备

倾听的方法策略

倾听是指接收口头及非语言信息，确定其含义和对此作出反应的过程。倾听是人类了解、接触社会最基本的手段，也是人类沟通情感的重要法则。听在沟通过程中起着相当重要的作用，使用适当的倾听技巧，能够很大程度上提高沟通的质量，让倾听者成为善解人意的交流者。

一、"听"的重要意义

听，是一种重要的沟通能力，很多人认为听是人类天然的本能，在语言交流的各种活动中，听是不需要技巧的，能够听清楚，能够"竖起耳朵"听就够了。事实并非如此。苏格拉底曾经说："自然赋予人类一张嘴，两只耳朵，也就是要我们多听少说。"卡耐基也曾经感慨："倾听是我们对说话者的一种最好的恭维。倾听是一种重要的沟通能力。"

一项针对大学生的调查发现，大学生每天听各类媒体的时间约为32%，面对面听的时间约为21%，阅读的时间约为17%，说的时间约为16%，写的时间约为14%。可见"听"在我们日常的语言交流中所占的比例是相当大的，是非常重要的交流手段。

但在人们的社会生活、人际交往和工作学习中，并非人人"善听"。你自己，又会听吗？

你是否在听人说话时会走神？等到对方提问时发现自己原来没有在专心听？

你是否会觉得有人说话很有说服力，而有人则不然。但如果仔细回想，你会觉得其实他说的也不错？

你是否觉得与有些人谈话容易进行，谈起话来兴致勃勃，而与另外一些人谈话则很难投机？

可见，倾听能力在沟通表达过程中起着相当大的作用，使用适当的倾听技巧，能够很大程度上提高沟通的质量。因此，在进行沟通、表达能力训练伊始，我们常常是要进行倾听能力的训练，帮助我们了解和分析影响倾听的干扰因素，控制和避免这些因素对倾听的影响。同时要学会使用倾听的技巧，使我们成为一位善解人意的交流者，帮助我们在交谈讨论活动中能够顺利进行。

二、影响有效倾听的因素

所有的人在倾听上都会出现错误，因为有很多因素会分散注意力。主要原因有以下几个方面：

（一）噪音干扰

噪音干扰不仅指声音方面的干扰，如说话者的音量过高、背景声音过大，还指其他方面的干扰，如浓烈的香水味、过高的室内温度、夸张的服饰等。这些干扰使得倾听者不能专心听取说话者传递的信息，因此被认为是噪音。

除此之外，噪音干扰还包括来自听话者心理方面的干扰，如走神、细节干扰。

1. 走神。我们每一个人都经历过：老师在讲台上滔滔不绝地讲解课文，而我们的"神"随着老师那些娓娓动听的声波飘出了窗外，计划着课后要做一些什么。

我们的同伴兴致勃勃地谈论着事情，我们的"神"却在飘荡，不知在想一些什么，反正不在听同伴的话。

造成走神的原因各种各样，可能是听不懂，可能是不想听，可能是不用心，也有可能是出于习惯，导致对方讲的话没有听到。更严重的是，对方很快就能捕捉到听者走神的信号，认为听者不打算继续沟通。

2. 细节干扰。细节干扰是指我们过于专注谈话的细节而忽视谈话的整体意思，以这个细节为话题自己想象起来；或者希望能够听到内容上有关某个细节更多的信息，甚至可能会将某个细节当成整体意思，以致作出错误的判断。另外，我们在听的过程中可能会被某个形式上的细节吸引，如"领带真难看""她说起话来像个小姑娘"等，关注内容和形式上的细节会使我们走神，离开与对方的交谈，专注某个细节则会使谈话的双方失去了共同点，造成交流困难。

（二）认知干扰

认知干扰包括语义干扰和自我认知干扰。

1. 语义干扰，是指听到某个带有感情倾向的词或概念产生的过度反应。人们说话时总是根据自己的习惯表达，并不特别在意所用的词语是否刺耳。

比如，我们工作出了差错，我们希望听到领导这么批评：

"你毕竟没有经验，否则不会惹出这种麻烦。"

但不希望听到领导这么说：

"就知道你们年轻人嘴上没毛，办事不牢。"

其实领导的两种说法都是指出这次差错的原因，在这样的谈话中，重要的不是评价哪种说法容易接受，而是获取领导有关处理这次差错的意见，以便采取进一步的行动。

2. 自我认知干扰，是指认为自己比别人强，影响倾听的能力。许多人在听别人讲话时，有时会觉得自己在这方面比较有经验，认为别人讲的不值得听，因而拒绝接受别人传递过来的信息。以下是一对父子之间的谈话：

父亲："我像你这么大时已经工作五年了。"
儿子："是的，可现在费用很高，工作更难找。"
父亲："我那时候是经济困难时期，工作根本找不到。"
儿子："可现在竞争激烈，情况也不是那么好。"
父亲："我看你啊一辈子都在逛荡。你不知道什么是真正的工作。"
父亲："我们那个时候，小孩子得干很多的活才能得到一点点的报酬。"

父亲总是觉得自己比儿子强，根本不让儿子解释他目前的状况。即使儿子解释了为什么找不到工作，父亲也听不进去。父亲的这种态度使得交流非常困难。

（三）激动情绪干扰

大多数人在非常情绪化的时候无法做到主动倾听，这些干扰的情绪包括极度焦虑、悲痛、兴奋或听到负面的信息，如坏消息或遭到批评等。在这样的情况下，人们的注意力难以集中，激动的情绪会干扰主动倾听。

三、倾听的技巧与方法

在沟通中，当一个人把注意力集中在他人所说内容的时候，已经成为一名倾听者。当一个人把谈话时重要的观点在头脑中进行勾画，并考虑提出问题或对提出的观点进行质疑时，就成为了主动的倾听者。

（一）排除干扰，专注倾听

1. 做深呼吸，稳定情绪。好的倾听者要精力充沛，应该具有抗干扰、排除噪音的能力。当一个人集中注意力的时候，无论环境多么嘈杂，汽车声、说话声等都不能干扰其思路，所听到的只是其选择的内容信息。

如果感觉自己心不在焉或情绪难以稳定时，可以做深呼吸，自我放松情绪，这样做既不打断别人，还可以使自己的大脑供氧充足。

2. 关注内容，捕捉要点。主动倾听的注意力应集中到内容信息本身上，不要急于评判对与错或好与坏。应该做到以下几点：

（1）弄清楚对方所讲的中心思想。主动倾听的着眼点是辨别贯穿于整个内容的基本思想，即中心思想，然后是对方的重要观点，也就是加强中心思想的观点，最后是支持主要观点的材料。如果记住了中心思想，主要观点就容易记住。

（2）联系自我的经验理解对方的观点。在沟通过程中，倾听者把对方讲的观点与自己的经验联系起来，对于加深理解所说的内容有重要的作用。学会寻找对方所讲内容与自己已知内容的异同，从他人说话中寻找与自己已经知道内容的相同点或不同点，通常有助于对话题内容的理解。

（3）预言接下来要说的内容。当我们为了获取信息而倾听时，通过预言接下来要说的内容有助于我们集中注意力。

（二）积极跟随，主动倾听

主动倾听时，听者要通过语言或情绪的反馈，向说者积极主动地表明自己听见并且明白对方的意思。

1. 使用目光交流。眼睛是心灵的窗户，双方交谈时，要注意保持目光交流。通常情况下，用柔和目光不时地注视对方的眼睛，表明自己对所讲的内容感兴趣，同时也传达了友好的感情和积极鼓励的信息。在谈到高兴的话题时，听话者看着对方会使对方有愉悦之感，在谈论令人不愉快的或难以解决的复杂问题时，双方应避免目光接触，这时节制目光的直接注视是礼貌并能理解对方情绪的表现，否则可能会引起对方愤懑。当双方距离越近时，越要避免目光接触。另外，斜视和心不在焉的呆滞或东张西望会使说话者产生不良印象。

2. 使用身态语言表示。用点头、微笑和皱眉等身态语言表示自己的兴趣。参与的姿势要放松，手臂不要交叉，不要僵硬不动，要随说话人的语言作出反应。坐着的时候要面向说话人，身体略向前倾，可以随着说话人的姿势不断调整自己的姿势。

3. 使用有声语言回应。必要时，边听边用"嗯、哼、啊、我明白了、我知道、没错、对"等词语来肯定和赞扬说话者，表示你的兴趣和鼓励对方继续说下去。

积极的倾听反馈能够帮助交流活动积极有效地进行。在倾听过程中，可以在对方停顿时解述刚才说的话，用你自己的语言来表达你所听到的，并让对方判断你是否听懂了，如果没有，则可纠正你的说法，再次表述。保持这种积极的倾听反馈，不断地解述和更正，直到对方对你的解述感到满意为止。你可以用这样的句式解述：

"您说的是……"
"换个说法……"
"基本上您觉得是……"
"按我的理解，您的意思是……"
"刚才咱们说的是……"
"您指的是……"

4. 记笔记。在条件允许的情况下，特别是重要性的交谈或会议上，做笔记是表明自己在积极倾听的重要动作。记笔记有很多好处：

（1）能听清楚并记录下说话者所说的全部内容。
（2）能厘清说话者的主要观点。
（3）能注意到信息的重点，并会留下书面材料，反复琢磨，深入理解。

在主动倾听时，还要注意不要随意插嘴和打断对方讲话，不要抢着帮别人说话。随意打断对方的讲话，会被视为不礼貌，引起他人反感。一般情况下，需要确认接收的信息是否准确或表达自己的意见时，在合适的时机，可以礼貌地请求插话，如"对不起，打断一下……"，对方允许后可以插话。

总之，主动倾听不仅是为了自己避免信息的误解，同时需要让对方知道自己是在倾听。在对方说话的时候有相应的动作，能让对方觉得你在认真倾听，表明你对对方的尊重。

（三）同理共情、积极反馈

积极的倾听取决于反馈，你对他人所说的话进行解述和澄清，是希望能准确理解对方的意思，然后说出自己的想法。这种反馈在于及时、真诚和鼓励，同时需要善于换位思考，也就是站在对方的立场上思考问题，这样才能真正聆听对方的声音，才能更好地理解他人，避免误解与冲突。比如，当你的一位朋友因为工作上的不顺利被主管误解找你倾诉时情绪突然爆发，这时候你可以换位思考几个问题，让自己保持开放的倾听姿态：

他为什么会出现这种情绪？
这个人正经历着什么样的磨难？
他这样说（做）的目的是什么？

当你通过这样的思考，结合说话者的声音、语气、面部表情和姿态，判断出他真正的心理状态和想要表达的真实想法后，就可以通过你的解述来表达你的理解。切勿用"挑错式"的谈话进行信息传递，否则会为这次的沟通带来不良的后果，如：

"一和你说话，你就抬杠，你就急躁，让别人完全提不起和你说话的兴趣。"

"这事儿大家都知道是你的错，你却自以为是，听不进大家的意见，在别人眼里你就是一个小丑！"

"你看你又这样！你只想说你想说的，总是发泄你自己的情绪，咱们怎么沟通？"

这样的反馈，只能和对方发生争执，这是错误的，是倾听的大敌。

此外，也不要过分强化对方的感受和感情，如：

"真是太让人气愤了，我要是你我早就忍不住了。"

不要否定对方的心理感受，如：

"哎，这没啥大不了的，主管都这样，你要是在乎他的评价，你就别活了！"

也不需要装专家、讲大道理，如：

"依我看，你们主管就是典型的投射心理，一定是他当员工的时候，经常偷懒或者完不成任务，所以看你完不成任务，就主观地认为你是在偷懒，这种人有毛病，你不用理他。"

"哎，看开点吧，人生不如意事十之八九，你要想不被骂，就只有努力工作，争取早日升职压在他头上，你就解脱了。"

这样的反馈，均不会让对方有良好的心理感受。

相反，如果你能换一种表达方式，从你自身的感受出发，同理共情，就能够阻止对方不断上升的愤怒情绪，消除一些误解，如：

"你受委屈了吧？这事儿搁谁身上都不好受，先别想了，回家好好休息一下，睡一觉，明天醒来，就是新的一天了，也许这事儿大家就能够更冷静地进行沟通和解决了，努力工作的人迟早能够被大家发现。"

这样的反馈，反而更能让对方感觉舒心和温馨，尽快解脱不良情绪，更能听进去你的建议，让整个沟通过程更加有效。

四、掌握倾听的要点

1. 克服自我中心：不要总是谈论自己。
2. 克服自以为是：不要总是想占主导地位。
3. 尊重对方：不要打断对话，要让对方把话说完，千万不要为深究那些不重要或不相关的细节而打断别人。

4. 不要激动：不要匆忙下结论，不要急于评价对方的观点，不要急切地表达建议，不要因为与对方不同的见解而产生激烈的争执。要仔细地听对方说些什么，不要把精力放在思考怎样反驳对方所说的某一个具体的小的观点上。

5. 尽量不要边听边琢磨对方下面将会说什么。

6. 问自己是不是有偏见或成见，这很容易影响你去听别人说。

7. 不要使你的思维跳跃得比说话者还快，不要试图理解对方还没有说出来的意思。

8. 注重一些细节：不要了解自己不应该知道的信息，不要做小动作，不要走神。

◎ 行动——倾听能力训练

1. 活动一：听记训练。
教师给学生讲述一段故事，或者朗诵一段文章，请学生：
（1）边听边记录；
（2）根据记录复述教师所讲的主要内容；
（3）其他同学进行评价。

2. 活动二：倾听反馈。
某业务员甲与两名内勤乙和丙进行对话：

甲："我用了整整三个月时间来争取这个大项目，客户基本上已经决定接受咱们公司的方案，但最后公司商务部门拿出来的详细技术方案和报价太晚了，客户被其他公司给抢走了。"

乙："你感到很难受，因为你已经非常努力地争取了，但还是没有做成这个业务。"

丙："你投入了这么多精力和时间在这个业务上，却因为始料未及的原因没有成功，肯定很难过。但整个过程中你积累了丰富的经验，并注意加强公司内部的沟通协调，今后的业务发展肯定会顺利很多，公司内部协调方面我们以后也会加强配合的。"

你认为甲听了乙和丙的反馈后，心理感受有什么不同？哪一种反馈更有效？为什么？

3. 活动三：倾听能力训练。
分小组，组内成员轮流抱怨一些困扰自己的事情，可大可小。要求其他学生：
（1）在有限的范围内同意对方的观点；
（2）复述对方刚才说的话；
（3）说出一种推断（澄清）的方式，来鼓励对方更好地表达；
（4）注意确认话语后面隐藏的情绪。

◎ 评价——你会倾听吗？

1. 理解本项目中的基础知识，并回答以下问题：
（1）倾听的要点有哪些？
（2）倾听中的障碍是如何产生的？
（3）做到有效倾听，有哪些技巧？

2. 倾听能力自我评估。

以下每一道题都可以用"A. 一贯；B. 多数情况下；C. 偶尔；D. 几乎从来没有"之中的一个来回答，请记下你的答案。

（1）力求听对方讲话的实质而不是它的字面意义。
（2）以全身的姿势表达你在入神地听对方说话。
（3）别人讲话时不急于插话，不打断对方的话。
（4）不会一边听对方说话一边考虑自己的事。
（5）做到听批评意见时不激动，耐心地听人家把话说完。
（6）即使对别人的话不感兴趣，也耐心地听人家把话说完。
（7）不因为对说话者有偏见而拒绝听他说话。
（8）即使对方地位低，也要对他持称赞态度，认真地听他讲话。
（9）因某事而情绪激动或心情不好时，避免把自己的情绪发泄在他人身上。
（10）听不懂对方所说的意思时，利用反馈方法来核实他的意思。
（11）利用举类似例子的方法证明你能正确地理解对方的思想。
（12）常常鼓励对方表达出他自己的思想。
（13）利用归纳法重新表达对方的思想，以免曲解或漏掉对方所传达的信息。
（14）避免只听你想听的部分，注意对方的全部思想。
（15）以适当的姿势鼓励对方把心里话都说出来。
（16）与对方保持适度的目光接触。
（17）既听对方的口头信息，也注意对方所表达的情感。
（18）与人交谈时选用最合适的位置，使对方感到舒服。
（19）能观察出对方的言语和心理是否一致。
（20）注意对方的非口头语言所表达的意思。
（21）向讲话者表达出你理解了他的情感。
（22）不匆忙下结论，不轻易判断或批评对方的话。
（23）听话时把周围的干扰因素排除到最低限度。
（24）不向讲话者提太多问题，以免对方产生防御反应。
（25）对方表达能力差时不急躁，积极引导对方把思想准确地表达出来。
（26）在必要时边听边做笔记。
（27）对方讲话速度慢时，抓住空隙整理出对方的主要思想。
（28）不指手画脚地替讲话者出主意，而是帮助对方确信自己有解决问题的办法。
（29）不伪装，认真听对方讲话。
（30）经常锻炼自己的倾听能力。

[评分标准]

A—4分；B—3分；C—2分；D—1分。

分析：总分为105~120分，说明你的倾听能力为"优"；89~104分为"良"；73~88为"一般"；72分以下则为"劣"。

项目二　自我介绍

◎**训练目标**

用恰当的自我介绍展示个人的良好形象。

◎**训练任务**

根据面试情境要求恰当地、全面地进行自我介绍。

◎**知识准备**

自我介绍的类型与技巧

一、一般社交场合的自我介绍

在日常生活和工作中，人与人之间需要进行必要的沟通，以寻求理解、帮助和支持。自我介绍是最常见的与他人认识、沟通、增进了解、建立联系的方式。一段好的自我介绍，犹如商品广告，在短时间内将自己最美好的一面毫无保留地表现出来，可以令对方留下深刻的印象。一般社交场合的自我介绍应遵循三项原则。

（一）鲜明的针对性

在社交活动中，想要结识某人或某些人，而又无人引见，此时可以向对方作自我介绍。自我介绍的内容可根据实际的需要、所处的场合而定，要有鲜明的针对性。在某些公共场所和一般性社交场合，自己并无与对方深入交往的愿望，作自我介绍只是向对方表明自己身份。这样的情况只需介绍自己的姓名，如"您好，我叫许××""我是蔡×"。有时，也可对自己姓名的写法作些解释，如"我叫陈华，耳东陈，中华的华"。如因公务、工作需要与人交往，自我介绍应包括姓名、单位和职务，无职务可介绍从事的具体工作，如"我叫李××，是××公司的销售经理""我叫蔡××，在××大学从事财务工作"。若在讲座、报告、庆典、仪式等正规隆重的场合向出席人员介绍自己时，还应加一些适当的谦辞和敬语，如"各位来宾，大家好，我叫王××，是××大学的教师，今天向大家谈谈自己在工作研究上的一些心得，有不当的地方请给予指正"。

（二）良好的沟通意识

在社交活动中，如希望新结识的对象记住自己，作进一步沟通与交往，自我介绍时除姓名、单位、职务外，还可提及与对方某些熟人的关系或与对方相同的兴趣爱好，如"我叫谭××，是××音像出版社的财务主管，我与您夫人是同学""我是李××，是××文化公司经理，我和您一样也是个球迷"。

（三）内容简洁清晰、态度亲切自然

进行自我介绍，要简洁、清晰，充满自信，态度要自然、亲切、随和，语速要不快不慢，目光正视对方。在社交场合或工作联系时，自我介绍应选择适当的时间，当对方无兴趣、无要求、心情不好，或正在休息、用餐、忙于处理事务时，切忌去打扰，以免尴尬。

二、求职面试中的自我介绍技巧

在求职面试中，通过自我介绍，主动地向面试考官推荐自己，这是面试组成结构的重要内容，同时也是面试测评的重要指标。为此，应在面试前对自我介绍环节进行充分的准备。

（一）自我介绍的内容

第一部分：报出自己的姓名和身份。可能应试者与面试考官打招呼时，已经将此告诉了对方，而且考官完全可以从面试者的报名表、简历等材料中了解这些情况，但面试者仍应主动提及。这是礼貌的需要，还可以加深考官的印象。

第二部分：面试者可以简单地介绍一下个人基本情况，如学历、工作经历、家庭概况、兴趣爱好、理想与抱负等。这部分的陈述务必简明扼要、抓住要点。例如，介绍自己的学历一般只需谈本科、专科以上的学历，工作经历则选几个有代表性的单位作重点介绍即可，且内容一定要和面试及应考职位有关系。叙述时应线索清晰，一个结构混乱、内容过长的开场白，会给考官留下杂乱无章、个性不清晰的印象，并且让考官倦怠，削弱对继续进行面试的兴趣和注意力。同时还要注意这部分内容应与个人简历、报名材料上的有关内容相一致，不要有出入。

第三部分：说明求职意愿和自身专业知识、能力、工作经验及个人特点与所应聘职位的契合度。一两个自己求学期间或工作期间圆满完成的事件，以这一两个例子来形象地、明晰地说明自己的经验与能力，如可以谈自己对应考单位或职务的认识了解，并结合自己的职业理想说明选择这个单位或职务的强烈愿望；可以通过列举在学校担任学生干部时成功组织的活动，或者如何投入到社会实践中，利用自己的专长为社会公众服务；或者自己在专业上取得的重要成绩以及出色的学术成就来说明自身能够胜任岗位要求；原先有工作单位的应试者应解释清楚自己放弃原来的工作而作出新的职业选择的原因；还可以谈如果自己被录取，那么自己将怎样尽职尽责地工作，并不断根据需要完善和发展自己。当然这些都应密切联系自身的价值观与职业观。

最后，可以用简短的结束语结束自我介绍，如"以上是我对自身情况的简要介绍，谢谢！"

对于你的自我介绍，考官既可能就其中某一点向你提出问题，也可能过渡到下面已经安排好的问题。这时考官会说："我们十分欣赏你的能力……"或"你的自我介绍很精彩……"等，那么一声"谢谢"将是你最得体的应答。

（二）自我介绍的时间

好的时间分配能突出重点，让人印象深刻，而这取决于面试准备工作做得是否充分。如果你事先分析了自我介绍的主要内容，并分配了所需时间，就能中肯、得体地表达出自己。一般情况下，自我介绍以 3~5 分钟为宜。时间分配上，可根据情况灵活掌握。一般地，第一部分可以用约 2 分钟，第二部分可以用约 1 分钟，第三部分用 1~2 分钟。有些应试者不了解自我介绍的重要性，只是简短地介绍一下自己的姓名、身份，其后补充一些有关自己的学历、工作经历等情况，大约半分钟就结束了自我介绍，然后等待考官下面的提问；也有应试者想把面试的全部内容都压缩在这几分钟内，要知道一段简短的自我介绍是为了揭开更深入的面谈而设计，考官会在面试中间提出有关问题，你应该给自己也给考官留下这个机会。

（三）自我介绍的要点

1. 应以面试的测评为导向。自我介绍也是一种说服的手段与艺术，聪明的应试者会根据所面试职位的要求与测试重点来组织自我介绍的内容，不仅要告诉考官自己是多么优秀的人，更要告诉考官，自己如何的适合这个工作岗位。而与面试无关的内容，即使是面试者本人引以为荣的优点和长处，也要忍痛舍弃，以突出重点。

2. 提高口语表达的效果。自我介绍内容表述中应避免书面语言的严整与拘束，而使用灵活的口头语进行组织，如多用短句子以便于口语表述，并且在段与段之间使用过渡句子，注意思路、叙述语言的流畅，尽量避免颠三倒四、反复重复、习惯性口头禅等，同时不要用过于随便的表述。

3. 要有充分的信心。面试中应试者的自我介绍可以让考官观察到简历等书面材料以外的内容，如对自己的描述与概括能力，对自己的综合评价以及精神风貌等。要想让考官欣赏，则必须明确地告诉考官自己具有应考职位必需的能力与素质，而只有应试者对此有信心并表现出这种信心后，才证明了自己。

4. 正确的自我认知：自我认知与自我觉察是进行清晰的自我定位的基础，也是个人职业与事业生涯的起点。自我认知包括：认知自己的价值观、人生方向和目标，认知自己的性格特征，认清自己的优势和劣势，觉察自我的情绪变化、原因等。因此，在面试中对应试者自我认知能力的考查也是重要的指标。在自我介绍中应充分展示应试者对自身的正确认识，主要表现在对自身优缺点的认识。

在自我介绍中突出自己的优点当然是必要的，但应注意在谈到自己的优点时，保持低调。也就是轻描淡写、语气平静，只谈事实，别用自己的主观评论。同时也要注意适可而止，重要的、关键的要谈，与面试无关的特长则应尽量省略。另外，除对自己的优点进行充分介绍外，也要谈对自己缺点的认识，但一定要强调自己克服这些缺点的愿望和努力。特别指出的是，表现自信时要实事求是，不要夸大自己。因为从应试者的综合素养表现，考官能够大体估计应试者的能力，过分夸大反而会适得其反。

（四）自我介绍的注意事项

1. 恰当地运用语音、语态。除前面提到的面带微笑、目光交流、坐姿端正等表情、身体语言外，还应以沉稳平静的声音、以中等语速、以清晰的吐字发音、以开朗响亮的声调给考官以愉悦的听觉享受，声音小而模糊、吞吞吐吐的人，一定是胆怯、紧张、不自信和缺乏活力与感染力的。

2. 控制自身情绪。情绪，作为个人的重要素养，如果在自我介绍中起伏波动，就会产生负面影响。例如，在介绍自己的基本情况时面无表情、语调生硬；在谈及自己的优点时眉飞色舞、兴奋不已；而在谈论自己的缺点时又无精打采、萎靡不振。

3. 切忌"画蛇添足"。有的应试者在自我介绍中谈及自己的兴趣爱好，如文学、艺术、旅游、摄影等，由此考官进一步询问其拍摄过什么作品，考生的回答却是她喜欢别人给她拍照，答非所问，贻笑大方；有的应试者在介绍家庭关系时，似乎"漫不经心"

地告诉考官，自己的某位远房亲戚是应考单位上级单位的某领导。诸如此类"画蛇添足"似的自我介绍不但不会为应试者的形象增添色彩，反而会"越抹越黑"。

(五) 自我介绍的准备

求职前可以分别准备一段1分钟和一段3分钟的中文自我介绍文稿。根据所应聘岗位的需要准备文稿内容，然后熟记。可以在老师、同学、朋友面前模拟演练几次，听取意见，反复修改。面试中根据面试考官的要求，选择合适的版本，从容不迫地进行自我介绍。

[范文1]

自我介绍的成功模式

向别人作"自我介绍"，是我们生活中常遇到的事，如何介绍自己呢？姓名、性别、籍贯、出生年月、爱好、优缺点、简历……如果都这样一成不变地写，往往让人感到枯燥乏味。而有些名人的简短"自传"(也就是通常说的"自我介绍")，写法极为自由轻松，别开生面，风格迥异，姿态纷呈；语言幽默含蓄，诙谐风趣，耐人寻味，意蕴隽永……读来，让人拍案称妙的同时，还会想到：原来"自我介绍"还可以这样写……

(一) 意味深长"分项摘要"式——"科学巨匠"诺贝尔的自我介绍

阿尔弗雷德·诺贝尔：仁慈的医生本该在他呱呱坠地之际，就结束他多灾多难的生命。

主要美德：平素清白，不牵累别人。

主要过失：终生未娶，脾气暴躁，消化不良。

唯一愿望：不要被人活埋。

重要事迹：无。这样说是不够的，还是多余了呢？在我们这个时代，有哪些事情才能叫作"重要的事迹"呢？在我们这个被称为银河系的小小的宇宙旋涡中，大约运行着一百亿颗太阳，但太阳如果知道了整个银河系有多大，它肯定会因为自己的渺小无比而感到自愧不如。

(二) 自我解嘲的散文式——"人民艺术家"老舍的自我介绍

舒舍予，字老舍，现年40岁，面黄无须。生于北平，3岁失怙，可谓无父。志学之年，帝王不存，可谓无君。无父无君，特别孝爱老母，布尔乔亚之仁未能一扫空也。幼读三百千，不求甚解。继学师范，遂奠教书匠之基。及壮，糊口四方，教书为业，甚难发财；每购奖券，以得末奖为荣，示甘于寒贱也。27岁，发愤著书，科学哲学无所懂，故写小说，博大家一笑，没什么了不得。34岁，结婚，今已有一女一男，均狡猾可喜。闲时喜养花，不得其法，每每有叶无花，亦不忍弃。书无所不读，全无所获，并不着急。教书做事，均甚认真，往往吃亏，亦不后悔。如是而已，再活40年也许能有点儿出息！

(三) 诙谐的"三字经"式——著名学者启功的自我介绍

中学生，副教授。博不精，专不透。名虽扬，实不够。高不成，低不就。瘫趋"左"，派曾"右"。面微圆，皮太厚。妻子亡，并无后。丧犹新，病照旧。六十六，非不寿。八宝山，渐相凑。计年生，谥曰陋。身与名，一齐臭。

（四）单口相声自述式——著名相声艺术大师马三立的自我介绍

我叫马三立。三立，立起来，被人打倒；立起来，又被人打倒；最后，又立起来（但愿不要再被打倒）。我这个名字叫得不对；祸也因它，福也因它。

我今年85岁，体重86斤。明年我86岁，体重85斤。

我很瘦，但没有病。从小到大，从大到老，体重没有超过100斤。

现在，我脚往后踢，可以踢到自己的屁股蛋儿，还能做几个"下蹲"。向前弯腰，还可以够着自己的脚。头发黑白各一半。牙好，还能吃黄瓜、生胡萝卜，别的老头儿、老太太很羡慕我。

我们终于赶上了好年头。托共产党的福，托"三中全会"的福。我不说了，事情在那儿明摆着，会说的不如会看的。没有"三中全会"，我肯定还在北闸口农村劳动。

其实，种田并非坏事，只是我肩不能担，手不能提。生产队长说：马三立，拉车不行，割麦也不行，挖沟更不行。要不，你到场上去，帮帮妇女们干点儿什么，轰轰鸡什么的……惨啦，连个妇女也不如。

也别说，有时候也有点儿用。生产队开个大会，人总到不齐。队长在喇叭上宣布：今晚开大会，会前由马三立说一段单口相声。立马，人就齐了。

（五）亦庄亦谐的调侃式——著名漫画家方成的自我介绍

方成，不知何许人也。原籍广东省中山县，但生在北京，说一口北京话。自谓姓方，但其父其子皆姓孙。非学画者，而以画为业。乃中国美术家协会会员，但宣读论文是在中国化学会。终身从事政治讽刺画，因不关心政治屡受批评。

（六）含蓄幽默的杂文式——当代著名作家贾平凹的自我介绍

姓贾，名平凹，无字无号。娘号"平娃"，理想于顺利；我写"平凹"，正视于崎岖。一字之改，音同形异，两代人心境可见也。生于1953年2月21日，孕胎期娘未见梦星入怀，生产时亦没有祥云罩屋。幼年外祖母从不讲甚神话，少年更不得家庭艺术熏陶。祖宗三代平民百姓，我辈哪能显贵发达？原籍陕西丹凤，实为深谷野洼；五谷都长而不丰，山高水长却清秀。离家十年季季归里，因无衣锦还乡之欲，便没"无颜见江东父老"之愧。先读书，后务农；又读书，再弄文学；苦于心实，不能仕途；拙于言辞，难会经济；捉笔涂墨，纯属滥竽充数。若问出版那几本小书，皆速朽玩意儿，哪敢在此列出名目呢？如此而已。

（七）简明清新条目式——著名作家琼瑶的自我介绍

籍贯湖南，体重49公斤，1938年4月6日出生，属虎，O型血。不抽烟，不喝酒，不爱运动。最爱紫色，最爱冬天，最爱深夜，最爱吃柳丁。怪癖是不爱被陌生人拍照。基本个性好胜，不服输，别人认为我做不到的事，我一定要试试。

[范文2]

求职应聘自我介绍

我叫卫洁华，洁净的洁，中华的华，我的同学一般叫我阿华，或者是我的英文名字Berry。

我是广州本地人，不过父母是汕头人，所以我既会讲粤语也会讲潮汕话。（点评：介绍家乡的时候顺便带出自己的语言优势）

我毕业于广州大学市场营销专业，在校期间我曾经两次获得奖学金，两次被评为优秀学生干部，还得过一次全勤奖。（点评：已经毕业了两年的应聘者一般不会提到自己在大学期间所获得的奖励，但是"全勤奖"可以说明自己的遵规守纪和严于律己的品德特点，还是值得一提的）

毕业后的第一年，我在中山市的一家电子公司担任前台兼秘书，主要负责接听电话、整理文件等常见的文秘工作。之所以离开那里，是因为工作实在太清闲了，每天的工作只用小半天就能干完。我是一个比较喜欢忙碌的人，只有忙碌一点，才觉得心里很踏实。（点评：既说明了离职原因，也暗示了自己的优点，可谓一举两得）

我的第二份工作，也就是我现在在广州××医药公司的工作，就相当忙碌。××医药公司是一家从事中药药材批发的民营公司，每年的销售额大概有五千多万，大大小小的客户有几百家。我所在的客户服务部现在有八名客服代表，每个人手上都有几十家客户。我的工作职责包括打单、配货、制作销售跟踪报表、催收货款、处理客户投诉等。在去年年底人力资源部做的满意度调查中，我获得了4.5分的销售代表满意度和4.2分的客户满意度，满分是5分，这个分数在当时的客户服务代表中名列第二。（点评：用事实说话，用数字说话，而且运用的数字很有说服力，为证明自身的工作能力加分，效果很好）

我现在来到贵单位求职，原因有两个：第一个原因是，我一直向往着能加入世界一流的大公司。第二个原因是，我觉得自己很符合贵单位的招聘要求。虽然我并没有做过精细化工产品的客服，但是药品行业对客服的要求是相当高的，因为药品在包装、运输、进出库和销售等各个环节都有着非常严格的要求。此外，我了解到贵单位所使用的是ORACLE公司的ERP系统，它和我长期使用的和佳ERP是很类似的，而且我每天都用英文版的ERP。（点评：自我介绍的结尾，必须提到所应聘的单位，可以再次陈述自己对该单位的浓厚兴趣，也可以强调自己的优势）如果贵单位能够给我这个机会，我一定能够尽快适应岗位要求，并充分发挥自身优势，为贵单位的发展建设贡献自己的力量。

以上是我对自己情况的简单介绍，谢谢！

◎行动——情境训练

1. 训练内容：招聘面试情境训练。
2. 训练方式：教师拟定几个岗位，提前向学生公布，学生按照自己的兴趣和能力选择某一岗位，并做好面试准备。由任课教师和辅导员组成面试团队，对学生的言语表达、举止、着装进行评分。
3. 训练要求：拟定的应聘岗位应以就业为导向，体现学生所学专业的培养目标。参训学生要根据所选择的应聘岗位拟写出3分钟自我介绍文稿，并提前进行演练。面试应认真组织面试程序，评委要使用统一的测评表。训练结束后教师要对学生的面试表现及时点评，帮助学生认识自己及他人在求职应聘中常出现的问题，掌握一定的应聘方法和技巧，为今后的"真面试"积累经验，做好准备。

◎ **评价**

根据情境训练的表现对学生进行评价。评分参考下表。

自我介绍的评分标准表

序号	面试学生姓名	表达清楚神态自若（3分）	反应迅速应答准确（3分）	普通话标准流畅（2分）	其他表现（2分）	最后得分（总分10分）

优：口齿伶俐，语言流畅，条理清晰，言简意赅，切中要害。

良：谈吐自然流畅，条理清晰，但不够简练，基本能切中要害。

中：谈吐比较自然，条理比较清晰，但语言表达比较啰唆，基本能表达出自己的观点。

差：谈吐不自然，条理不清晰，语言啰唆，不能表达出自己的观点。

项目三　交谈与讨论

◎ **训练目标**

把握交谈过程的五个关键环节，把有声语言和无声语言完美结合，能够围绕主题开展讨论。

◎ **训练任务**

成功完成交谈讨论任务，提高与人沟通、准确表达自我观点的能力。

◎ **知识准备**

交谈与讨论

交谈，是人们在社会交际活动中为了达到一定的目的而进行的口才双向表述活动。人们通过不同场合不同方式的交谈来增进彼此的了解，或交流思想、沟通感情、交换意见，或传播信息、扩展知识、规范行为。

一、交谈时应遵守的基本要求

1. 态度上做到坦诚、温和、谦恭、礼让。坦诚，就是要能够接纳对方，无论出于何种目的，面对什么对象，都该表示出应有的诚意和友善，这是交谈的良好开端。当一方对另一方的表述不能接受或不能完全接受时，应坦言相告，不可含糊其词，更不能因为照顾对方面子或出于礼貌而随声附和，以造成误解。

温和，就是交谈中尽量做到热情适度、得体大方，既不过分拘谨，也不过分热情，更不过分冷漠，以免使对方感到难堪和隔膜。要与人为善，设身处地为对方着想，不抱成见，不怀恶意，不揭隐私，营造良好的交谈氛围。

谦恭，就是交谈中尊重对方，相互尊重是交谈成功的基础，谦逊有礼不仅能表现出自身的良好修养，而且能使对方产生好感，容易赢得信任和信赖。

礼让，就是交谈过程中双方意见不一甚至争论时，采取冷静和从容大度的方式表示理解和谅解，以使谈话顺利进行。

2. 了解谈话对象，注意交谈场合。相同的话题在与不同人的交谈中往往会有不同的反应和结果。因此，谈话前应尽可能了解对方的有关情况，如年龄、职业、个性、生活经历、兴趣爱好、文化程度、家庭组合等，然后根据交谈对象的情况预先设计交谈的方式和程序，掌握主动，因势利导，使双方很快进入适合交谈的氛围中，这一点对交谈的主动方尤为重要。俗话说，"话不投机半句多"，所谓投机，就是找到共同语言。主动方只有根据具体情况，选择恰当的交谈方式、口吻和语言，才容易接近对方。

交谈场合，是指交谈选择的时间、地点、场所、周围环境等。交谈时应兼顾谈话内容和对象情况选择适合的场所，采用不同的谈话态度，如社交场合要不卑不亢、热情大方；工作场合要坦率真诚、庄重得体；生活场合要亲切友好、不急不躁。针对不同对象要采取不同的谈话方式，如在熟悉的对象面前畅所欲言、不拘小节；在陌生对象面前用语恰当、谦逊温和；在异性面前大方庄重、彬彬有礼；在长者面前言辞恭敬、谦虚耐心；在幼者面前关心体让、语重心长。

3. 围绕交谈目的，做好充分准备。交谈双方的准备包括：怎样提出话题；怎样表达并设法影响对方；根据对方推出的话题预测对方谈话的目的；理解和把握对方谈话的真实意图；提出自己的疑问或对对方的观点进行反驳；设想自己在不利的情况下如何应变或结束谈话；做好应对可能发生的各种情况的心理准备；等等。有了准备就会在最大程度上避免自己处于不利的被动地位。

二、交谈的常用技巧

1. **赞美他人**：被肯定、尊重的精神需要，是人们渴望被赞扬的心理依据。因此，当发现他人的优点时，应及时送上一份赞美。赞美要客观，实事求是、公正、措辞适当的赞美是一种真诚的表现，夸大事实、恭维客套反而会使人反感。赞美要具体，赞美如果只是一种结论，就会给人敷衍甚至虚假的感觉。赞美要有新意，陈词滥调的赞美会让人索然无味，而新颖独特的赞美则会令人回味无穷。赞美也要讲究方式方法，直接表达是一种赞美方式，将自己与对方比较从而表明对方的优秀是一种方式，借他人的赞美来表达自己的意图是一种方式，背后称赞也是一种方式，有时后面三种方式效果可能更好。

2. 批评他人：批评是为帮助人、警醒人而指出对方错误的言语。因为它是一种否定性的社交方式，会与人的自我保护心理相抵触，所以，批评人要比赞美人困难得多。批评要以"与人为善"为出发点和归宿，尽量照顾对方的情感，允许对方申辩，不要冷嘲热讽、指桑骂槐，更不要以气势压人。批评要"适度必要"，批评太多失去了刺激性，达不到任何好的效果，一方面不姑息迁就，轻描淡写，另一方面又要就事论事，不扩大事态，同时注意表达要简明扼要。批评要公正客观，要先做调查，在实事清楚、责任明确的情况下批评，不能意气用事，也不要全盘否定。

3. 致谢：致谢要诚心诚意，对方才不会感到是一种应酬的客套话；要直截了当，不要含糊，要注意及时，使对方切实感到你在对他的高尚行为和礼貌言行进行回敬和酬谢。

4. 道歉：道歉就要承担责任，有效的道歉不是为自己狡辩、找借口，而是试图补救；另外就是确保自己决不再犯同样的错误；道歉必须及时。

5. 劝慰他人：当别人不顺利时，劝慰是帮助他人平复心灵创伤的良药，也能够帮助他人走出不良情绪。劝慰最好的方法是提供实用资源和帮助，切忌为劝慰而劝慰，要有真情；切忌以自我为中心，要多注意对方的情绪；同情和怜悯要适度；要特别注意对象的特殊性，如安慰病人不要把话题总锁定在"病情"上，安慰丧亲者不要直接提到"死亡"，安慰失败者不应说出"失败"。

6. 拒绝他人：工作生活中人们总是互有所求，而对方很可能是亲朋好友，但有很多要求是不能接受的，因此要学会拒绝。直接拒绝，这样的方式表现出拒绝的坚定性。婉言拒绝，更大程度地顾全了被拒绝者的尊严。沉默拒绝，这种不说"不"字的拒绝常常会产生极强的心理威慑力。回避拒绝，即"顾左右而言他"的方法，转而议论其他事情。

三、访谈的五个关键环节

访谈沟通是人们在职业生活中的基本工作任务，也是不可缺少的工作能力。在访谈沟通时，应把握五大关键环节：

1. 获取对方信息，使访谈心中有数。
2. 用甜蜜的微笑开启双方沟通的大门。
3. 用温暖的握手来传达一种尊重友好的心情。
4. 真诚地赞美欣赏对方。
5. 利用语言魅力散发、传递一种吸引力。

[范文]

外国人眼里的中国汉字故事（节选）
——林西莉与《汉字王国》

主持人：刘为

嘉宾：林西莉

刘为：林西莉女士是一位作家和汉学家，她来自瑞典。她写了一本畅销书《汉字王国》，讲述中国人和他们的汉字的故事。在瑞典很少有人不知道这本书，并且它出版以后，很快就被翻译成英文、德文、法文，还有芬兰文和挪威文，现在又有了中文版，这是一件很值得高兴的事情。下面我们想先请林女士谈一下她是怎么对汉字产生兴趣的。

林西莉：我现在依然记得很清楚，在我七八岁的时候，我妈妈送给我一把伞，在伞的顶端印着一些非常漂亮的汉字，跟我们所用的字母比较，这些汉字真是漂亮极了。后来我跟瑞典著名的汉学家高本汉学习汉字，他教给我有关汉字的构成以及起源等方面的知识，使我对汉字产生了浓厚的兴趣。1961年我第一次来到中国学习汉语，对汉字的兴趣也大大增加了。在这之前我还学过中国的艺术史和考古学，这些都为我以后研究中国的汉语打下了非常坚实的基础。因为汉字本身就是一门艺术，非常地美，而学习中国的历史、艺术也是我学习汉字的一种途径。

刘为：看起来你学习汉语的方式确实和其他人不一样，也就是说你是从汉字入手来开始学习汉语？

林西莉：对，非常对。因为我的老师高本汉他一句汉语也不会说，他在中国只待过二三年的时间。但是他的汉字知识非常地渊博。我记得在50年代末的时候我跟着高先生学习汉语，我们学习了孔子、孟子等，我们不说汉语，只是对汉字本身进行分析。我们朗读其中优美的句子，比如说有关如何做人、如何生活以及行为准则等。但是我们从来不说汉语，因此从一开始我就只学习汉字。

刘为：这的确是一种非常有趣的学习汉字的方式。

林西莉：对。从70年代开始，我开始教授别人学习汉语和中国的历史。我发现对汉字的起源讲得越多，比如说像甲骨文和金文，而学生就越容易记住这些汉字，并且对汉字产生更大的兴趣。我的这些学生经常对我说，你能不能多讲一些汉字的知识？例如它们最初是什么样子的？因此我开始进一步地研究汉字，以便能够回答学生的提问。同时也因为我个人有着浓厚的兴趣，这也是这本书创作的初衷。15年来我一直在搜集资料，我每年都要到中国到处看一看，拍一些照片，采访一些学者，买一些相关的书。15年后我对自己说，行了，15年的时间足够了，书该出版了，于是就有了这本书。

刘为：林女士的经历显然是非常有意思的。请本书的中文译者李之义先生来介绍一下他所认识的林西莉。

李之义：林西莉女士是瑞典著名的汉学家、教授、作家。她有很多其他的著作，我现在记得的，有一本书叫作《带着阿隆旅行》，还有一本是跟林德奎斯特一块儿写的，就是《从内部看中国》，另外一本就是《亚洲的经验》，最后我看到的一本书叫《毛会说什么》。实际上我很久以前就认识林女士了，我们是很好的朋友。1992年的时候我到瑞典去，她说："你能把我的书翻译成中文吗？"我就答应了。这本书非常生动，它不但是介绍中国的语言和文字，实际上关系到整个中国的古代文明史。她用的方法，是从瑞典的文化传统出发，她的思维方式跟我们不一样，瑞典人和西方人一看就特别明白，每一段话都是一个故事。我想中国古代的文化是属于世界各国人民的，每个国家和民族都可以根据自己的理解，欣赏、解释我们中国的古代文明，使它更易于被其他国家接受。

刘为：据你刚才所说汉字是非常美丽的。那么你能给我举几个例子来说明一下吗？

林西莉：我觉得所有的汉字都非常地美，我想说的是我喜欢的汉字是那么多，当然我可以挑几个我特别喜欢的字。其中之一是"信"，你看"信"的左边是人字旁，右边是"言"，"言"字最早指的是声言，以后的意思变成了指人类的语言。我看到这个字的感觉是人们在促膝交谈，彼此很友好，也互相信任。还有"乐"（le），也可以读成（yue），"高兴"和"音乐"都是由这个字来表示的，只不过是发音不同，这真是一个好主意，很有意思。

当然了，还有许多的汉字我也非常喜欢，比如说"木"，木头的"木"，它就像是一位朋友站在我的面前。还有许多许多的字。如果你研究它们，你就会挖掘出字背后的意义。如果你找到有关考古的证据，50年代以来组织了许多这样的考古工作，你就会发现汉字里面有很多的东西可以解释人们的生活。一旦明白了这些，你就会觉得这些字成了你的朋友，它们已经变成了活生生的人。

刘为：这真是一种美妙的感觉。那么你认为汉字究竟是怎样产生的呢？

林西莉：很可能是住在黄河附近的人们创造的。在黄河中游的河套地带，河水不断地流淌，于是就形成了中国北方广泛而富饶的平原。那里有许多来自西伯利亚的动物，同时也有很多的人在那儿定居。但是河水有时候会泛滥，淹没周围的地区，有的时候还有很多其他不安定的因素，比方说北方游牧民族的骚扰。在商朝，商王为了应对这些难题想出了一个很有趣的方法，商王和他的谋士用龟的腹甲，一块大约有15厘米宽，20厘米长，把它们磨光滑以后，在上面写上一些问题，问那些已经升天的祖先。因为他们相信祖先的灵魂在苍天神灵的周围，他们也相信用这种办法祖先能够看到这些问题。那么为了得到答案呢，占卜者就把龟甲翻过来，在上面钻两排小圆洞，这样的话，当用烧红的铜棒放到洞里的时候，龟甲就会因为遇热发出清脆的响声。龟甲的正面，占卜者就可以从裂纹当中找到先人的答案。非常有意思的是，人们还会常常记录下问的问题，祖先的答案以及占卜的结果。比如说有的写着今天去打猎运气如何？祖先的回答是会有好运的。然后呢，还有一串祭祀祖先动物的名称，有老虎、鹿、狐狸等。这些甲骨文实际上是中国历史上最早的文字的记录。它们被埋在地下3000年不为人知。因为接下来商朝被周朝取代，没有人再关注甲骨文。不过100年前它们终于被挖掘出来。

刘为：你现在还继续研究汉字吗？

林西莉：是的，我正在对一个具体的领域进行研究。但是这里我可不想说得太多，等书出版以后你就知道了。

刘为：你做了一项很了不起的工作，你能不能对中国的读者说几句话呢？

林西莉：可以。汉字是一种美丽的文字，但是我怕它会失传，所以汉字应该列入联合国文物保护名单。我希望中国的青年人好好学习汉字，好好保护汉字。

——选自中央电视台栏目《读书时间》（1999年）

◎ **行动——情景训练**

1. 活动一："爱心大行动"项目（1）：讨论义卖活动的主题与方式。

分组组织一次"爱心大行动"的义卖活动，用批发的商品或与本地企业联合组织义卖,用义卖的收入捐助贫困山区失学儿童或本地福利院的孤寡老人。

组织小组讨论,确定义卖活动的主题、口号、行动方式等。每组选出一位记录员,用录音工具(录音机或摄像机)或笔记的形式,记录小组讨论的实况。

分析总结:

(1) 分析小组确定义卖行动主题、口号、方式的交谈讨论过程中,大家围绕主题交谈发言的优劣情况。

(2) 这种讨论属于哪种类型的交谈?

2. 活动二:小玉怎样在校友聚会上找到球友?

小玉是一个性格开朗的女孩,喜欢打乒乓球,想在校友聚会上找几个球友经常在一起玩。

请想想:

(1) 自我介绍的时候应该怎么说?

(2) 在交谈的过程中如何运用提问的方式进行沟通?

提示:

(1) 在介绍自己的时候要传递乒乓球的有关信息。

(2) 熟悉提问技巧,灵活应用。

3. 活动三:角色扮演。

小李平时上班经常迟到,工作时懒懒散散,常出次品,而且还振振有词:"又不止我一个人这样,有什么大不了的。"以小组为单位,每两人一对,分别扮演车间主任与小李。

先在小组内扮演,相互评议,各组推选一对参加全班示范,然后大家评议,评出最佳。

提示:

(1) 注意把握交谈的类型。

(2) 注意怎样从闲聊切入主题。

(3) 注意怎样把握本次交谈的主题。

◎ 评价

1. 自我评价。

学完本项目内容,现在请你通过下面的练习检查一下自己是否掌握了切题交谈的基本技巧。

(1) 测评一:回顾一下以前无意识的交谈过程中出现过哪些尴尬和不快?

①想想你通过本项目学习掌握了哪些方面的知识?

②对照自己过去的交谈经验,哪些方面应该改进?

③回顾一下交谈的内容,是否把学到的知识运用到交流的实践中?效果如何?并记录下来。

(2) 测评二:回答下列问题,参照题后的答案,测试自己对身态语言的了解程度。

①大多数非语言沟通是无意识行动的结果,因而是个人心理活动最真实的流露。

（A：对；B：错）

②当一位母亲面带微笑严厉斥责她的孩子时，孩子将会？

（A：相信语言信息；B：相信非语言信息；C：同时相信两种信息；D：两种信息都不相信；E：变得迷惑不解）

③如果对方坐在如下图所示1的位置，职业交流活动中，你坐在哪个位置能够最充分显示出合作的姿态，最利于非语言交流？

（A：2；B：3；C：4；D：5；E：6）

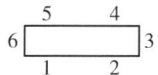

[参考答案]

①对。

②E。因为尽管非语言信号（微笑）比语言信号（责骂的语句）有更强的作用，但两者传达的信息是互相矛盾的，两者混合将导致小孩迷惑不解。

③E。位置1和6之间是友情交谈距离。5是"知"的空间距离，6介于"知"和"情"的空间距离之间，一般情况下，坐在6的位置与1之间较少地受空间信息的影响，更易于非语言沟通的进行。

2. 小组评价。

在交流过程中，满足对方的需要，对于沟通的成效有着重要的意义。思考一下，想一想其中的奥秘在哪里？

（1）当用微笑示人的时候，为什么能得到对方同样的回报？

（2）当替对方考虑问题的时候，为什么总能得到对方的尊重？

（3）当给对方真诚赞美的时候，对方为什么感到很开心？

（4）在购物中，销售人员为什么把顾客尊为上帝？

（5）为什么说赢得顾客的心才能真正赢得顾客？应该怎么做？

（6）满足他人需要的心理状态和思维方式是对一个人做人状况的一种检验，你同意这种说法吗？为什么？

（7）满足对方需要了，也就是满足自己的需要了，表现在哪些方面？

项目四　说服的艺术

◎训练目标

了解交流沟通中说服的基本原则，掌握有效的说服技巧。

◎训练任务

能够在具体的职业情境中，根据谈话对象的实际情况，灵活运用说服的原则和技巧，说服对方，实现个人或组织的相应目标。

◎知识准备

说服的原则和技巧

所谓说服，是以劝说的方式使别人听从自己的意见。它通过论证、反驳、说辩、规劝等手段，晓之以理，动之以情，最终使对方放弃原有立场、观点、打算，心悦诚服地接受己方观点。说服是与人交流重要的功能和目的。

说服的艺术作为一门古老的技艺和智慧影响深远。早在我国的春秋战国时期和古希腊的城邦时代，说服艺术就曾显示出塑造文明与历史的伟力。诸子百家的争鸣中充满了各种各样的说辩智慧，孟子、庄子、韩非子都堪称说服艺术的大家。从唐雎出使秦国不辱使命，到晏子出使楚国力挫灵王；从苏秦游说六国合纵抗秦，到魏徵进谏太宗止封禅；从李斯的《谏逐客书》、贾谊的《过秦论》，到诸葛亮的《隆中对》与《出师表》，说服的力量几乎左右了整个中国历史的发展方向。同时期古希腊的苏格拉底、柏拉图和亚里士多德也是智慧与口才并举的大家。在西方，公元前5世纪到公元2世纪的古典时代，对演讲和口才的研究以及为掌握其技巧而进行的训练一直被认为是一项庄严而神圣的活动。雄辩艺术在上流社会占有举足轻重的地位，19世纪西方的中学和神学院都向学生传授神圣的雄辩术，律师们都备有一种专门教授口头表达艺术的"演说教材"。

说服艺术在当今社会日益重要，甚至已成为一种生存技能，说服并不只是政治家、律师、教师、推销员、管理员等从事专门行业的人士必须掌握的技巧，它已成为备受各行业青睐的语言艺术。说服能力强的人往往能在竞争中取得优势地位，获得成功的机会。

一、怎样把握说服的前提与原则

要使说服成功有效，必须注意说服的前提和基本的原则：

1. 了解对方，量体裁衣。当你要说服别人改变自己的观点、态度和行为时，必须先了解他人的意见和需求，了解他人接受你的意见、方案，响应你的主张（如参加活动，购买你的产品）的能力，了解他人的性格特征。商品销售中的讨价还价，各种商务洽谈，业务谈判中的磋商阶段，都是双方了解对方意见的过程。只有透彻了解对方的意见和特征，才能对症下药。如果对对方的观点不十分了解，只顾发表自己的意见，往往会陷入盲目的行动中。同样，对对方能够接受的程度和方式不清楚，所有的说服也会大打折扣，甚至前功尽弃。因此，只有知己知彼，有的放矢，才能达到有效沟通说服的目的。

2. 有理有据，以理服人。每个人的信念都是建立在自己认为真实的基础上的，说服别人改变自己的观点，必须有理有据，必须利用逻辑的力量，以理服人。无论是改变别人的信仰主张，还是认识行为，如果没有充足的理由、新的论据材料及合理的推理逻辑，很难达到好的说服效果。

3. 尊重对方，满足需求。人们产生行动的直接原因是动机，而动机的产生源于需要。要说服对方，必须满足对方的需要，需要是调动人的积极性的原动力，通过满足对方显性的需求，调动和激发潜在的生理和精神的需求，才能改变他人的行为。

20世纪50年代中期，西方人本主义心理学派的主要创始人马斯洛提出人的需求层次理论。将人的需求划分为五个层次，由低到高分别是：生理需要、安全需要、社交需要、尊重需要和自我实现的需要。当生理需求得到满足后，人们就会把注意力集中到更高层次的需求上，如购买眼镜的顾客，每个人的需求是不同的，在增加视力或保护眼睛的基本需求满足之外，年轻人购买更多关注的是外观，因此，在说服中，从对方的需求出发，关心对方需求的满足，尊重对方的需求，才能打动对方，才能获得对方的支持和配合。

4. 以诚相待，以情动人。有效的说服，还在于你是否以诚待人。现实生活中，每个人都有自己的戒备心，防范自己的损失和风险。如果你诚心诚意地帮助对方，让对方感受到你的真心实意，就能让对方迅速解除心理戒备，接纳你的意见和主张，改变自己固有的观念和原有的情感指向，积极地配合你的行动。

有时在表达自己意见时，不仅要有理性的力量，还要用诚挚而令人感动的语气，用真挚动人的情感说出来，才能打动人、说服人。

二、说服的技巧

人们从思维、心理的规律等方面总结了很多说服的方法和技巧。主要有：

1. 以对方的认识为起点。要说服对方，必须换位思考，先承认对方的认识、态度存在的合理性，先避开矛盾分歧，从对方的认识基点出发，先赞同或部分赞同，寻找共同点，抵消对方的抵触情绪，逐步瓦解心理防线，以逐步扩大说服的范围，逐步迫近要害和问题的关键。

2. 站在对方的角度说话。在说服过程中，发表自己的主张意见，推销自己的产品需要站在对方需求的角度，着重讲对对方有什么好处，才能有效说服对方接受。只从自己的利益出发，不顾对方的需求和感受，是很难达到说服目的的。

3. 多说"是"字法。让人多说"是"是说服他人的重要技巧。在交流过程中，从一开始要让对方连连说"是"，尽量不要让对方说"不"。这种方法据说是古希腊哲学家苏格拉底常用的方法，也称苏格拉底问答法。

心理学表明，多说"是"能使整个身心趋向于肯定的方面，身体组织呈开放状态，很容易接纳你的观点。而说"不"却恰恰相反，会使人呈现拒绝状态。要知道，人们"不"字说出口后，即使他自觉错误，人格尊严也会驱使他坚持到底。因此，在说服中，争辩是最不合算的，而应该像卡耐基所说，"如果你要使别人同意你，就从对方都同意的事谈起，使对方立即就说'是、是'"。

4. "使人信"五步定式。美国心理学家杜威提出了说服他人的"使人信"五步定式：第一步，直截了当告诉对方某处存在某个极其严重的问题或状态；第二步，帮助对方分析研究该严重问题产生的原因；第三步，帮助对方搜集各种可能解决问题的办法，尽可能穷尽一切办法，并把自己准备提出的观点放在最后介绍；第四步，帮助对方依次分析和斟酌这些可能的解决方法；第五步，最终使对方认可并接受其中最理想的解决方法，即最后提出你认为最正确的方法。

5. 归纳法和演绎法。归纳和演绎是逻辑推理中的主要方法，也是说服他人最常用的方法。归纳法是从个别事例中归纳出结论，在说服过程中先举大量例证，归纳例证中的共同点作为结论，强调它的真实和可靠，以此说服对方接受。演绎法则从共同的原理中判定具体事实，它靠大前提、小前提和结论的三段论的推演方式得出结论，形成令人信服的逻辑力量来说服对方。

6. 引例证明法。人们相信事实，在说服中以事例引证是很好的说服法。具体的事例和经验比概括的论证和一般原理更有说服力，特别是对方熟悉的，亲眼所见的事实更为有力。在说服过程中，说服者本身现身说法，更能使对方信服接受。

7. 名言支持法。人们相信名人的权威，在说服中引用名人的语录和权威的理论来支持自己的结论，能增加说服力，因为名人的话往往有一种号召力。借助名人的话，可以省去与对方很多不必要的对话。

8. 巧妙表达不同意见。说服意味着改变，改变也说明对方有与自己不同的观点意见，有不同的感情倾向，不同的动机需求，因此，说服是需要面对不同点的，正是针对不同点，才有说服的可能，一味地附和，不是说服。但是，为了使对方接受自己的观点，必须巧妙地表达与对方不同的意见，通过说理、移情、劝服，使对方改变。这些巧妙的方法有：

（1）旁敲侧击，不触及对方的成见，只谈与之相关的边缘问题。

（2）不经意地提供一些意外的经验，使对方不知不觉受到暗示。

（3）把不同点融进共同点里表述，在共同的原则下，软化对方的偏见。

（4）当各种办法都不奏效时，可以干脆推出自己的不同点，但可冠之以"这也许是我的偏见"，促使对方审视自己的"偏见"。

（5）在正面和迂回说服不能解决问题时，还可以使用激将法，从反面设想，指出它将产生的严重后果，迫使对方放弃原来的想法，接受自己的观点，以调和矛盾，形成一致。这种方法作为最后的一招，有时往往有特效。

[范文]

触龙说赵太后

赵太后新用事[1]，秦急攻之。赵氏求救于齐。齐曰："必以长安君为质[2]，兵乃出。"太后不肯，大臣强谏。太后明谓左右："有复言令长安君为质者，老妇必唾其面。"

左师触龙言愿见太后[3]。太后盛气而揖之[4]。入而徐趋，至而自谢，曰："老臣病足，曾不能疾走，不得见久矣，窃自恕，而恐太后玉体之有所郄也[5]，故愿望见太后。"太后曰："老妇恃辇而行。"曰："日食饮得无衰乎？"曰："恃鬻耳[6]。"曰："老臣今者殊不欲食，乃自强步，日三四里，少益耆食[7]，和于身也。"太后曰："老妇不能。"太后之色少解。

左师公曰："老臣贱息舒祺[8]，最少，不肖。而臣衰，窃爱怜之。愿令得补黑衣之数[9]，以卫王宫[10]，没死以闻[11]。"太后曰："敬诺。年几何矣？"对曰："十五岁矣。虽少，愿及未填沟壑而托之[12]。"太后曰："丈夫亦爱怜其少子乎？"对曰："甚于妇人。"太后笑曰："妇人异甚。"对曰："老臣窃以为媪之爱燕后贤于长安君[13]。"曰：

"君过矣,不若长安君之甚。"左师公曰:"父母之爱子,则为之计深远。媪之送燕后也,持其踵为之泣[14],念悲其远也,亦哀之矣。已行,非弗思也,祭祀必祝之,祝曰:'必勿使反[15]!'岂非计久长,有子孙相继为王也哉?"太后曰:"然。"左师公曰:"今三世以前[16],至于赵之为赵[17],赵主之子孙侯者,其继有在者乎?"曰:"无有。"曰:"微独赵[18],诸侯有在者乎?"曰:"老妇不闻也。""此其近者祸及身,远者及其子孙。岂人主之子孙则必不善哉?位尊而无功,奉厚而无劳,而挟重器多也[19]。今媪尊长安君之位,而封之以膏腴之地,多予之重器,而不及今令有功于国。一旦山陵崩[20],长安君何以自托于赵?老臣以媪为长安君计短也,故以为其爱不若燕后。"太后曰:"诺。恣君之所使之。"于是为长安君约车百乘质于齐,齐兵乃出。

子义闻之曰[21]:"人主之子也,骨肉之亲也,犹不能恃无功之尊,无劳之奉,而守金玉之重也,而况人臣乎?"

——选自上海古籍出版社标点本《战国策·赵策四》

[注释]

[1] 赵太后:赵惠文王威后,赵孝成王之母。用事:执政,当权。
[2] 长安君:赵太后幼子的封号。质:古代诸侯国求助于别国时,每以公子抵押,即人质。
[3] 左师:春秋战国时宋、赵等国官制,有左师、右师,为掌实权的执政官。触龙言:原作"触詟"二字,据《史记·赵世家》改。
[4] 揖:辞让。《史记·赵世家》"揖"作"胥",胥为等待之意。义较胜。
[5] 郄(xì 戏):同隙。有所郄,是身体不舒服、有毛病的委婉说法。
[6] 鬻(zhù 注):粥的本字。
[7] 耆(shì 试):通"嗜"。
[8] 贱息:对自己儿子的谦称。
[9] 黑衣:赵国侍卫所服,用以指代宫廷卫士。
[10] 宫:原作"官",从《史记·赵世家》改。
[11] 没死:冒死。臣对君的谦卑用语。
[12] 填沟壑:"死"的比喻说法。自比为贱民奴隶,野死弃尸于溪谷。
[13] 燕后:赵太后之女,远嫁燕国为后。
[14] 踵:足跟。女嫁乘舆辇将行,母不忍别,在车下抱其足而泣。
[15] 反:同返。古代诸侯嫁女于他国为后,若非失宠被废、夫死无子或亡国失位,是不回国的。
[16] 三世以前:指赵武灵王。孝成王之父为惠文王,惠文王之父为武灵王。
[17] 赵之为赵:前"赵"指赵氏,周穆王赐造父以赵城,始有赵氏;后"赵"指赵国。公元前376年,魏、韩、赵三家灭晋分其地。赵国有今山西中部、陕西东北角、河北西南部等地。经赵武灵王至惠文王时,疆域又有所扩大。
[18] 微:非。

[19] 重器：指金玉珍宝。

[20] 山陵：喻帝王，此处指赵太后。崩：喻帝王死。

[21] 子义：赵国贤人。

[作品简介]

本文选自《战国策》。《战国策》又称《国策》，相传是当时各国史官或策士们辑录的。西汉著名学者刘向在整理皇家藏书时发现一批散乱的战国策资料，他按"国别"的体例加以整理编排，又因内容都是有关战国时"游士辅所用之国，为之策谋"的事情，故定名为《战国策》。全书三十三篇，记载了从东周贞定王十七年（公元前452年）到秦始皇三十一年（公元前216年），共245年的史实。

《战国策》的绝大部分篇章是记载战国时的谋臣、策士、纵横家之类人物的言行和事迹的，着重表现这些人士的才智和作用，书中充满了雄辩的论述和辩难，构成了一个个权变、阴谋的故事。这些故事大多是虚构或夸张的，多与史实有出入，所以，与其说《战国策》是一部史书，毋宁说它是一部具有文学性质的历史故事集或历史散文集。

《战国策》的语言铺张扬厉、雄辩恣肆、刚健雄浑、气势磅礴，其叙述多能做到简洁明快、流利酣畅。它的论述或辩驳更是旁征博引、条分缕析、丰富多彩，其创造的人物栩栩如生、个性鲜明。《战国策》在我国文学发展史上产生了极其深远的影响，为后代的文学创作提供了许多有益的启示。

[作品导读]

公元前266年，赵惠文王去世，孝成王继位，因他年幼，其母威后暂摄政，当时秦国认为有机可乘，想趁赵内政未稳之机，攻下赵国。秦军一连攻下三座城池，赵国危在旦夕。为解燃眉之急，赵急向关系密切的齐国求援，齐王虽答应出兵，但按惯例要求赵必须以长安君为人质。赵太后宠爱幼子，不答应这件事。打破这僵局的就是触龙。触龙从闲谈家常入手，用亲切而富有人情味的语言去打动赵太后的心弦，最终以理服人，说服了赵太后，化解了赵国的危机。

首先，触龙之所以能够成功说服赵太后，是巧妙地解除了赵太后的精神武装。国难当头，赵太后因爱子而无法求得救兵，众大臣劝说无效，触龙要出面劝说。但赵太后怒气冲冲，如见面直奔主题，触龙也必然无功而返，于是触龙出场时先有意识地显出苍老的神态，然后表明自己对太后健康的关心，说出自己养生的方法，让太后感觉触龙是来问候她，希望自己多保重，这样赵太后就解除了精神武装。

其次，触龙是站在充分理解父母之爱的基础上进行这场说服，营造了和谐的谈话氛围。触龙见太后怒气渐消，就提出让自己的儿子入宫当卫士问题，表现出自己如何疼儿子，这引起太后的兴趣，因为赵太后非常疼儿子，两个人于是就有了共同话题，话题也就转到爱子的问题上。

最后，触龙巧妙地表达自己的不同见解。触龙明知太后更爱幼子，却故意反话正说，说她更疼女儿，太后当然不同意，赶紧声明：更疼小儿子。触龙的话题经过迂回战术,终于谈到正题。于是触龙就谈太后是如何疼爱女儿的,突出太后为使女儿永远幸福,宁可不见到她,表明太后是很理智的。然后从赵立国谈起,指出为国君的如不让其子孙为国出力,只是坐享其成,迟早会丧失特权,甚至会灭国亡家。而现在有机会让长安君立功,太后不肯,怎么谈得上爱自己的小儿子呢?赵太后终于明白溺爱对儿子没有好处,于是痛快地答应让儿子到齐国做人质,矛盾最终得以解决。

[思考与练习]

分析触龙在说服赵太后时运用了哪些说服的原则和技巧?

◎ 行动——领悟原则,实践技能

1. 训练内容:角色扮演。
2. 训练方式:某大学学生张洁所在的社团组织了"校园爱心义卖"活动,所得将为偏远山区的儿童募捐文具。请以张洁的身份说服身边的同学参与"校园爱心义卖"活动,并在义卖中说服顾客购买商品。
3. 训练要求:全班同学分成若干小组,组中同学分别扮演情境中的角色,并每人轮流扮演张洁。训练中要运用本项目介绍的说服的原则和技巧。分组训练结束后,各小组在班内轮流展示训练成果。

◎ 评价——是否掌握了说服的原则和技巧

小组成员分享在情境训练中的体会,每人分析自己成功地运用了哪些说服技巧,小组评估其成绩,与教师根据各小组情境演练成果展示后给予的评价结合后得出个人得分。

项目五 辩论的技巧

◎ 训练目标

了解辩论的要素,掌握辩论的技巧。

◎ 训练任务

运用辩论技巧来说明自己对事物或问题的见解,揭露对方的矛盾,以便取得最后的认识或共同的意见。

◎ 知识准备

辩论的技巧

辩论,又称论辩,是持不同见解的各方为证明自己观点的正确,就同一话题阐述己见以驳倒对方的一种语言对抗形式。它具有论题同一、观点对立、逻辑严密、语言简洁等特点。在日常生活中，辩论是人们维护真理、揭穿谬误的有力武器，也是提高人们语言表达能力和逻辑思维能力的有效方式。

一、辩论的类型与特点

口头辩论主要有三类：第一类是专门场合下进行的有特定议题的辩论，如谈判辩论、法庭辩论；第二类是由日常生活、工作中的矛盾引起的人与人之间的争辩，如邻里争辩、同事间争辩、上下级争辩；第三类就是各种形式的辩论赛。前两种论辩，论辩双方各自有明确的立场和主张，辩论的目的是说服对方接受自己的观点或争取第三者支持自己的观点。与此同时，自己也有被对方说服或作出妥协的心理准备。辩论赛是作为比赛项目来进行的模拟论辩，这种论辩往往不问论辩者本人的立场和主张，而侧重于人们的论辩技巧。前两种辩论属于自由辩论，第三种辩论则属于专题辩论。

专题辩论主要有以下三个特点：

1. 论辩的题目、论辩的程序、发言的时间等，都是由论辩赛的组织者所决定，参赛者必须按规定进行论辩，不能随意改变。

2. 比赛胜负标准包括立论、材料、辞令、风度以及应变技巧等综合因素，胜负由评委根据标准及主观印象进行裁定。

3. 论辩时只能针对对方的观点和理由进行攻击，而不能涉及对方的立场和人品。

二、辩论语言的特点与要求

（一）辩论语言的特点

我们在辩论中除要使用标准的普通话，做到语音清晰可辨、字正腔圆，语速切合特定的辩论情景和内容，语调抑扬起伏、波澜跌宕之外，还应体现以下的语言特点：

1. 精确性。辩论语言的精确性包括两个方面：一是用词造句准确而简洁，表意清晰明白；二是辩论语言要传递真实的信息。辩论过程中，不能为自圆其说而随意编造事实。精确性是辩论语言最基本的特性，词句运用不当，或捏造事实，观点再正确，都显得苍白无力。

2. 逻辑性。辩论过程是一个充满逻辑推理、演绎论证的过程。辩论语言是辩论思维的外化，表现出鲜明的逻辑特色。准确地界定和使用概念、合理的判断、缜密的推理，都会增强辩论语言的力量，给评判者或观众以深刻的印象。

3. 艺术性。辩论语言不是枯燥地说理，而是富于文采、具有美感的语言，是力与美的结合。辩论语言的美感很重要的一个来源是修辞的妙用，合理运用比喻、排比、引用、夸张等手法，将使语言生机勃发。当然，也不能脱离事实和道理而过分表现文采，否则，辩手可能成为语言秀的表演者，显得华而不实。

4. 攻击性。辩论既然是观点的碰撞，是争锋，辩论语言也应该是具有挑战性的攻势语言。辩手要能够敏锐地找出对方论点、论据和论证的不足，给予有力的反驳。这种攻击性是内在的，而不表现在使用过激的语言和失态的行为。

5. 多样性。辩论语言是有声语言和无声语言的结合，辩手还应该恰当地使用无声语言。辩论中，辩手的神态、姿势、动作和表情，会极大地影响辩论的效果，这些无声语言应该给人的感觉是：精神饱满、从容自信、气势浩然。

6. 新奇性。辩论的语言表达要有新意，新中出奇，才能出奇制胜。陈词滥调，让人听之无味，当然不能给人以良好的印象。

7. 感染性。辩论语言的感染性表现在辩手能深深打动评判者、观众，甚至对手的心灵，触发他们的情感。这种感染性主要来源于：一是鲜明果断地表达观点；二是充分调动场上气氛；三是给对方造成压力。例如，在1993年的国际大专辩论赛最后的决战中，复旦大学队持"人性本恶"的立场，不断追问对方要害："如果人性本善，最初的恶是如何产生的？善花是如何结出恶果来的？"给对方以强大的压力。在精彩的自由辩论结束后，复旦四辩慷慨陈词："只有从人性本恶的正确认识出发，人的本能和欲望的无节制的追求才会得到合理的节制和正确的引导，人类理性才会由他律走向自律，由执法走向立法，才能挽狂澜于既倒，扶大厦之将倾。'黑夜给了我黑色的眼睛，我却要用它去寻找光明'。"这一总结气势宏大，极富感染力，博得了经久不息的掌声。

（二）辩论语言的要求

辩论语言的要求是辩论语言特点的体现。我们根据以上所述辩论语言七个方面的特点，可以归纳辩论语言应该有这样一些要求：一是表述清晰简洁；二是逻辑严密有序；三是富于生动活泼的文采；四是言之有物有理。

三、专题辩论的技巧

（一）辩论前的准备

1. 审析辩题，确立论点。审题的目的是要弄清辩题的含义，认识辩题对双方的利弊，以便准确把握双方争辩的焦点，确定本方应坚持的基本论点和最佳辩论角度。

例如，1990年第三届亚洲大专辩论会，辩题为："儒家思想是'四小龙'经济快速成长的主要推动因素"，反方南京大学队立论难度很大。其一，辩论赛所在地新加坡是一个尊孔倡儒的国家；其二，近几年"四小龙"经济发展的确很快。在这种情况下，他们认真地、反复地审析辩题，终于确立了"把儒家思想的功能拒之于经济领域之外"的辩论角度，即在经济领域之外，充分肯定儒家思想的积极作用但是决不承认它是经济发展的主要推动因素，至多是经济发展的一个背景条件，而正确的经济战略和经济决策才是推动"四小龙"经济快速成长的主要因素。后来的辩论实践证明，他们的审题工作和所确立的辩论角度及辩论战略是成功的。

2. 角色互换，提前预判。"知己知彼，百战不殆。"要想在辩论中取胜，就要在认真审析辩题之后，设法推测对方的总论点、分论点及支持其观点的论据；分析对方辩论过程中的逻辑联系，推测可能出现的薄弱环节，以便确定本方的辩论对策、战胜论敌。

3. 搜集材料，充实论据。对论敌作了必要的了解之后，就要准备本方的发言了。要广泛搜集证明己方观点的材料，选择最有说服力的论据，可以是名言警句、公式定理，也可以是真实具体的事实、翔实可靠的数据或者与命题有关的政策、法规，还可以是寓理于事的寓言故事等，甚至包括印证对方观点错误的反面材料都不可以忽视。

4. 条分缕析，撰写文稿。在确定了辩论角度并准备了大量资料之后，为使辩论语言简洁、条理清晰，就要准备一份详细的辩词，并将相关观点和材料要点写在卡片上，这样才能真正把战略意图、战术技巧通过语言表达落到实处。

写作辩词重点应放在论证上，通常要把总论点分成若干个分论点，从不同侧面分若干层次进行论证。在层次安排上，可以是并列式，也可以是递进式。在论证中，要引用大量事实材料和理论材料，运用恰当的论证方法证明本方观点，或反驳对方观点。

辩词的语言既要有书面语言的严密性和连贯性，又要有口头语言的通俗性和生动性；要适当引用比喻、排比、反问等修辞手法，以强化辩词的感染力，给听众留下深刻印象。

（二）辩论中的语言技巧

在做了充分的准备后，灵活巧妙地运用一些辩论的语言技巧，可以使我们在辩论中始终保持主动或变被动为主动，最终取得辩论的胜利。

1. 先声夺人。在辩论中对自己没有信心，对自己的主张都不十分相信，而要达到说服别人的目的，则是很困难的。由于辩论赛的胜负评判标准是主观的，自信无疑是加分的砝码。以首届国际大专辩论赛复旦大学与剑桥大学对垒的一场比赛为例。剑桥四位辩手均为研究生及以上学历（三名博士，一名硕士），在构成层次上高复旦一个等级。辩论一开场，剑桥大学一辩陈词结构严谨，理论扎实，论述条理清晰，气势犹如长虹，场上效果极佳，但是复旦大学凭着自信，顶住压力，一辩陈词亲切感人，逻辑层次一一展开，表现出志在必得的自信，不畏强手的意志，先声夺人。在良好的开端下，其他三位辩手也表现不凡，整场辩论一气呵成、精彩绝伦。

2. 将计就计。为战胜论敌，我们有时可以先假定对方的论点是可以成立的，再顺着对方的前提进行推理，最后得出明显荒谬的结论。此时，对方的论点自然就不攻自破了。这也就是逻辑上的归谬法。

例如，美国独立初期，有一条法律规定要有30美元才能当上议员。科学家富兰克林反对把有钱当作竞选议员的条件。他说："要想当议员，就该拥有30美元，那是不是可以这样说——我有一头驴，它值30美元，那么我就可以被选为议员了。一年之后，我的驴死了，那我的议员就不能当下去了。请问究竟谁是议员呢？是我还是驴？"富兰克林运用归谬法一针见血地指出了这条法律的荒谬性，其辩驳力和讽刺性都是极强的。

3. 欲擒故纵。这是一种先诱敌深入，再摧毁论敌的辩论技巧。表面上认同对方观点，顺应对方的逻辑进行推导，并在推导中根据我方需要，设置某些符合情理的障碍，使对方观点在所增设的条件下不能成立，或得出与对方观点截然相反的结论。"纵"是手段，"擒"才是目的。例如，在莎士比亚的名剧《威尼斯商人》中，女扮男装的鲍西娅律师在法庭上一而再、再而三地肯定夏洛克的"控诉是可以成立的"，"那商人身上的一磅肉是你的，法庭判给你，法律许可你"。这使得夏洛克满心欢喜，不住地称赞鲍西娅是"公平正直的法官！……博学多才的法官！"正当夏洛克在法庭上磨刀霍霍、得意忘形时，鲍西娅提出割肉但不能流血的要求，终于使夏洛克放弃了契约上的请求，彻底败下阵来。

又如，在"愚公应该移山还是应该搬家"的论辩中：

反方：……我们要请教对方辩友，愚公搬家解决了困难，保护了资源，节省了人力、财力，这究竟有什么不应该？

正方：愚公搬家不失为一种解决问题的好办法，可愚公所处的地方连门都难出去，家又怎么搬？……可见，搬家姑且可以考虑，也得在移完山之后再搬呀！

神话故事都是夸大其事以显其理的，其精要不在本身而在寓意，因而正方绝对不能让反方迂旋于就事论事之上，否则，反方符合现代价值取向的"方法论"必占上手。从上面的辩词来看，反方的就事论事，理据充分，根基扎实，正方先顺势肯定"搬家不失为一种解决问题的好办法"，既而切入"愚公所处的地方连门都难出去"这一条件，自然而然地导出"家又怎么搬"的诘问，最后水到渠成，得出"先移山，后搬家"的结论。如此一系列理论环环相扣，节节贯穿，以势不可当的攻击力把对方的就事论事打得落花流水，真可谓精彩绝伦！

4. 类比推理。它是指辩论的一方不直接反驳对方的议论，而是通过一个与敌论证相类似的推理过程，来显示敌论点的不能成立，也就是人们常说的"以其人之道还治其人之身"。例如，一位牧师诘难一位黑人领袖，"先生既有志于黑人解放，非洲有那么多黑人，先生为什么不去非洲？"这位黑人领袖从容答道："阁下有志于灵魂解放，地狱的灵魂那么多，阁下为什么不早下地狱？"这个回答运用与牧师相类似的思维过程，可谓绵里藏针，顿使对方张口结舌。

5. 揭悖反驳。就是通过揭示与对方论题相悖的事实来显示对方论题的荒谬、错误，从而驳倒对方的一种辩论方法。在"跳槽是否有利于人才发挥作用"的论辩中，有这样一节辩词：

正方：张×，全国乒乓球锦标赛的冠军，就是从江苏跳槽到陕西，对方辩友还说他没有为陕西人民作出贡献，真叫人心寒啊！（掌声）

反方：请问到体工队可能是跳槽去的吗？这恰恰是我们这里提倡的合理流动啊！（掌声）对方辩友戴着跳槽眼镜看问题，当然天下乌鸦一般黑，所有的流动都是跳槽了。（掌声）

正方举张×为例，他从江苏到陕西后，获得了更好地发展自己的空间，这是事实。反方马上指出对方具体例证引用失误：张×到体工队，不可能是通过"跳槽"这种不规范的人才流动方式去的，而恰恰是在"公平、平等、竞争、择优"的原则下"合理流动"去的，可信度高、说服力强、震撼力大，收到了较为明显的反客为主的效果。

6. 幽默反驳法。其实，辩论不只是唇枪舌剑的争斗。有时，言辞激烈的批驳倒不如一句幽默诙谐的反击更使对方无言以对，轻轻松松地就可以打败论敌。如有人贬损苏联著名诗人马雅可夫斯基："你的诗不能使人沸腾，不能使人燃烧，不能感染人。"对此，诗人如果也以刻薄的语言回敬，反倒显得心胸狭窄，争论也会无休止。他平静地答道："我的诗不是大海，不是火炉，不是鼠疫。"诗人幽默冷峻的回答既维护了自己的尊严，也有力驳斥了对方的诘难。

7. 比喻反驳法。就是不直接反驳对方的论题，而是寻找一个与对方论题相似的事物或情况，通过比喻的方式来驳倒对方。运用得当，常常可以化难为易，化险为夷，变被动为主动，收到事半功倍的效果。据《晏子春秋》记载，齐相晏子出使楚国，席间，两个差吏绑了一个人上来，楚王装模作样地问所绑何人，差吏答是齐国的一个贼。面对楚王"齐人固善盗乎"的侮辱，晏子没有直接驳斥，而是从日常生活中的现象入手，作了一个形象的比喻："晏闻之，橘生淮南则为橘，生于淮北则为枳，叶徒相似，其实味不同。所以然者何？水土异也。今民生长于齐不盗，入楚则盗，得无楚之水土使民善盗耶？"晏子的话虽措辞委婉，但言语犀利，反倒让对方陷入被动尴尬的境地，维护了齐国的尊严。

此外，两难推理法、釜底抽薪法等都是辩论过程中常用的技巧、方法，熟练掌握并娴熟运用这些技巧，可以使我们的辩论具有不可辩驳的力量。

四、辩论赛的规则与程序

（一）比赛规则及程序

1. 辩论赛分预赛、复赛、半决赛和决赛四轮比赛。通过比赛选出优胜队参加下一轮比赛。比赛采用积分与评议相结合的办法。所有比赛时间相同，具体程序如下：

（1）主席致开场词，介绍该场参赛队员、评判团成员和比赛规则。

（2）开篇立论开始，正反两方一辩依次进行，时间各二分三十秒。

（3）攻辩时间六分钟，每队各三分钟。

（4）攻辩小结，每队各一分三十秒。

（5）自由辩论八分钟，每队各四分钟。

（6）反方四辩总结陈词，时间三分钟。

（7）正方四辩总结陈词，时间三分钟。

（8）评判团进行评判，工作人员计分作统分工作。

（9）请本场的评判代表分析赛情。

（10）主席宣布本场比赛各队的得分情况及最后结果。

（11）本场比赛结束，退场。

注：每位辩手发言时间剩30秒时，将有一次笛声提示，当辩论时间用完时，有两次笛声提示，辩手应立刻停止发言。

2. 攻辩规则及自由辩论规则。

（1）攻辩。

①质询者控制质询时间，可以提出与题目有关的合理而清晰的问题，并可以随时停止被质询者之回答。

②攻辩时间内，质询者应询问问题，不得自行申论或就质询所获之结果进行引申，否则视为违规。质询者自行申论或引申发言时，答辩者有权要求其停止。

③答辩者应回答质询者所提之任何问题，但问题明显不合理时，被质询者需说明理由，拒绝回答。

④答辩者可以要求质询者重述其质询，但不得恶意为之，否则视为违规。

⑤答辩者不得对质询者提出询问，否则视为违规。

⑥答辩者提出反质询时，质询者可要求其停止，并拒绝回答。

（2）自由辩论。

①自由辩论时间共八分钟，每队各四分钟。

②自由辩论必须交替进行。当自由辩论开始时，先由正方任何一名队员起立发言。完毕后，反方的任何一名队员应立即发言，双方依次轮流发言，直到双方时间用完为止。

③在自由辩论时间里，每一位辩手的发言次序、次数和时间均不受限制。

④当一队的发言时间剩三十秒时，将有一次笛声提示，当该队的发言时间用完时，会有两次笛声提示，该队应立即停止发言。

⑤如果一队的发言时间已经用尽，另一队还有剩余时间，则该队的辩手可以继续发言，直到该队的时间用完为止。

⑥自由辩论是检验一个团队整体配合能力以及每一位辩手实力的重要阶段。辩手应充分利用这段时间，简洁明了地加强自己的论点，机智有力地反驳对方的论点，如果流于空洞无物的攻击或有意回避对方的质询及发言观点，或者出现语误、空场等情形，都将影响该队的成绩。

注：各队辩手辩论中可将资料集中在自制卡片上，发言时以备参考，但不能宣读事先已拟好的稿件或展示预先准备好的图表或字板，在自由辩论时队员可以相互提供发言线索。规程未尽事宜，另行通知。

（二）全国大专辩论赛程序

1. 正方一辩陈词，时间为二分三十秒；
2. 反方一辩陈词，时间为二分三十秒；
3. 正方二辩选择反方二辩或三辩进行一对一攻辩，时间一分三十秒；
4. 反方二辩选择正方二辩或三辩进行一对一攻辩，时间一分三十秒；
5. 正方三辩选择反方二辩或三辩进行一对一攻辩，时间一分三十秒；
6. 反方三辩选择正方二辩或三辩进行一对一攻辩，时间一分三十秒；
7. 正方一辩攻辩小结，时间一分三十秒；
8. 反方一辩攻辩小结，时间一分三十秒；
9. 自由辩论，双方各累计时间四分钟；
10. 正方四辩总结陈词，时间为三分钟；
11. 反方四辩总结陈词，时间为三分钟；
12. 观众提问。（可省略）

（三）国际大专华语辩论赛程序

1. 正方一辩发言，时间为三分钟；
2. 反方一辩针对正方一辩进行盘问，时间为一分三十秒；
3. 反方一辩发言，时间为三分钟；
4. 正方一辩针对反方一辩进行盘问，时间为一分三十秒；
5. 正、反方二辩发言，时间各两分钟；
6. 正、反方二辩进行对话，时间为一分三十秒；
7. 正、反方三辩进行盘问环节；
8. 正、反方三辩须针对盘问环节进行小结；
9. 比赛暂停，台下的教练/智囊团可选择上台面授机宜，时间三分钟；
10. 自由辩论，时间各四分钟；
11. 反方四辩总结陈词，时间为四分钟；
12. 正方四辩总结陈词，时间为四分钟；
13. 评判退席；

14. 观众发问；
15. 评判重新入场，评判团代表评述；
16. 主席宣布比赛结果。

[范文]

诸葛亮舌战群儒

　　肃乃引孔明至幕下。早见张昭、顾雍等一班文武二十余人，峨冠博带，整衣端坐。孔明逐一相见，各问姓名。施礼已毕，坐于客位。张昭等见孔明丰神飘洒，器宇轩昂，料道此人必来游说。张昭先以言挑之曰："昭乃江东微末之士，久闻先生高卧隆中，自比管、乐。此语果有之乎？"孔明曰："此亮平生小可之比也。"昭曰："近闻刘豫州三顾先生于草庐之中，幸得先生，以为如鱼得水，思欲席卷荆襄。今一旦以属曹操，未审是何主见？"孔明自思张昭乃孙权手下第一个谋士，若不先难倒他，如何说得孙权，遂答曰："吾观取汉上之地，易如反掌。我主刘豫州躬行仁义，不忍夺同宗之基业，故力辞之。刘琮孺子，听信佞言，暗自投降，致使曹操得以猖獗。今我主屯兵江夏，别有良图，非等闲可知也。"昭曰："若此，是先生言行相违也。先生自比管、乐，管仲相桓公，霸诸侯，一匡天下；乐毅扶持微弱之燕，下齐七十余城：此二人者，真济世之才也。先生在草庐之中，但笑傲风月，抱膝危坐。今既从事刘豫州，当为生灵兴利除害，剿灭乱贼。且刘豫州未得先生之前，尚且纵横寰宇，割据城池；今得先生，人皆仰望。虽三尺童蒙，亦谓彪虎生翼，将见汉室复兴，曹氏即灭矣。朝廷旧臣，山林隐士，无不拭目而待：以为拂高天之云翳，仰日月之光辉，拯民于水火之中，措天下于衽席之上，在此时也。何先生自归豫州，曹兵一出，弃甲抛戈，望风而窜；上不能报刘表以安庶民，下不能辅孤子而据疆土；乃弃新野，走樊城，败当阳，奔夏口，无容身之地：是豫州既得先生之后，反不如其初也。管仲、乐毅，果如是乎？愚直之言，幸勿见怪！"孔明听罢，哑然而笑曰："鹏飞万里，其志岂群鸟能识哉？譬如人染沉疴，当先用糜粥以饮之，和药以服之；待其腑脏调和，形体渐安，然后用肉食以补之，猛药以治之：则病根尽去，人得全生也。若不待气脉和缓，便投以猛药厚味，欲求安保，诚为难矣。吾主刘豫州，向日军败于汝南，寄迹刘表，兵不满千，将止关、张、赵云而已：此正如病势尪羸已极之时也。新野山僻小县，人民稀少，粮食鲜薄，豫州不过暂借以容身，岂真将坐守于此耶？夫以甲兵不完，城郭不固，军不经练，粮不继日，然而博望烧屯，白河用水，使夏侯惇，曹仁辈心惊胆裂：窃谓管仲、乐毅之用兵，未必过此。至于刘琮降操，豫州实出不知；且又不忍乘乱夺同宗之基业，此真大仁大义也。当阳之败，豫州见有数十万赴义之民，扶老携幼相随，不忍弃之，日行十里，不思进取江陵，甘与同败，此亦大仁大义也。寡不敌众，胜负乃其常事。昔高皇数败于项羽，而垓下一战成功，此非韩信之良谋乎？夫信久事高皇，未尝累胜。盖国家大计，社稷安危，是有主谋。非比夸辩之徒，虚誉欺人：坐议立谈，无人可及；临机应变，百无一能。诚为天下笑耳！"这一篇言语，说得张昭并无一言回答。

　　座上忽一人抗声问曰："今曹公兵屯百万，将列千员，龙骧虎视，平吞江夏，公以为何如？"孔明视之，乃虞翻也。孔明曰："曹操收袁绍蚁聚之兵，劫刘表乌合之众，虽数百万不足惧也。"虞翻冷笑曰："军败于当阳，计穷于夏口，区区求救于人，而犹言不惧，此真大言欺人也！"孔明曰："刘豫州以数千仁义之师，安能敌百万残暴之众？退守夏口，所以待时也。今江东兵精粮足，且有长江之险，犹欲使其主屈膝降贼，不顾天下耻笑。由此论之，刘豫州真不惧操贼者矣！"虞翻不能对。

座间又一人问曰："孔明欲效仪、秦之舌，游说东吴耶？"孔明视之，乃步骘也。孔明曰："步子山以苏秦、张仪为辩士，不知苏秦、张仪亦豪杰也。苏秦佩六国相印，张仪两次相秦，皆有匡扶人国之谋，非比畏强凌弱，惧刀避剑之人也。君等闻曹操虚发诈伪之词，便畏惧请降，敢笑苏秦、张仪乎？"步骘默然无语。忽一人问曰："孔明以曹操何如人也？"孔明视其人，乃薛综也。孔明答曰："曹操乃汉贼也，又何必问？"综曰："公言差矣。汉传世至今，天数将终。今曹公已有天下三分之二，人皆归心。刘豫州不识天时，强欲与争，正如以卵击石，安得不败乎？"孔明厉声曰："薛敬文安得出此无父无君之言乎！夫人生天地间，以忠孝为立身之本。公既为汉臣，则见有不臣之人，当誓共戮之：臣之道也。今曹操祖宗叨食汉禄，不思报效，反怀篡逆之心，天下之所共愤；公乃以天数归之，真无父无君之人也！不足与语！请勿复言！"薛综满面羞惭，不能对答。

座上又一人应声问曰："曹操虽挟天子以令诸侯，犹是相国曹参之后。刘豫州虽云中山靖王苗裔，却无可稽考，眼见只是织席贩屦之夫耳，何足与曹操抗衡哉！"孔明视之，乃陆绩也。孔明笑曰："公非袁术座间怀桔之陆郎乎？请安坐，听吾一言：曹操既为曹相国之后，则世为汉臣矣；今乃专权肆横，欺凌君父，是不惟无君，亦且蔑祖，不惟汉室之乱臣，亦曹氏之贼子也。刘豫州堂堂帝胄，当今皇帝，按谱赐爵，何云无可稽考？且高祖起身亭长，而终有天下；织席贩屦，又何足为辱乎？公小儿之见，不足与高士共语！"陆绩语塞。

座上一人忽曰："孔明所言，皆强词夺理，均非正论，不必再言。且请问孔明治何经典？"孔明视之，乃严畯也。孔明曰："寻章摘句，世之腐儒也，何能兴邦立事？且古耕莘伊尹，钓渭子牙，张良、陈平之流。邓禹、耿弇之辈，皆有匡扶宇宙之才，未审其生平治何经典。岂亦效书生，区区于笔砚之间，数黑论黄，舞文弄墨而已乎？"严畯低头丧气而不能对。

忽又一人大声曰："公好为大言，未必真有实学，恐适为儒者所笑耳。"孔明视其人，乃汝南程德枢也。孔明答曰："儒有君子小人之别。君子之儒，忠君爱国，守正恶邪，务使泽及当时，名留后世。若夫小人之儒，惟务雕虫，专工翰墨，青春作赋，皓首穷经；笔下虽有千言，胸中实无一策。且如扬雄以文章名世，而屈身事莽，不免投阁而死，此所谓小人之儒也；虽日赋万言，亦何取哉！"程德枢不能对。

众人见孔明对答如流，尽皆失色。

[作品导读]

本文节选自《三国演义》第四十三回《诸葛亮舌战群儒 鲁子敬力排众议》。诸葛亮只身随鲁肃过江，游说东吴群臣。时值刘备新败，退守夏口，曹操大军压境，东吴上下主降之风日盛。在此情势下，诸葛亮以其超人的胆识同东吴群儒展开舌战，并以其滔滔辩才使对手一个个皆成"口"下败将，并最终说服了孙权，使吴蜀联盟共抗曹操的局面得以形成。这一场精彩绝伦的辩论，体现了诸葛亮高超的论辩技巧：

1. 先守后攻。面对诸儒的诘难，诸葛亮神态自若，一一作答，是为守，然而他又不甘于只是作答，每于答后发起攻势。

东吴第一谋士张昭诘问诸葛亮自比管仲、乐毅，而最终却使刘备"弃新野，走樊城，败当阳，奔夏口，无容身之地"，"是豫州既得先生之后，反不如其初也"。张昭此问着实厉害，李贽评此句曰："下得好毒手。"诸葛亮笑着回答："鹏飞万里，其志岂群鸟能识哉？"以大鹏自况，志在万里；将群儒比作群鸟，胸无大志。接下去运用比喻论证的方法，人染沉疴，当用和药糜粥，而不可用猛药厚味，说明刘备取胜尚需时日。又进一步用事实论证说明自己的观点："夫以甲兵不完，城郭不固，军不经练，粮不继日，然而博望烧屯，白河用水，使夏侯惇，曹仁辈心惊胆裂：窃谓管仲、乐毅之用兵，未必过此。"此段诸葛亮以充分的事实为论据，对"自比管仲、乐毅"之说予以论证，在凿凿事实面前张昭的非难不攻自破。

2. 语带双机。诸葛亮以其高超的语言技巧使整个论辩过程精彩纷呈，于有限的语句中蕴含极深的意味。例如，在谈到刘备新败之因时，诸葛亮说刘琮"暗自投降"，意在嘲讽东吴主降之士，"非等闲可知也"，示张昭等皆等闲无能之辈；又云"社稷安危，是有主谋"，寓昭等无定国安邦之策，反以妖言惑主，实祸国殃民之人。

又如，陆绩以曹操是相国曹参之后，刘备出身无可稽考相诘，"眼见只是织席贩屦之夫耳，何足与曹操抗衡哉！"诸葛亮先不直接回答问题，而是轻蔑地一笑，"公非袁术座间怀桔之陆郎乎？"诸葛亮此处提及此事，表面看来似属闲笔，实则颇有深意。怀桔之事本为尽心事孝之典范，然而毕竟是小儿所为，怀桔小儿之论必是小儿之见，自然"不足与高士共语"。诸葛亮以不温不火的语调反唇相讥，指出其以出身论英雄的荒诞不经，使陆绩语塞。

语带双机之辩术充分显示了诸葛亮的论辩技巧，一石二鸟，弦外有音，以极精练的语句表达极丰富的内容，颇具战斗力。似不经意中显出智慧，信手拈来时愈见功力，给人留下充分的想象余地。

3. 各个击破。对不同的人采取不同的方法击败对方，是诸葛亮舌战群儒的又一大特色。

对张昭，由于他是东吴重臣，第一谋士，诸葛亮采取擒贼先擒王的策略，娓娓道来，严密防守之后大举进攻，使张昭无一言可对。对张昭的反驳洋洋洒洒，周密细致，<u>丝丝入扣</u>，而对以下诸儒则多以简洁明快的对答迅速结束战斗，不与多做纠缠，或引经据典，或转换论题，或厉声责问，或反唇相讥，可谓得心应手，游刃有余。

详略的不同、论辩方法的不同显示出诸葛亮的机动灵活，详答老辣者，略对浅薄者，挥挥洒洒，左右逢源，嬉笑怒骂，皆成文章，着实令人叹服。

4. 语势磅礴。整个论辩过程中，诸葛亮语势磅礴，使对方慑服于他的语言威力，只有招架之功，而无反击之力。这一点突出体现在他的反问语气的运用上。如反诘张昭："鹏飞万里，其志岂群鸟能识哉？""豫州不过暂借以容身，岂真将坐守于此耶？"

"昔高皇数败于项羽，而垓下一战成功，此非韩信之良谋乎？"反击步骘："君等闻曹操虚发诈伪之词，便畏惧请降，敢笑苏秦、张仪乎？"对陆绩："且高祖起身亭长，而终有天下；织席贩屦，又何足为辱乎？"一连串的反问句，语势强烈，咄咄逼人，在以理服人的基础上，诸葛亮更以其语言的气势压倒了对手。

在语句上，诸葛亮善用短句、排比对偶句突出语势。如"甲兵不完，城郭不固，军不经练，粮不继日"极言刘备当时所处的劣势地位；讽小人之儒，则有"惟务雕虫，专工翰墨，青春作赋，皓首穷经"。可谓数尽小人儒者之弊。非语言大家无此上乘之作。

综观舌战群儒的整个过程，诸葛亮在东吴诸儒的诘问中从容做对，侃侃而谈，纵横捭阖，游刃有余，终使"张昭并无一言回答""虞翻不能对""步骘默然无语""薛综满面羞惭，不能对答""陆绩语塞""严畯低头丧气不能对""程德枢不能对"，以至众人"尽皆失色"。真可谓三寸之舌能抵百万之兵。

总之，诸葛亮舌战群儒，技巧娴熟，令人折服，堪称经典。

[思考与练习]

1. 分析诸葛亮在辩论中成功运用了哪些辩论技巧？
2. 学生分角色表演《诸葛亮舌战群儒》课本剧。

◎ 行动——情景训练

1. 训练内容：组织一次班内辩论赛。
2. 训练方式：各班按小组组队，从教师提供的辩论题中随机抽题，确定正反双方，然后举行辩论赛。
3. 训练要求：
（1）辩论赛规则与程序按照全国大专辩论赛规则与程序进行。
（2）参赛选手要认真准备，比赛中遵守规则，尊重对手和主持人、评委。
（3）比赛结束后教师就辩论双方在辩论赛各环节的表现和辩论技巧进行点评。

◎ 评价——自测与评价

1. 学生评价：小组成员分享在辩论训练中的体会，每人分析自己的得失，小组评估其成绩。学生组内评价占分30%。
2. 教师评价：教师根据各小组辩论赛中的表现给予评价，占总成绩的70%。与小组评价结合后，得出学生个人得分。获得最佳辩手的学生和最后的冠军小组成员可以获得20%加分。

综合训练——无领导小组讨论

一、训练目标

综合运用本模块学习的表达技巧，参与无领导小组讨论，提高交流表达能力。

二、训练任务

9名同学为一组，参与无领导小组讨论。

三、训练要求

1. 实训环境要求：如果条件允许，可以布置一个类似于演讲台的桌子，配之以麦克风，让小组成员站在上面进行总结，以便对被评价者进行包括仪表风度、领导气质等各方面进行全面评价。

2. 实训组织及评判：教师为本次无领导小组讨论的组织者，将全班分为4个小组，各组选派1名同学参与评判，2~3名同学参与讨论，其余同学旁听并记录。讨论过程中旁听同学务必保持安静。各小组旁听情况将计入小组成绩。讨论后评判小组对参与讨论的同学的评判作为小组得分，旁听同学上交旁听记录作为个人评分依据。在讨论会前，对于无领导小组讨论的基本流程、评价维度的设置和所包含的意义、评分标准、观察技巧以及其他对评价有负面干扰作用的心理现象（如首因效应、近因效应、晕轮效应等），教师作为会议组织者需要和参与评判的评委进行充分的沟通。当然，会议组织者也可以是评价者之一。

四、无领导小组讨论的大致程序及本次训练的内容

1. 9人一小组，在一个安静的房间，自行就座于会议圆桌边。

2. 阅读讨论材料，作五分钟发言准备。该讨论材料实际上没有标准答案，也就是不可能作出绝对正确的选择。

材料内容如下：

某天上午，一群乘客乘坐飞机从某城到某城，在经过一个没有人烟的雪野时，因大风导致飞机失事，跌到山林中。此时，气温低达-15℃。该机是双引擎机，可乘坐10人，失事后机身多处撞伤，并引发大火。飞机驾驶员及一名乘客死亡，其余9人则无重大伤害。

飞机失事前高度显示为3000米左右。失事地点未知，但正好在雪线下不远，地面崎岖不平，树林茂密，乘客们穿着秋装，但每人有一件大衣，15件物品分别是：该地区的航空地图、大型手电筒、四条毛毯、一支手枪及十发子弹、一支雪橇、一小瓶白酒、一面化妆用小镜子、一把小刀、四副太阳镜、三盒火柴、一瓶军用水、急救箱、十二小包花生、一张塑料防水布、一支大蜡烛。

问题：在飞机爆炸之前，这些乘客从飞机中抢救出15件物品，请你将这15件物品按照对生存的重要性挑选出最重要的5件并进行排序，请说明理由。

3. 正式发言，畅谈见解：每人按顺序先作简单的自我介绍，接着再做正式发言。

简练阐述自己心目中认为最重要的 5 件物品并说明原因，每人发言时间不超过 5 分钟。

4. 参与讨论，呈现自我：这是无领导小组讨论的最重要环节。在每个人按顺序发言完毕后，进行小组讨论。讨论组织者向参与讨论成员宣布小组必须在 1 小时之内，达成一个一致意见交给会议组织者。本阶段参与讨论者进行自由讨论，每人在讨论中的发言可以是对自己第一次发言的补充和修正，也可对他人的某一观点与方案进行分析或提出不同见解，更可在对大家提出的各种方案进行比较的基础上，提出最有效、最可行的行动方案。讨论过程中，会议组织者对小组成员的发言次数进行记录，并根据讨论评价表中的评价维度方面对各成员的关键发言进行打分评估。

5. 角色模拟，总结发言：在小组达成一个一致意见后，会议组织者要求每人以组长身份进行 3 分钟的简短会议小结，总结发言顺序与之前正式介绍自己意见的顺序相反。值得注意的是，每人在发言时不要仅局限于谈自身对小组意见的看法，还应对整个小组的表现进行总体的点评。

6. 小组讨论会结束后，会议组织者汇总评委的评估分数，把各位被评价者的无领导小组表现得分记录在案。

[实训指导]

作为应试者，在进行无领导小组讨论时要注意以下几点：

首先，对自己充满信心。无领导小组讨论虽然是求职竞争者之间的"短兵相接"，但也不是特别难以应对的可怕事情，因为各应试者均为公平竞争。

其次，态度自然，有理有节。及时表达与人不同的意见和反驳别人先前的言论，也不要恶语相加，要做到一方面能够清楚表达自己的立场，另一方面又不令别人难堪。

再次，不可滔滔不绝，垄断发言，也不能长期沉默，处处被动。每次发言都必须有条理、有根据。

最后，争取成为小组讨论的主席，以展示自己引导讨论及总结的才能。

无领导小组讨论考官评分标准表

考生序号	观测点									总分
	发言次数的多少	是否善于提出新的见解和方案	是否敢于坚持自己的正确意见，发表不同的意见，支持或肯定别人的意见	是否善于消除紧张气氛，说服别人，调解争议，创造一个使不大开口的人也想发言的气氛，把众人的意见引向一致	能否倾听别人意见，是否尊重别人，是否侵犯他人发言权	语言表达能力	分析能力，概括和归纳总结不同意见的能力	发言的主动性	反应的灵敏性	
	10 分	10 分	15 分	15 分	15 分	15 分	10 分	5 分	5 分	100 分
1										
2										

续表

考生序号	观测点									总分
	发言次数的多少	是否善于提出新的见解和方案	是否敢于坚持自己的正确意见，发表不同的意见，支持或肯定别人的意见	是否善于消除紧张气氛，说服别人，调解争议，创造一个使不大开口的人也想发言的气氛，把众的意见引向一致	能否倾听别人意见，是否尊重别人，是否侵犯他人发言权	语言表达能力	分析能力，概括和归纳总结不同意见的能力	发言的主动性	反应的灵敏性	
	10分	10分	15分	15分	15分	15分	10分	5分	5分	100分
3										
4										
5										
6										
7										
8										
9										

模块二　当众演讲

【教学目标】

本模块根据《职业核心能力培训测评标准（与人交流能力单元）》的测评标准，通过理论与单项实训任务的递进，使学生理解演讲的内涵和特征，掌握演讲的基本技巧和方法，训练学生根据情景，围绕主题，运用恰当的方式和相应的辅助手段，提升当众演讲的能力。

【教学提示】

本模块共设三个训练项目，根据演讲能力培养的顺序，从做好演讲准备、把握演讲内容、领会运用演讲方法、借助辅助手段实施演讲几个方面设置训练任务。各项目的训练依据行动导向法的要求，按照"明确能力训练目标、确定训练任务、做好知识准备、情境训练行动、训练效果评估"五个环节组织教学和训练。在三个项目的单项训练结束后，将本模块最后设计为综合训练项目，帮助学生形成完整的能力素质。

项目一　演讲的准备

◎训练目标

充分做好演讲准备，实现演讲目的。

◎训练任务

能够结合情景要求，确定演讲目标，收集相关资料，分析受众特点，为当众发言（演讲）做好准备。完成当众演讲，同时能够把握说话的内容和方式，并借助各种手段帮助说明主题。

◎ 知识准备

演讲的内涵、特点及要求

一、演讲的内涵

演讲，也称演说，是指演讲者在特定的场合，运用有声语言和体态语等手段，针对现实社会的某一问题，或围绕某一中心思想发表意见、阐明道理，从而影响或感召听众的一种语言实践活动。

二、演讲的特点

1. 明确的目的性。凡演讲都有其明确的目的，或是让听众接受某种主张、观点，或是让听众得到某种新知识、新信息，或是为了打动听众，使其激动、兴奋。1998年3月，在"亚洲青年领导人论坛"会议上，中国代表团成员发表了题为《中国热爱和平，渴望发展》的即席演讲，其目的就在于驳斥某些外国代表提出的"中国威胁论"。

2. 感人的艺术性。演讲又称演说，"讲"是讲明道理，诉说对某一问题的看法；"演"是借助声音、表情、动作来加强演讲的生动性。演讲以讲为主，以演为辅，运用有声语言，加上"无声"的动作、体态、表情，两者相辅相成，巧妙结合，融为一体。具有"演、讲同步，声、形结合"的特点，具有较强的审美效果和较高的艺术性。

3. 突出的时间性。首先，演讲的内容富有十分强烈的时代色彩。古今中外的著名演讲都切中时代脉搏，是属于那个时代的声音。如英国丘吉尔1940年5月31日的《出任首相后的首次演说》、斯大林1941年7月3日的《广播演说》，都是当时反法西斯斗争的直接果实。其次，一次演讲的时间，受听众可接受性的制约。大众化的演讲，以短居多，以短为贵，冗长又缺乏新颖内容的演讲是不受欢迎的。

4. 强烈的鼓动性。演讲不宜表现悲观、压抑、沉闷的感情，更不宜表现渺小、狭隘、猥琐的个人私情，而应着力表现对祖国、对人民、对中国共产党、对社会主义的深切热爱，对真善美的执着追求。总之，真正的演讲，要着力表现阳刚之气，使人振奋，使人鼓舞。美国第16任总统林肯在1863年11月19日葛底斯堡国家烈士公墓落成典礼上的演说，只有两分多钟，听众五次鼓掌，结束后的掌声长达十分钟。

三、演讲的基本要求

1. 表达晓畅生动。演讲是讲出来的，而不是念出来或者背诵出来的。鲁迅先生说，我们要说现代的、自己的话，用活着的白话将自己的思想感情直白地说出来。马克思说得更干脆："你怎么说就怎么写，怎么写就怎么说。"演讲者的口语应当准确、规范、通俗流畅且富有逻辑力量。

2. 主题必须集中。演讲对主题的要求比一般文章更高，尤其对议论性的演讲来说，除了要紧扣命题、立论正确、论据真实而充分、论证严密外，还应做到：角度要小，只能阐述其中的一个方面，切忌面面俱到、全面铺开；思想要深，要有自己的独到见解，演讲者只有具备正确的世界观，才能做到这一点。

3. 内容新颖、独特。所谓新颖，是指演讲的内容要具有时代的特征。要注意针对性，要讲听众普遍关心和迫切需要的热点问题。独特也称独创，是指演讲者要有自己独到的见解，"言前人所未言，发古人所未发"，不能因袭别人的观点，也不能生搬硬套别人的语言，要形成自己的风格。正所谓"善学邯郸，莫失故步。善求仙方，不为药误。我有禅灯，独照独知。不取亦取，虽师勿师。"（清·袁枚《尚识篇》）

4. 感情朴实真挚。演讲不仅要以理服人，还要以情动人。演讲的过程就是演讲者与听众情感交流的过程，只有朴实、真诚，才能打动人心。

5. 体态自然得体。演讲不仅是口语表达的艺术，而且是演讲者品格修养、知识经验、思想情操和风度仪态的综合体现。听众不仅听其声、解其意，还要观其形、悟其情。除有声语言外，还应恰当处理体态语言，包括仪表举止、手势表情等，使之服从表达的需要，体现自己的表达个性，做到自然得体。

[范文]

此生无悔
——"中国核潜艇之父"黄旭华演讲

"这一生没有虚度，此生属于祖国，此生属于事业，此生属于核潜艇，此生无怨无悔！"

——黄旭华

我们国家自行研制核潜艇，是在一穷二白的基础上，是为了突破帝国主义、资本主义国家对我们的包围、封锁。为了早日掌握好核潜艇的研制技术，我们国家曾经寄希望于苏联老大哥的技术援助。1959年国庆10周年，苏联部长会议主席赫鲁晓夫来到中国，我们国家政府再一次地向他提出研制核潜艇的技术问题。

赫鲁晓夫在他的回忆录上有这样几句话：中国要研制核潜艇简直是异想天开。他傲慢地拒绝了中国的要求，说核潜艇技术复杂、要求高、花钱多，你们中国没有水平，也没有能力来研制核潜艇。

毛主席一听非常气愤。他愤怒地站了起来，挥动他巨大的手掌，说："你们不援助算了，我们自己干！"我们寄希望于苏联老大哥援助的梦想完全破灭。这年10月底，毛主席在同周总理、聂荣臻还有罗瑞卿等研究发展尖端武器的时候，毛主席就发出了誓言说："核潜艇一万年也要搞出来！"就是这句话也坚定了我和我的同志们献身核潜艇事业的人生走向。

我原来从小的志愿是学医，想当一名好医生，继承我的父母的意愿——治病救人。我小学毕业的时候，正好"七七事变"爆发了，沿海城市的学校大多被迫停办了，为了求得一个比较能够安下心来读书的地方，我和我的同学们不顾交通的困难，徒步走了四天山路，脚都起了血泡。哪知道日本的轰炸更是频繁，每一次警报一响，我和我的同学都得被逃难的人潮挟搂着往城外的山洞里面跑。这一天如果是警报不解除，那么就得整整地在山洞里面挨饿一天。一股非常屈辱的怒火在我心中燃烧起来，我想为什么日本敢这么猖狂，想登陆就登陆，想轰炸就轰炸？为什么我们中国老百姓不能生活在自己的土地上，却要四处逃难、妻离子散？为什么我们中国这么大的土地，我却连一块可以安下心来读书的地方都没有？什么道理？这正是因为中国太弱了，弱国就要受人家的欺凌，受人家的宰割。怎么办？我不学医了，我要学航空、学造船，将来我要制造飞机保卫我们国家的蓝天；或者我要制造军舰，抵御外国从海上进来的侵略。我是生长在海边，对海有更深刻的情结，同时为了抵御帝国主义的海上侵略，权衡之下，我进了上海交大造船系。

1958年，国防科委刚刚组建，聂荣臻元帅就向中央呈报了关于开展研制导弹核潜艇的请示报告，首批只有29个人，平均年龄不到30岁，挑起了我们国家核潜艇的开拓任务。我有幸是29个人当中的一个，从那个时候开始一直到现在，我没有离开过核潜艇的研制领域。

进了研制领域之后，我们面临的困难不仅仅是国家的科学技术水平和工业生产能力低弱的问题，对于我们来说，更大的困难是我们没有这方面的人才，一个也没有。我们缺乏这方面的专业知识，我们手上没有任何可以参考的技术资料。我们开始很简单地设想，核潜艇大概就是常规动力潜艇加上一个反应堆就是了，其实完全不然。怎么办？我们考虑来考虑去，决定从调查研究入手，在浩瀚无边的报纸杂志里面要去寻找世界保密控制很严的核潜艇资料，大海捞针。我们把零零碎碎的资料经过分析、整理，最终汇总成美国核潜艇的总体布局。但是这个东西到底有多少分量可以确信，我们心中无底。正好在这个时候，我们弄来了两个美国华盛顿号导弹核潜艇的儿童玩具模型，我们高兴极了，把这个模型多次肢解，拆了又装，装了又拆。我们发现这两个模型同我们搜集到的资料基本上一样，这就大大地增加了我们的信心。

没有条件，或者条件不具备，怎么办？我们的办法叫作骑驴找马。驴没有马跑得快，但是没有马了，只有驴，那你只能骑驴上马，边走边找，边走边创造条件。如果连驴也没有，那就迈开双腿也得上路，绝不等待。就以计算手段来说，那个时候哪像今天啊，一秒钟多少亿次的计算机。我们手上有的只是算盘和计算尺，算盘加计算尺，先打起来。为了计算的结果准确可信，我们只好分两组同时进行，这两组计算的结果，如果你得五，我得八，不一样，那么不是你错，就是我错，或者我们两个都错。怎么办？从头再来，一直要算到两个组的最后结论一样，我们才相信你这个计算是准确了。我们的同志硬是咬紧牙关，没有怨言。

你们大概也晓得，船的重量跟重心是确保船造成后的不沉性跟稳定性，为了确保在生产建造当中船的重量重心严格地控制在我的设计当中，我们的土办法就是在船台的入口处放了一个磅秤，凡是拿进船台的，不管是什么都一一过秤，登记在案。施工过程当中那些边角余料，那些多余的管道电缆，凡是拿出船台的，也都一一登记。几年来，我们天天这样子，我们同志称之为"斤斤计较"。

新型号的潜水艇在研制最后阶段，交付海军使用之前，都必须进行极限深度的深潜试验。深潜试验，它是一个风险性很大、考验性很大的试验。一张扑克牌大小要承受一吨多海水压力，任何一条焊缝，任何一条管道，任何一个阀门，承受不起海水压力，都会造成艇废人亡的后果。美国有一艘王牌核潜艇，叫作"长尾鲨号"，1963年在做一次深潜试验的时候，还不到两百米就沉没海底了，160名官兵无一生还。试乘人员担心像美国一样一去不复返，思想波动较大，有个别人给家里写了信了，说我们要出去执行任务，万一回不来，有这样那样未了的事情，请家里代为料理。其实就是遗书。我们的设计留有足够的安全系数，试验过程我们规定的程序是一个深度一个深度地慢慢下降。十米、五米、两米，然后是一米一米地往下探，绝不蛮干，因此安全是有保证的。我是有充分的信心，但我也十分担心，担心是不是还有哪一些超出我的知识范围之外，我还没有认识到的潜在危险。我们没有经验，那么怎么办？我说我跟你们一道下去！我下去，不仅可以稳定人心，可以鼓舞士气，而更重要的是在整个深潜过程当中，如果出现了一些不正常的现象，我可以协助艇上及时地采取措施，避免恶性事故的扩大。

我是总师，不仅要为这艘艇负责，更重要的是要为艇上170名试乘人员的生命安全负责。当这个深度仪的指针指向了极限深度的时候，艇长说了，各个岗位严格地把你们周边的情况好好检查一下，没有问题情况之下，我们艇开始上浮了，一直上浮到100米这个安全深度，突然间全船骚动起来，跳跃啊、握手啊、拥抱啊，有些同志都哭了，大家神情非常激动。艇上的快报要我提几个字，我又不是诗人，我又不会写诗，但是现场的情况激动得我灵感一来，我拿起笔写了几个字，叫作"花甲痴翁，志探龙宫。惊涛骇浪，乐在其中。"我们把"自力更生、艰苦奋斗、无私奉献、大力协同"四句话、十六个字归纳为核潜艇精神，就是这四句话激励着我们核潜艇阵线广大员工知难而进、奋勇拼搏。

大家都清楚，世界上高新尖端技术，尤其对于核潜艇技术，都列入国家最高级别的机密。我们刚刚参加工作的时候，领导再三向我们强调，一定要确保国家的机密，不容许泄露你们的工作单位。要隐姓埋名、默默无闻，当无名英雄。而且进了这个领域，就得准备干一辈子。如果你犯了错误怎么办？犯了错误也不能走，可以在里面打扫卫生。

1958年，我从上海上调北京，走前领导只告诉我：你出差北京，帮助工作。我行李也没有带，一到北京，我就被留住了。我的父母多次地写信问我：你在北京哪一个单位？你到北京去干什么工作？我一直闭口不答复。慢慢地，我也同他们的关系淡化了。1987年，上海文汇月刊有一篇题目为《赫赫而无名的人生》的长篇报告文学，比较详细地介绍了中国核潜艇总设计师的人生经历。我把这份报告文学寄给我的母亲，这篇文章永远只提黄总设计师，没有具体的名字。但是他提了一个，他提了黄总设计师的夫人李世英的名字。我母亲一看，文学里面所报告的黄总设计师，就是三十年没有回过老家，而被弟妹们误解为不要家，忘记了养育他的父母，不孝的三儿子，我是老三。虽然我母亲，她一直深信她的儿子是大学生，不可能忘了养育他的父母，但是三十年一直没有回家，她难免也有怨言。我听我的妹妹讲，我母亲是一而再、再而三地阅读这篇文章，是满脸泪水呀，我母亲终于自豪不已了。她在痛心之余也自豪，她把我的弟弟妹妹们，还有她的子孙们召集过来，只说了一句话，"三哥的事情，大家要理解，要谅解"。知儿莫若母，母亲这句话传到我的耳朵，我哭了。有人问我忠孝不能双全，你是怎么样理解的？我说对国家的忠，就是对父母最大的孝。

我们核潜艇阵线广大员工，他们呕心沥血、淡泊名利、隐姓埋名，他们奉献了一生最宝贵的年华，还奉献了终生。如果你们要问他们这一生有何感想，他们会自豪地说：这一生没有虚度。再问他们你们对此生有何评述，那他们会说：自己是中华民族的儿女，此生属于祖国，此生属于事业，此生属于核潜艇，此生无怨无悔！

[作品导读]

中国核潜艇之父黄旭华老先生，是中央电视台《开讲啦》栏目开播后四年的时间里，迎来的最年长的一位开讲嘉宾。他说，这将是他人生的闭关演讲，这位耄耋老人在演讲里分享了他的传奇一生。

这篇演讲在内容上主题鲜明、层次清晰、旁征博引、独具特色。演讲中黄旭华老先生首先介绍了什么是核潜艇，核潜艇的作用；其次是面对国外核潜艇技术封锁，我国是如何突出重围；最后说明为了确保国家机密不被泄露，他选择隐姓埋名，为核潜艇事业无悔奉献青春。

演讲词巧妙运用比喻手法，也增强了演讲的观众感染力。"骑驴找马""斤斤计较"生动形象的表达了核潜艇研究中遇到的艰难险阻以及科学家们严谨的工作作风，给观众以鲜明深刻的印象，以此引发大家的联想和想象。

演讲过程中，黄旭华老先生眼神坚毅，语气铿锵有力。由于严格的保密制度，他隐姓埋名，一直无法向家人解释自己的工作。三十年来，他没有回过一次老家，兄弟姐妹们责备他不孝，家人的关系逐渐淡化。最终母亲还是从一篇报告文学上间接了解到，他们眼中的这个"不孝子"实际上是中国核潜艇事业的幕后英雄。在有人问起他对"忠孝不能双全"的理解时，黄老先生噙着泪说："对国家的忠，就是对父母最大的孝。"充分体现了黄老先生高尚的爱国主义精神，同时很好地突出了演讲的主题，"这一生没有虚度，此生属于祖国，此生属于事业，此生属于核潜艇，此生无怨无悔！"

◎行动——能力训练

1. 活动一——"爱心大行动"项目（2）：为捐助贫困地区失学儿童义卖的演讲写一份提纲。

提示：

（1）话题选择与目标设定：如通过演讲说服听众积极购买你们的物品，鼓动大家为捐助贡献爱心。

（2）听众分析：确定符合听众的开场白；确定你演讲的听众是什么人（学生、企业员工、社会人士等）；说明活动的主题"爱心大行动"等。

（3）资料收集：收集演讲材料，安排内容的顺序，其中包括：为什么要组织"爱心大行动"的活动、捐助地失学儿童的状况、怎样帮助他们等。确定结尾部分：呼吁大家参与，贡献爱心。

2. 活动二：为介绍一位你比较敬佩的名人（如某艺术家、企业家、科学家、政治家等）做演讲的准备。

要求：当众介绍一位你比较敬佩的著名人物，并解释他成功的原因是什么。与大家分享你做准备的过程。

提示：

（1）介绍你演讲的题目和目的。

（2）介绍你收集的这位成功人士的有关材料。
（3）介绍你对听众的心理需求和特点的分析。
（4）介绍你演讲的提纲和准备演讲的辅助工具。
（5）介绍你的着装设计及心理准备的秘诀。

◎ 评价

1. 自我评价。学完了本项目的内容，回答以下问题，检查一下自己是否掌握了其中的要点：
（1）为演讲做准备的步骤有哪些？
（2）在每次演讲之前是否十分明确自己演讲的目标？
（3）在演讲之前是否做了充分的资料收集准备，并且知道到哪里去收集资料？
（4）分析演讲的听众要从哪几方面着手？
（5）提纲的写作方法是什么？
（6）你克服紧张心理的办法有哪些？
（7）演讲时能否注意自己的仪表？

2. 小组评价。以《用我们的双手帮助他们上学》为题，针对为捐助贫困地区失学儿童义卖活动在小组做一次演讲，依照下表，请组内同学互评，教师点评：

演讲的评价标准表（一）

评价项目	优秀	良好	一般	较差
演讲目标明确				
收集材料与演讲主题密切相关				
演讲提纲思路清晰，观点明确				
演讲能克服紧张心理，自然、流畅				
仪表大方，动作得体				

项目二　演讲稿的撰写

◎ 训练目标

学会把握演讲内容，做到主题鲜明、内容丰富、层次清晰。

◎ 训练任务

根据情景要求，把握演讲的内容和方式，完成演讲稿的准备。

◎ 知识准备

演讲内容的准备

一、选择视角

演讲内容选什么好呢？这大概是大家在准备演讲的时候第一个想到的问题。

演讲内容的好坏直接决定听众的思维是否跟随着你的演讲而走，所以大家在选择演讲内容的时候重在选择一个恰当的视角，也就是应该选择听众喜欢听，并且符合自身情况的内容。

二、主题突出

主题突出是演讲能力的核心。把握演讲的主题，做到内容清晰是演讲成功的关键。

做到主题突出，首先必须将所有的内容紧紧地围绕主题展开。很多时候，演讲是有时间限制的，要在规定的时间内确定讲话的内容，学会舍弃，把最想说的话充分地表达出来就可以了，否则会事倍功半。

三、逻辑恰当

特别要注意按照事物自身的条理性设计演讲的主体层次，也就是演讲稿的结构层次。因事物有其内在的逻辑事理，有其本身的固有特征，抓住事物的逻辑和本身的特征表达，容易说清楚。如介绍一个建筑的地理位置时，按照东、南、西、北的空间方位介绍比较合适；介绍历史景点时，按照时间发展的顺序介绍比较好。

四、表达得体

演讲内容的表达方式大体可以分为叙述性、说明性、论述性三种。通过摆事实、讲道理，使用数据、事例及推理来讲述自己所要表达的主题思想。可以巧妙地使用修辞方法，如比喻能够赋予所要描述的事物一种形象感，增强讲话的形象性、生动性和感染力。尽量用通俗易懂的话语，避免向非专业人士使用术语，必要的细节可以由浅入深地解说。

五、内容清晰

为了清楚地表达内容，可以采用下列有效的方法：

1. 用"五何公式"进行叙述。在叙述性演讲中，必须把一件事情发生的时间、地点、人物、原因、结果这五大基本要素交代清楚。为了方便记忆，这五个要素的表达又称为"五何公式"，即何时、何地、何人、何故、何果。结合主题表达的需要，围绕"五何"的内容进行叙述，一般能保持内容的完整和清晰。

2. 用"黄金三点论"进行说明。据心理学家研究，人们在一段时间内记忆若干项内容时，会对前三点的印象最深。当众向别人说明自己的观点、讲述某件事情或介绍某种产品时，应注重表达得条理清晰、简洁明了。一般情况下，可将内容概括在三点之内表达，简明清晰，听众易于接受，表达效果较好。人们常常把这种方法叫作"黄金三点论"。"黄金三点论"的方法是：选取某一角度，按照内在的逻辑关系，围绕要表达的主题，分成三个层次来说，如"下面我从三个方面说一说：第一……第二……第三……"或"向大家作如下解释：首先……其次……最后……"

3. 用"点石成金"与"钩子、西瓜与刀叉"方法进行论证。在论证性的演讲中，需要通过讲述一些道理改变或强化听众的想法和行动，论据必须言之有理、让人信服。所谓"点"是所要表达的观点，"石"是用来做论据的事实，"金"是由论据得出的结论，即开场直接提出观点，吸引大家的注意力，接着引出能够证明观点的论据，最后得出结论。

在做论证性演讲时，也可以先不提出观点，而使用具体的实例论证后得出论点，有人把这种方法称为"钩子、西瓜与刀叉"法。"钩子"代表开始的有吸引力的几句话，先钩住听众。"西瓜"代表的是实例，联系个人经历使用具体实例来突出论证观点。使用实例时，最好讲述自己亲身经历的故事或刚刚发生的、大家关注的热点事件。"刀"和"叉"是结尾，代表从实例中得出的结论或向大家提出的建议。

4. 用"平视交流法"贴近听众、吸引听众。在演讲中，表达的观点、所用的材料、使用的语言词汇和表达方式必须注意采用平视的交流方法。

（1）和对方的理解力水平保持一致。
（2）和自己的身份保持一致。
（3）和所处的场合保持一致。

六、做好衔接

在确定了主题、明确了主要内容和演讲的结构层次后，要注意设计好演讲的开场和结尾以及演讲各个环节承上启下的衔接语。

开场白要有冲击力和吸引力，要有创意，如幽默的笑话，或者是就地取材，选择听众熟悉的事物和当下比较热点的事件作为话题，用合适的方法过渡到主题上。如果听众中有不熟悉你的人，就需要做一个简单而又使人印象深刻的自我介绍。

结尾则是要提示演讲即将结束，强调主题或建议。具体的方法有：

1. 提醒式：把所要表达的意思浓缩成一两句话，用排比等修辞方式表达出来。
2. 启发式：把自己要讲的意思归纳成几句富有哲理的话。
3. 号召式：号召或倡议大家做某件事。
4. 呼应式：把要讲的主题再巧妙地点明，照应开头。

注意结尾要干净利落，不要再出现新的信息。比如，"啊！我忘了给你们讲……""啊！我还想补充几点……"

[范文]

钟南山在香港中文大学（深圳）2020年本科生毕业典礼上的致辞[①]

尊敬的徐扬生校长、香港中文大学（深圳）第三届的全体本科毕业生以及在座的嘉宾们：

你们好！非常高兴，今天迎来了香港中文大学（深圳）第三届本科生毕业典礼。

---

① 内容由香港中文大学（深圳）传讯与公共关系处（CPRO）提供。

首先，我向全体的毕业生问好。今天的毕业典礼是在一个非常特殊的时期举行的，人类正处在一个非常特殊的时代。在过去的4个多月里，大家都经历了一段特殊的时期，全球正面临着一场和COVID-19 Pandemic的斗争。我想对于大家来说，这都是人生中一段罕见的经历。

这次疫情的发作，几乎可以跟1908年的西班牙流感相比。但是在这场大的斗争中，我们每个人都经受了考验，每个人在面对这次考验的时候都显示出了不同的态度。这一次中国，包括中国内地以及香港地区，在第一次战役里边都取得了很大的胜利。当然现在还面临着第二个大的战役，我们继续在奋斗。

我自己一直在思考，这么大的防控战斗，实际上对人生提出了两个很大的问题，也就是说，一个人怎么来对待这样一个突如其来的重大灾害和事故。我想我们在中国内地以及香港的市民老百姓们、社会上的各界人士，包括即将继续深造或踏入社会的毕业生们，都面临着这样两个的问题。

第一个是"如何处理小我和大我的问题"。我们都知道，这场疫情席卷了全球，每个人、每个家庭都牵涉其中，也包括了你和你的亲友。那么这个时候，我们应该如何正确地对待小我和大我的关系？我们知道国家的安全、世界的安全是一个大我，是大家安居乐业最重要的前提，而在这里面，每一个个体、每一个人，就是一个小我，你要怎么样通过自己的力量来为这个世界、这个大我，为它的安全、安定作出一些贡献呢？这是我们每个人都要面对的问题。比如说这几个月以来，很多国家和地区都有一个Lockdown（封城）的限制，禁止了民众在户外的很多活动、要求待在家里、不要随意外出、日常戴口罩等，这对个人来说实际上是个约束。但是，另外一方面，民众是想要自由的生活状态的，想要比较开放的生活空间，希望自己想做什么就能够做什么。这些要求虽然看起来很简单，但其中就包含了一个我们应该思考的"小我和大我"的问题，也就是说，为了国家的安全，为了整个社会的安定，我们每个人是要受一些限制和约束的，这是会给我们的生活带来一些不方便的。同时，大家在经济上也有很多牺牲，有很多家庭，甚至是你的爸爸妈妈，可能他们的工作也受到了影响。经济发展受到影响，生活也受到影响，但是为了整个国家的安定，我们的取舍是非常重要的。我们很多的同学在这个阶段被要求居家，减少了户外的活动，也受到了很多限制，但是这么做是为了整个国家的安定，为了减少整个国家的疫情发作，能够让政府很好地控制疫情。正因为这样，在社会绝大多数人的支持下，在中国内地以及在香港地区，我们在第一个阶段取得了一些阶段性的胜利，使得我们患病的人数以及死亡的人数，在世界上，特别是大国里面是最少的，这是很难得来的一个成绩，这就真正体现了我们在生活之中要以大我为重。我想这个"小我和大我"不是单纯体现在个人和国家的关系上，也体现在个人和全世界的关系上。世界上有200多个国家，特别是大的国家，要是有任何一个国家没有能够很好地控制疫情，这个世界将不得安宁。所以我们需要站在全人类的角度上，具备一个国际主义精神，我们要爱护人类、敬畏生命，在这个基础上，我们更要团结全世界各国，面对疫情，共同战斗，尽最大努力取得胜利，这也是我希望同学们毕业以后，应该具有的一个态度。同时，我还认为，"小我和大我"的理念不单对世界如此，对自然界也是如此。不知道大家有没有在电视或者网络上留意到，由于近几个月人类活动的减少,环境的污染减少了、天空晴朗了,很多不常见的野生动物也出来了,森林的覆盖面也广了,绿化也好了,整个自然界更加和谐了,你们未来会是各行各业的精英,更应该时刻考虑到人类应该如何跟自然和谐共处。

第二个问题,实际上也涉及一个最基本的人生观和价值观的问题,那就是在社会中,我们应该"如何看待奉献和索取的关系"。社会在进步、国家在发展、物质文明不断在进步,我们每个人也都希望能够获得一个比较好的待遇、比较好的生活、比较好的环境和住所,但是,我们首先要明白,要想获得这些,必须对这个社会作出一定的奉献,这是我们一定要思考的问题。只有当我们的奉献使这个社会变得更加稳定,物质更加丰富的时候,我们才会有更多的回报。可以举一个例子,这次武汉的疫情比较严重,由于医疗物资的紧缺、医生的病倒以及病房的缺乏,武汉地区病毒的感染不断增加。在这个危急的时刻,全国很多的医护人员报名支援武汉,整体算起来,一共有45000多名医务人员奔赴武汉,到各个医院去支援,还帮助建立了方舱医院,将染病的人和其他人分开,从上游根本杜绝了人传人的趋势,才使得武汉的病情在短短的一个多月之内就得到有效的控制,正如大家现在所看到的,目前武汉的疫情就控制在了一个非常低的状态。武汉得到了控制,全国也就得到了控制。这些医务人员从全国各地驰援武汉,他们首先想到的不是索取,而是奉献。还可以举一个例子,我的一个学生,是一所医院ICU的年轻的主任,一直在西藏进行支援工作。他是一名非常优秀的ICU的医生,对ECMO(体外膜肺氧合)非常熟悉,疫情发生以后,由于防控工作的需要,他就调回了广州,一直在进行这方面的抢救工作。后来,当全世界的疫情日趋严重,他就马上报名,参加了伊拉克的医疗救援工作。我记得他向我提及,他到伊拉克的时候,一下飞机就要穿着防弹衣,冒着生命的危险,和几位医生一起建立检测室,建立CT室,而且协助当地建立了一些必要的防控防治的制度。经过他们两个多月的努力,现在伊拉克的疫情比起邻国有了很大的进步,因为我们的医生找到了问题的关键点,从上游控制住了疫情。那么对我的这个学生来说,他虽然还是一个年轻的医生,但他为当地的疫情防控作出了很大的奉献,他是不是希望得到回报呢?那么,我们医护人员的奉献是不是希望得到回报呢?我们是要一些回报的。我们的回报是什么?我们的回报主要不是物质上的,而是赢得了社会的尊重,我们抢救了病人,挽救了病人的生命,得到了群众的信任,这对我们来说就是最大的回报。所以我想告诉同学们的是,我们一定要为社会作出奉献,要努力作出很好的工作成绩,只有这样才会有好的生活,而这种奉献的精神和我们香港中文大学(深圳)培养学生,要求学生有责任心,有担当精神的宗旨是一致的。

同时,香港中文大学(深圳)还强调学生要具备独立思考,善于创新的精神,这是特别宝贵的人才培养理念,需要在我们内地的其他大学,包括医学类的院校里来大力宣扬和鼓励。同学们,无论你们是在读书还是科研工作中,都要始终记得独立思考和创新。这一次疫情对我们科研人员来说是一个非常大的考验,因为我们面临着一个从未了解的新冠病毒(COVID-19),它的传染性是怎么样的、它的传播途径是怎么样的、它的发病机制是怎么样的、怎样能够加快它的诊断、如何对患者进行有效的治疗,这些全部都是新的问题,这个时候就是要发挥你的独立思考的精神,同时要敢于创新,用一些新的方法、用一些新的方式来进行治疗。我所在的研究所在这一方面作出了不少的工作,也取得了很好的成绩,提高了病人的抢救成功率,在早期阶段尽快发现病人,同时在战略层面也对国家提出了非常有益的一些建议,正因如此,我们防控的战斗取得第一阶段的胜利。

通过这几个月的经历,我有一些领悟,一个人活在世界上,要经常思考一个问题,那就是如何处理好小我和大我、奉献和索取的关系。我的父亲是一位不善言辞的儿科教授,还记得在我小的时候,他曾经讲过一句话,他说一个人活在世界上,只要他能为这个世界留下一点什么有价值的东西,他就算没有白活。我觉得,我现在才对这句话有了深刻的体会。

同学们,你们将走向人生中一个新的阶段,我很高兴能够见证同学们的成长。我是在1960年毕业于当时的北京医学院,到现在算起来已经60年了。但是60年后的今天,我依然在积极进取,争取独立思考,争取能够领导我的团队做一些创新。我希望我们的同学,在这样一个非常好的时代里,不管是毕业后去继续深造,我知道你们中有很多人是到世界名牌大学继续深造,还是进入社会去寻找合适的工作,我都希望同学们在自己的工作和生活中不要忘记这个人生的原则,一定要"处理好小我和大我、处理好索取和奉献"的关系。

最后我祝我们的同学们锦绣前程、天天向上!

谢谢大家。

[作品导读]

2020年年初,全球肆虐的新冠肺炎病毒对各行各业带来严峻挑战。疫情蔓延至2020年的6月,"史上最难毕业季"的毕业生群体也面临着毕业、求职、深造等方方面面的巨大影响,2020年5月31日钟南山院士在香港中文大学(深圳)毕业典礼上利用视频网络发表了本次演讲,鼓励毕业生们对"小我和大我""奉献与索取"应当树立正确的态度。

演讲的主旨是希望毕业生们在满足"小我"需求的同时,要追求"大我"的共同理想。这篇演讲非常注意与听众的情感交流,钟南山开篇就讲"我们都知道,这场疫情席卷了全球,每个人、每个家庭都牵涉其中,也包括了你和你的亲友。那么这个时候,我们应该如何正确地对待小我和大我的关系?我们知道国家的安全、世界的安全是一个大我,是大家安居乐业最重要的前提,而在这里面,每一个个体、每一个人,就是一个小我,你要怎么样通过自己的力量来为这个世界、这个大我,为它的安全、安定作出一些贡献呢?这是我们每个人都要面对的问题。"

该篇演讲,主旨突出,结构严谨,逻辑严密,说服力强,具有很强的针对性和感染力,充分显示了演讲内容准备过程中对听众情况的准确把握。

演讲的开篇,钟南山院士谈及疫情期间,各行各业人民所作出的巨大牺牲,才使我们取得了战胜疫情的阶段性胜利。除了国内对疫情的控制,世界各国也应该团结起来,共同战胜疫情。钟南山院士在演讲中,点出了我们在生活之中要以"大我"为重。个人作为"小我",面对国家、世界、自然界等"大我",都需要保持奉献、团结、和谐共处的精神。他指出，"我们需要站在全人类的角度上，具备一个国际主义精神，我们要爱护人类、敬畏生命，在这个基础上，我们更要团结全世界各国，面对疫情，共同战斗，尽最大努力取得胜利，这也是我希望同学们毕业以后，应该具有的一个态度"，充分表达了钟南山院士对医者应具备的国际主义、人道主义精神，敬畏生命的意识的突出强调。

后续，钟南山院士又提到"社会在进步、国家在发展、物质文明不断在进步，我们每个人也都希望能够获得一个比较好的待遇、比较好的生活、比较好的环境和住所，但是，我们首先要明白，要想获得这些，必须对这个社会作出一定的奉献，这是我们一定要思考的问题。只有当我们的奉献使这个社会变得更加稳定，物质更加丰富的时候，我们才会有更多的回报"，引出他作为医护人员，在疫情战役中，赢得社会的尊重和群众的信任就是最好的回报。

最后，他十分真诚的鼓励全体毕业生，"一定要为社会作出奉献，要努力作出很好的工作成绩，只有这样才会有好的生活"，从而为毕业生如何在后续从医道路上树立正确的价值观，作出了明确引导，给与会青年学生留下深刻印象。整个演讲从容、温暖、内容广泛，知识渊博，很好地突出了演讲的目的。

◎行动——情景训练

1. 活动一："爱心大行动"项目（3）：竞选活动总指挥。

"爱心大行动"需要一个总指挥，组织一次竞选活动，每位学生当众发表自己的竞选演说。

提示：首先，要明确自己演讲的内容类别是论述性演讲，其目的是说服其他同学为你投票。其次，论述自己为什么可以当总指挥，可采取"黄金三点论"的方式组织演讲内容。最后，考虑开头是否采用与众不同的形式；结尾注明主题或建议，即要求其他同学为你投票。

2. 活动二：练练精彩的自我介绍。

在生活中，演讲的开场白往往涉及自我介绍部分，一个有创意的自我介绍会给演讲加分，而很多人往往对这方面没有足够的认识，把自己的名字说得缺乏创意。请你根据自己的名字巧妙设计自我介绍。

提示：介绍自己的名字时，要根据不同的场合以及演讲的目的作巧妙构思，要有新意，要争取给人留下深刻的印象。

3. 活动三：看图说话，训练清晰叙述。

（1）规则和程序。

教师提前准备一幅较复杂的几何图形，每组中一位学员看图描述，其他学员根据描述画出该图形，教师指导学员找出叙述的最佳内在逻辑关系进行叙述。

提示：

①看图讲述，表达的内容要有条理、逻辑层次清晰。

②尽量少用书面语，如将长方形说成矩形。

参照以下步骤训练：

第一步：告诉大家整个图形由几种单一的几何图形构成，它们分别是什么？它们的

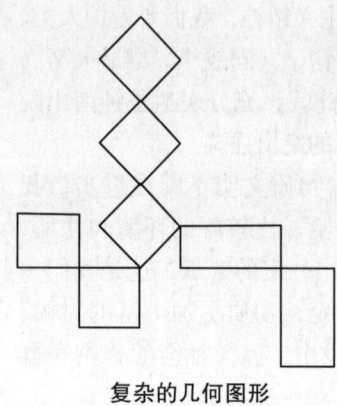

复杂的几何图形

数量是多少？它们面积之间的差别大不大？给大家以整体的概念。

例如，整个图由三种几何图形构成，分别是两个正方形、三个菱形、两个长方形，面积大小相当。

第二步：要说出它们具体位置摆放的逻辑结构，由中间到两边或由左向右，或由右向左。

例如，图的中间是三个上下相接的菱形，菱形的右边是两个长方形，其中第一个长方形的左上角与最下边菱形的右角相接，并且这个长方形是横着摆放的，第二个长方形的左上角与第一个长方形的右下角相接，这个长方形是竖着摆放的；菱形的左边是两个正方形，其中一个正方形的右上角与最下面菱形的最下角相接，另一个正方形的右下角与第一个正方形的左上角相接。

第三步：在说的过程中，要随时和其他学员互动，询问大家自己是否表达得清楚，以便及时调整。

（2）小组讨论。

①陈述者的表达是否清楚？

②学员是否在认真倾听？

③学员为什么没有画出正确的图形？

④信息传递时的误导主要在哪个环节？

◎评价

1. 自我评价。理解本项目应掌握的演讲内容方面的知识和方法，回答以下问题：

（1）怎样使演讲内容的表述更加清晰，主题更加突出？

（2）选取材料的过程中要注意哪些要点？

（3）你掌握了几种演讲的开头和结尾的技巧？

2. 小组评价。组内成员在当众发表自己的竞选演说时，其他成员以下表互评，培训教师点评。

演讲的评价标准表（二）

评价项目	优秀	良好	一般	较差
演讲内容的表达是否清晰				
演讲的主题是否突出				
内容是否丰富，举例是否通俗易懂				
开场白是否有吸引力，有创意				
结尾部分是否强调主题或提出建议				

项目三　演讲的有效表达

◎ **训练目标**

使用有效的方式和技巧进行演讲。

◎ **训练任务**

通过学习和训练，运用合适的语音语调和良好的态势语言以及辅助物和其他手段帮助完成演讲。

◎ **知识准备**

演讲的技巧和手段

一、演讲的语言技巧

演讲中所运用的口语不仅要做到发音准确、吐字清楚，还需以情传声、以声寄情。演讲者要善于控制自己的语调、语气，使之富有节奏和变化，以增强语言的感染力和鼓动性。演讲中的讲话技巧应注意以下四个方面：

1. 掌握语速。根据演讲的内容和思想感情表达的需要，对语速作恰当的处理。从内容上说，表现深思、失望、哀痛的内容要用慢速，交代情节、插叙故事、引证诗词等的内容要用中速，抒发激情、鼓舞士气、号召行动和表示抨击、责问等的内容要用快速。就句式来说，陈述句、被动句可讲得慢一些，反问句、感叹句可讲得快一些。

2. 把握重音和停顿。演讲中为了表情达意，必须适当运用重音和停顿的技巧。一句话中，不同的重音处理就强调了不同的内容。

3. 灵活运用多种句式。演讲是一种独白式的口头表达形式，采用的句式比较灵活，以短句为主，句式比较齐整，句型多样。

4. 避免口头禅。出现口头禅，一是习惯养成，二是准备不充分，忘词卡壳而借此延续时间，避免尴尬。口头禅严重妨碍了思维的表达，往往使语句支离破碎，破坏演讲的连贯性，也使语言显得拖沓、紊乱、不流畅，使听众感到可笑，极大地削弱了演讲的感染力。避免口头禅，一是要在日常生活中努力加以克服，二是在演讲前要准备充分。

二、演讲的非语言技巧

演讲的非语言技巧主要指体态语技巧，如演讲过程中仪表、姿态、神情、动作诸方面，包括立与坐、眼神、手势、身体动作、步伐移动等方法的要求和运用。

仪表：演讲者仪表要整洁、大方、富有风度。登台时应落落大方、自然稳健、精神饱满；演讲完毕应向听众致意，礼貌下场。

表情和眼神：演讲中要善用表情，让表情随着演讲内容的变化而变化，以调动观众的情绪，增强演讲的感染力。要善于通过眼神"说话"，通过眼神变化来表达内心的思想感情。演讲过程中，演讲者既可以用炯炯有神的目光正视听众，也可以运用扫视法环顾全场，用"目光语言"与听众交流，使听众集中注意力，还可以运用直视局部法同特定听众群进行交流，使表达效果最大化。

手势和动作：手势是特殊的演讲符号，既可用来表达说话者的情感，也可以用来描摹、比划具体事务或人的形貌，甚至可以用作象征意义，表达抽象概念。演讲者手势应随着演讲内容、听众情绪和场上的气氛变化，在感情支配下自然而然地表现出来。演讲中手势运用要简洁、自然，不能烦琐，更不能做作。动作是指全身或身体某一部分的活动。在演讲时，整体动作必须自然、协调、舒展、大方，要时刻注意与演讲内容有机结合起来。动作不可过多，更不可过于夸张。

三、演讲中辅助手段的运用

（一）常见的演讲辅助性手段

1. PPT演示文档。PPT，是Power Point的简称，是美国微软公司出品的功能强大的演示文稿制作软件。利用Power Point制作的演示文档，能传达文字、声音、图像等静态和动态的信息，是现代演讲常用的辅助手段。现代多媒体手段使用越来越发达，越来越普及，在有条件的情况下，制作并使用PPT辅助演讲，能传达大量的信息，增加演讲的效果。

2. 图表、图像。图表包括：柱状图、饼图、线形图、框图（流程图、组织图）、演示图和表格。

在演讲中，通过PPT、幻灯片或在黑板上使用这些图表、图像、照片等，可以简明、直观地表达丰富的信息，如下图。

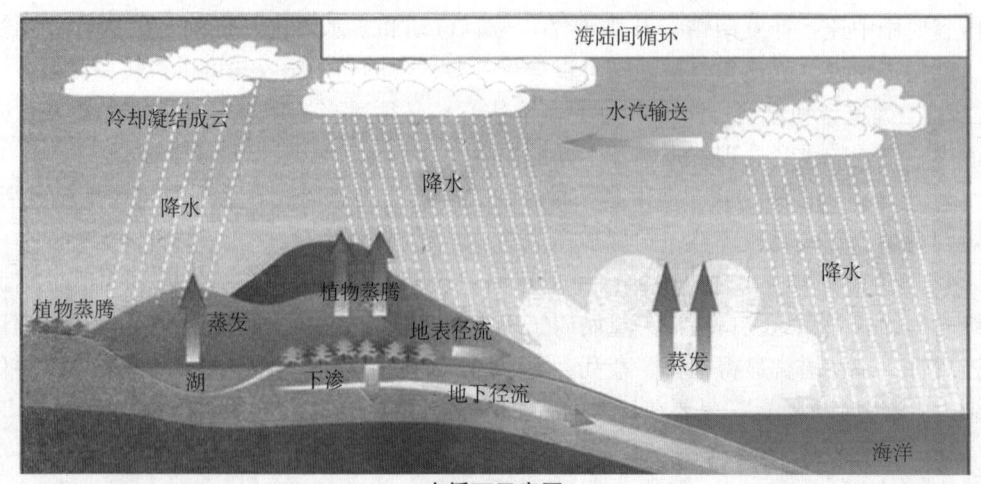

水循环示意图

这个演示图用最简单的形式表现了较复杂的事物之间的关系，内容简明扼要，示意清晰。

3. 辅助道具、实物。根据表达内容和听众接受的需要，选取恰当的道具，辅助复杂深奥的理论阐述或对事物的说明,生动形象,或者直观具体,能使听众一目了然。

(二) 如何使用好辅助手段

1. 使用的辅助手段要同主题和听众相切合。
2. 尽量用图示,减少文字性的叙述。
3. 事先准备好要用的图表。如需用到黑板演示,最好事先将内容画下来。在黑板上写或画要简短,每次不宜超过几秒钟。在黑板上写字,字迹要清晰有力,版面安排要有条理。
4. 图表要足够大。在演示辅助教具时,要站在它的一侧。
5. 在讲述所写的内容时,要转过身体,面向观众。

[范文]

世界赛场　中国力量

人民日报社　李硕

今年夏天令全国人民兴奋。

在第三十二届夏季奥运会上,中国体育代表团以38金、32银、18铜的优异成绩,实现了运动成绩和精神文明双丰收,再次为祖国和人民赢得了荣誉,在世界赛场上展示了中国伟力。(手势:举双手)今天,我特意身着中国体育代表团领奖服(服装辅助),给大家讲讲现场采访奥运会的故事。

这是男子举重67公斤级比赛,中国举重梦之队运动员谌利军获胜时的场景。他的怒吼,是在为胜利尽情呐喊。他是在落后对手11公斤的逆境下,上演大逆转,最终夺冠。(视频辅助)这是一场令人荡气回肠的经典之战。

作为一个采访举重近十年的记者,我见证了他怎样走过这五年备战路。(停顿、重音)今天,我不讲这枚金牌。我想讲一讲我看到的谌利军的伤疤。心里的,还有身上的。(语速放慢)

2016年里约奥运会上,谌利军腿部突然抽筋,勉强进行试举,都失败了。(手势示意、图片辅助、音乐转换)第一次踏上梦想的舞台,他甚至没能留下一个成绩。苦练四年,在奥运窗口来临之际,意外却再(重音)一次袭来。(转折、语速加快)2020年10月底的全国比赛中,谌利军右臂肌腱断裂(手势:展示右臂肌腱位置),必须马上手术。手术留下近15厘米(语速放慢)长的伤疤。(手势示意、图片辅助)奥运梦想,会渐行渐远吗?(反问、手势)

采访中谌利军告诉我:他什么都没想。就想着一定可以。三个月的恢复期,他挺过来了。(声音上扬)

奥运赛场,对手最后一举,超过了谌利军11公斤。

在记者席,我看到教练和他简单交流后,直接加重12公斤。不给自己留余地,不让伤疤成遗憾。(视频辅助、语速放慢)

成绩屏上显示出187公斤的试举重量,这是谌利军受伤以来还没有触碰过的重量,而通过这5年和他采访相处,我的预感是:谌利军,你一定行的。(手势、语调上扬)

最终,他将杠铃高高举起,用王者一般的眼神,迎接满场欢呼。所有的伤疤,也终于都化为梦想的勋章。

赛后，我问他的感受。他说，"一直憋着一口气，就是为了这个梦想。对手很强，但自己要更强"。（视频、图片辅助）

与战胜强手不同的是，石智勇需要的是战胜自己。在男子举重73公斤级比赛中，他带伤作战，以领先对手18公斤、破世界纪录的成绩夺冠。当他坐在杠铃上，双手指向天空，向全世界显示了中国勇士的力量！（图片辅助）

中国运动员在奥运会上展现出来的超级力量，不仅体现在大力士举起的重量，也长久留在年轻观众的心里。（手势、图片辅助）跳水小将全红婵以水花消失术勇夺女子十米跳台金牌。赛后发布会上，我问她，为什么能把水花压得这么好？全红婵稚嫩地回答了两个字：练呗！（视频辅助）

这个朴素问答，在全网广泛传播，许许多多网友为这萌翻全场的回答刷屏点赞。其实，这两个字的背后，是每天400多跳的刻苦训练、是体重浮动要控制在1斤以内的超强自律。（手势、重音）

在奥运会赛场内外，新一代年轻中国运动员顽强拼搏、勇创佳绩、自信可爱、朴实无华的清新形象，像一道亮丽的彩虹留在了观众的心里，成为这个夏天最美的风景。（视频辅助）

鲜艳的五星红旗一次次升起，雄壮的义勇军进行曲一遍遍奏响，中国力量赢得全世界的关注和尊重。（手势：双手举起）

尊重的赢得，不仅仅有成功，也有失败。即使失利，那些打不倒的拼搏身影，同样彰显着不屈的精神力量。（手势辅助）

中国女子橄榄球队第一次踏上奥运赛场就闯入八强。（视频辅助）1/4决赛，她们面对世界强队，敢于对抗、顽强拼搏、勇往直前，留下了在世界赛场的飒爽英姿。虽然最终遗憾止步，但姑娘们那种不服输的精气神深深（重音）打动了我。

因为疫情防控空场比赛，偌大的看台上只有我们两名中国记者（图片辅助），但我们俩用尽平生最大的力气一起喊出：中国队，加油！（手势：双手举起）

队员陈可怡输掉比赛后，依然展现出明媚的笑容。经历了九个月的艰苦伤病恢复，站上奥运赛场，她已经实现了最大的梦想。（图片辅助）她在接受我的采访时说："我们无所畏惧，只想展现出最好的自己。"

我的报道刊出后收到大量网友的真诚留言，许多网友向这些年轻的中国姑娘致以诚挚的敬意，对战斗中她们越挫越勇，伤病前她们拼尽全力，失利下她们斗志不灭，给予充分赞扬！（手势、重音）

东京的夏天十分闷热，奥运会的报道忙碌紧张。（图片辅助）让我欣慰的是：通过我们人民日报记者的笔，向大家介绍出中国奥运健儿的故事。他们向全世界展示了新一代中国青年的崭新形象；展示了"更快、更高、更强、更团结"的追求；展示了"人生能有几回搏"的梦想绽放！（手势、语调上扬、慷慨激昂的中华人民共和国国歌响起……）

[作品导读]

本文选自"好记者讲好故事"——2021年中国记者节特别节目，是人民日报社记者李硕讲述中国奥运健儿在东京奥运会的世界赛场上展示中国伟力的精彩故事。2021年8月8日晚，东京奥运会正式落幕。中国体育代表团在本届奥运会上共荣获38金32银18铜，总计88枚奖牌，位列金牌榜和奖牌榜第二，追平了在伦敦奥运会取得的境外参赛最好成绩。值得一提的是，在延期一年的奥运大考中，中国代表团不光在参赛成绩上交出了高分答卷，更是通过参赛充分展现了"中国精神""中国力量"。

第一，在演讲的语言技巧上，本篇演讲不仅做到了发音准确、吐字清楚，还运用了以情传声、以声寄情的演讲手段，李硕在演讲时语调、语气富有节奏和变化，增强了语言的感染力和鼓动性，如"这是一场令人荡气回肠的经典之战。作为一个采访举重近十年的记者，我见证了他怎样走过这五年备战路。（停顿、重音）今天，我不讲这枚金牌，我想讲一讲我看到的谌利军的伤疤。心里的，还有身上的。（语速放慢）"，为了表达这是一场令人荡气回肠的经典之战，李硕适当运用了重音和停顿的技巧，强调了不同的内容。

第二，在演讲的非语言技巧上，本篇演讲整体动作自然、协调、舒展、大方，并且时刻注意与演讲内容有机结合起来，如"2020年10月底的全国比赛中，谌利军右臂肌腱断裂（手势：展示右臂肌腱位置），必须马上手术。手术留下近15厘米（语速放慢）长的伤疤。（手势示意、图片辅助）奥运梦想，会渐行渐远吗？（反问、手势）"，李硕的手势伴随着演讲内容、听众情绪和场上的气氛变化，在感情支配下能够非常自然地展现出来，用手势带动了听众去了解谌利军负伤的情况并展示了对其奥运之路感到担忧的心情。

第三，一图胜万言。在本篇演讲中，李硕通过使用了大量的视频、图片，可以简明、直观地表达面对各种困难，中国奥运健儿依然乘风破浪，乘势而上，创造成绩，实现梦想。生动形象地使与会观众一目了然，由此产生共情，一起感受奥运健儿的艰辛。

面对世界百年未有之变局，面对新冠疫情侵袭，东京正是奥林匹克梦想传承的驿站，是开启新一轮梦想之地，在严肃又紧张、生动而温暖的竞技场，我们见证了奥运健儿缔造和传承奥林匹克的辉煌梦想。

◎ **行动——情景训练**

1. 活动一："爱心大行动"项目（4）：选择合适的图表、图像辅助演讲。

在组织"爱心大行动"的过程中，需要通过演讲宣传行动计划和活动目的，如果是你或你们小组去演讲，考虑一下，用什么样的图表辅助传达演讲的信息？使用哪些图像增加说服力？确定好后，动手制作并运用在演讲中，看效果如何。

提示：

（1）可以通过图表说明贫困地区与本地基础教育入学率的对比信息。

（2）上网找一些贫困地区小学的办学状况和孩子们渴望读书的照片，放在你的演讲中增加说服的效果。

(3)找一些"感动中国"时代楷模的图片,放在演讲中辅助说明主题。
2. 活动二:培养使用辅助手段帮助演讲的习惯。
用辅助手段就下面给出的话题向大家做一个演讲:
(1)大学生是否应该做兼职?
(2)"网红"经济的发展。
(3)东京奥运会。
提示:
运用图表和黑板(或实物)来说明,在说明的同时要注意运用前几节所学到的内容。

◎评价

1. 自我评价。理解本项目的内容,回答问题:
(1)演讲的辅助手段通常包括哪些内容?
(2)使用图表、图像和黑板等辅助手段的原则是什么?技巧有哪些?
2. 小组评价。参照下表评价小组成员所作的练习,看成员在使用辅助手段时是否能够做到:

演讲的评价标准表(三)

评价项目	优秀	良好	一般	较差
根据演讲内容确定合适的辅助手段				
根据听众来选用适合的辅助手段				
会制作图表				
在演讲的过程中合理使用辅助手段				

综合训练——就职演讲主题活动

一、活动情境

假如你带领的项目小组通过积极努力,成功完成一个大型项目的招投标工作,并完成签约,取得了良好的业绩。公司领导决定升任你为项目经理,请你就此写一份就职演说的演讲提纲,做一次演讲。

二、活动要求

1. 基本定位。就职演说是当选的各级领导人上任前发表的演说。这种演说有利于展示自己的工作业绩和工作经验,向下属明确自己的工作计划,展示自己良好的工作形象,获取下属的支持与合作,同时能够促进演讲者本人在今后的工作中更加尽职尽责。

2. 写作内容。
（1）表明心情,向领导和下属表示感谢。
（2）简单介绍本人情况,包括取得突出业绩的工作经验。
（3）讲述自己下一步的工作思路、目标及措施。
（4）表示做好工作的信心和决心,展望未来。

3. 内容要领。
（1）把自己置于从群众中来的位置,切忌打官腔。施政纲领、工作计划应实事求是,不要好高骛远,不墨守成规,给下属留下严谨踏实而又锐意进取的形象。
（2）表明自己的赤子之心,以情动人。
（3）承认自己在某些方面还有不足之处,表达自己欲以勤奋弥补自己不足的决心,获得领导和同事们的支持和信任。
（4）在处理公私关系的问题上作出承诺,获得好感。

4. 写作格式。
（1）前言。表示感谢,200字左右。
（2）正文。一般就职演说,语言精练,1000字左右,主要介绍自己的情况和工作业绩与经验,重点说明自己将在下一步的任职期间,如何发挥自己的能力和智慧,调动所有的力量和积极性,把工作做好的工作思路和措施。
（3）结尾。最后表明做事做人的原则,100~200字。

5. 辅助手段。需要配合演讲稿制作一个演示文稿,要求主题突出,页面清晰美观,播放流畅,重点针对下一步的工作思路、目标及措施,图文并茂,帮助听众更好地掌握演讲主题和重点内容。

三、活动组织

1. 各班分为若干小组,组内分工协作,完成演讲准备；
2. 教师宣读活动要求和评价标准；

3. 教师和各组选派代表组成评委，按照评分标准对各组选手进行评审打分；
4. 评委对每位演讲选手演讲后进行点评；
5. 教师进行活动点评。

四、活动评价

1. 主题鲜明，内容充实。（20分）
2. 演讲稿结构清晰，语言简明、质朴、流畅、得体。（30分）
3. 演示文稿制作精美，符合活动要求。（20分）
4. 表达富有感染力，恰当运用态势语言。（20分）
5. 综合表达效果好。（10分）

模块三 阅读

【教学目标】

1. 根据工作或学习任务的要求,阅读大量文字资料,了解内容大意,迅速、准确、全面地查找、筛选和掌握所需信息。

2. 学会厘清文章的思路、归纳文章的要点,找到文章中的论点、论据和论证方法。

3. 按照需求对所得到的资料和信息进行综合分析、筛选和利用,以表达自己的观点。

【教学提示】

本模块根据阅读能力的进阶提升要求,共设两个训练项目。各项目的训练依据行动导向法的要求,在每个能力点均根据"明确能力目标、确定训练任务、做好知识准备、情境训练行动、训练效果评估"五个环节组织教学和训练。在两个项目各能力点的单项训练结束后,将本模块最后设计为综合训练项目,即《申论》的模拟综合实训,确保学生能够综合运用本单元训练成果,兼顾未来求职、就业的实际需要。

项目一 学会阅读

◎训练目标

正确认识阅读的意义,阅读能力的构成要素,掌握基本的阅读方法。

◎训练任务

通过掌握关键词语识别、文段结构分析等方法,迅速准确把握文段主旨、作者观点、论述主题。

◎知识准备

学会阅读

阅读是人们获得知识的一种最基本、最重要的途径。阅读可以增加我们的知识,开阔我们的视野，丰富我们的想象力，改善我们的思维品质，提升我们的创造能力；阅读可以开启我们的心灵之窗，塑造我们的灵魂，引导我们积极向上，涵养我们的精神；阅读可以丰富我们的情感，使我们更富于人性，更懂得求真、为善和审美；阅读可以改变人的心境，增加人的生活情趣，使人生活得更加充实、更有意义。

我们身处这个科技飞速发展、知识更新速度加快的时代，只有具备良好的阅读能力，通过阅读不断地掌握新知识，吸收新思想，我们的思维才不会呆滞，思想才不会僵硬，创造力才不会枯竭。大量的阅读能够使我们站在一个全新的视角看世界，以更加灵活多样的方法解决实际问题。与此同时，借助阅读这一积极的学习方式来修身养性，能够使我们始终保持生活的激情，使我们的人生更加精彩、更加辉煌。

一、阅读的意义

阅读是一项日积月累、潜移默化的精神活动。阅读影响着一个人素质中最基本、最核心的部分——价值观、审美观、道德观和人生观。阅读既是一个人了解世界和思考世界的过程，又是一个人心灵自我观照的过程，即通过阅读来反省自我、提升自我，从而养成内省和深思的习惯。因此阅读对于人的成长、成才和成就事业都至关重要。

英国哲学家培根在《论读书》一文中说："读书足以怡情，足以博采，足以长才。"这几句话道出了读书的主要意义。一般来讲，阅读具有以下几个方面的意义：

（一）阅读是获得知识的主要途径

一个人事业上的成就总是同他的学识成正比的。学识从何而来，主要从书本上获得。虽然一切知识与经验都来自实践，但我们不可能凡事都亲自去实践。人生短暂，如果事必躬亲，获得的知识肯定很有限。事实上，我们所掌握的知识大量来自前人的实践和经验，来自书本。因此，阅读是获得知识的主要途径。法国学者安德岁·莫罗瓦说："当今的文明是我们前人世世代代知识和经验的结晶。要想享有它，就要阅读。无论是讲授或直观教学，都达不到同样的教育效果。图像能清楚地解说一篇文章，却不适宜培养思维能力。电影和教课一样，放映完毕，也就销声匿迹了；过后想再查看它，很不容易，甚至是不可能的。而书籍，却是我们最好的终身伴侣。"

（二）阅读是开启智慧之门的金钥匙

阅读可以开阔我们的视野，活跃我们的思维，增强我们的创造力。阅读可以增强人的智慧主要体现在两个方面：一是知识是形成能力的基础，而阅读是获得知识的主要途径；二是阅读过程始终伴随人的思维活动，通过阅读，可以改善人的思维品质，提高人的思维能力。苏霍姆林斯基认为，阅读是智力和思维发展的源泉，通过大量的阅读，人们可获得大量的知识，打好智力基础，乃至情感、审美基础。他在《给教师的一百条建议》中说："学生的学习越困难，他的脑力活动中遇到的困难越多。他就越需要多阅读，就像感光力弱的胶卷需要更长的感光时间一样，成绩差的学生，智力也需要更明亮和更长时间的科学知识之光来照耀。不是补习，不是识字一样的督促，而是阅读、阅读、再阅读。"

（三）阅读能够丰富人的思想，提升思想境界

阅读能够丰富人的思想，美化人的精神世界，其主要表现为：

1. 阅读可以增加人的文化积累，提高人的文化素养。阅读是人们吸取优秀文化营

养的主要途径，通过阅读，人们可在脑海里逐渐积累有意义的东西，不同信息、文化因子在头脑里聚集、碰撞、渗透、积淀，逐步提高人的文化素养。

2. 书中人物的高尚品德和人格魅力对阅读者的人格形成具有潜移默化的影响。如我们读海明威的《老人与海》，书中桑提亚哥的拼搏精神无疑会激励和鼓舞我们。

3. 阅读可以涵养人的精神。书籍带给我们的不仅是对心中信念的坚守，更是对我们思想和心灵的升华。阅读可以在超越世俗生活的层面上，建立起我们的精神家园。如读冯玉祥将军给张学良的赠语——"要小心，要谨慎，学吃亏，学让人，遇事能忍，生活俭勤；不自夸，不骗人，诚诚实实、厚厚纯纯乃是根本"，这样具有积极思想意义的文本对阅读者做人、做事都有或多或少的影响。

4. 阅读能够给人以勇气和力量。人生的道路不是一帆风顺的，当遭遇坎坷时，阅读就是我们的力量之源，它使我们从书中获得勇气和力量，迈开坚实的脚步踏平坎坷；在失意、彷徨、忧虑的时候，阅读能在我们心中点亮一盏灯，驱除我们内心深处的阴暗，使我们的内心世界一片灿烂；当我们处于生活的十字路口、心中一片茫然的时候，阅读犹如一记精神的路标，能够使我们的心中豁然开朗。

（四）阅读是调节身心的重要方法

阅读是一种最佳的休闲和娱乐方式，它可以使人陶醉在想象与联想之中，沉醉在美妙的意境之中，受到情感的熏陶，获得精神的鼓舞；它能带给人喜悦与满足，使人产生美妙的感觉，在满足、感动、愉悦中深刻地体验人生的乐趣，始终保持生活的热情。课后、工余，泡一杯茶，读几页书，大千世界尽收眼底，笔底乾坤任你驰骋，这样的休闲既轻松愉快，同时会有诸多收获。

二、阅读的类型

任何人读书都有一个明确的目的，或为积累知识，或为丰富思想，或为开阔视野，或为愉悦身心……依据阅读目的的不同，阅读主要可以分为以下几类：

（一）积累性阅读

任何一种能力的形成都要依赖坚实的知识基础。没有字、词、句的大量积累，语言的理解和运用能力就难以形成。积累性阅读就是为夯实知识基础而进行的阅读。一般来讲，积累性阅读有两种：一种是无特定目标的自由阅读。其特点是事先没有确定的阅读范围，只要是有益的、自己感兴趣的，都可以读；没有阅读时间的限定，茶余饭后，课间休息，旅途等车……所有零碎时间都可以利用；没有明确的阅读要求，读多读少，读深读浅，都以自己的实际情况而定。这种积累性的阅读，只要长期坚持，便能有较大的收获，但积累缓慢不利于能力的迅速培养与提高。另一种是有明确的阅读目的、对文本有所选择的阅读。其最大特点是根据自己的需要和目的有针对性地选择阅读材料。比如为了培养阅读能力，选择阅读词汇丰富、语言优美的文本，增加自己的语言积累，为阅读能力的形成奠定基础。这种积累性阅读目标明确，重点突出，收效较大，有利于迅速形成和提高阅读能力。

（二）理解性阅读

理解性阅读是借助已经积累的知识对文本的内容进行感知和消化，使知识转化为能力的阅读。理解性阅读的主要目的是增长才干、改善思维品质和丰富思想。任何一种能力的形成都是建立在对相关知识的深透理解之上的，理解性阅读是同学们学习各门功课都必须用到的。理解性阅读的要点是在正确理解字、词、句意思的基础上，反复阅读文本，对其所承载的内容进行彻底地消化，有选择地吸收，丰富自己的知识，提升自己的思维水平，培养和提高自己的创造和创新能力；丰富自己的思想，提高自己认识问题、分析问题和解决问题的能力。

积累性阅读和理解性阅读都属于求知性阅读。求知性阅读的根本特征是通过阅读获得知识，启迪心智。在阅读过程中不仅满足于对文本浅层意蕴作简单的认知和掌握，更重要的是渴望获得新的审美感受和思想启迪，从而使自己的精神境界和思想水平提升到一个新的高度。这种阅读由于有着较为明确的目的，阅读主体在对阅读文本的接受过程中，注意提炼、吸收和消化文本传达出的新信息，进而将之与自身已有的思想进行融合。阅读过程中知识接受和能力形成同时进行。

（三）鉴赏性阅读

鉴赏性阅读主要是就文学作品的阅读与欣赏而言的。其作用主要有三个方面：一是能够提高语言感受力。文学是语言的艺术，文学作品的鉴赏首先是对其语言的感知和理解，从而感受到语言的魅力。在这一过程中，语言感受力自然而然地得到培养和提高。二是提高想象与联想能力。文学作品的欣赏过程始终伴随着想象与联想，只有充分地展开想象和联想，作品所塑造的形象和所描绘的情境才能在读者的脑海中浮现出来，才能被读者感知和认识。因此，鉴赏性阅读能够丰富想象力、增强联想能力。三是净化人的灵魂。文学作品能够唤起人的情感体验，触及人的内心深处，使人的灵魂得到净化。

鉴赏性阅读是一种消遣性的阅读。消遣性阅读，是人们为了调节身心，消除工作疲劳而进行的一种阅读。消遣性阅读对阅读主体的知识素养、审美能力没有过高要求，阅读主体也不必对阅读材料进行深度切入和透彻理解，更不必刻意追求从阅读文本中获得富有创见的新思想或更多的新知；对阅读材料的选择，阅读主体更多的是从感觉和兴趣出发，很少考虑文本的思想价值和艺术价值。

消遣性阅读既有助于培养人们的阅读兴趣和阅读习惯，又能促进求知性阅读能力的提高，因此，培养阅读能力可以从消遣性阅读入手。首先是书目的选择，在肯定是优秀作品的前提下，尽可能选一些有情趣的、优美的、有吸引力的作品；其次是加强阅读方法的指导，使阅读主体从文本中吸收更多的思想，获得更多的知识。除以上几种阅读类型外，还有评价性阅读、探究性阅读等，这里就不一一介绍了。

三、阅读的方式

要提高阅读效果，必须根据所阅读的文本的内容选择相应的阅读方式。阅读方式主要有以下几种：

（一）朗读和默读

朗读是眼、耳、口、脑多器官并用的阅读方式，其基本特征是出声，原理是文字信息通过眼睛传输到大脑，大脑中枢对语言信息进行处理后指令嘴发声，声音信息再通过耳朵传回到大脑，由大脑进行再分析。在这一过程当中，多种感觉器官协同作用，对表达同一内容的语言信息进行反复地感知，从而在大脑中留下深刻的印象。采用这种阅读方式，不仅能够深刻地理解文章所表达的思想，体会文章所表达的感情，而且能够有效地培养语言感受力。

默读是眼、脑两种器官协同作用的阅读方式，其特征是不出声。语言信息通过眼睛传输到大脑后，大脑对其进行一次性的分析和处理。采用这种阅读方式，便于对文本内容进行琢磨、咀嚼，利于对文本进行透彻的分析。

（二）精读和泛读

精读是对文本进行逐字逐句地深入钻研，通过对重要的语句和章节透彻的理解，来全面消化文本的一种阅读方式。精读的最基本特征是"细嚼慢咽"，必要时对同一文本进行反复阅读。在读的过程中，对不理解的字词借助于工具书进行正确的理解，有疑惑处查阅资料搞清楚；可以采用朗读、背诵和摘抄等方法加深对文章内容的理解和记忆。精读是积累知识和培养能力最有效的阅读方式之一。

泛读是浏览式的阅读方式，其特点是不强求弄清每一个字词的意思，只求厘清作者的思路，理解文章的主要内容，抓住文章的要点，把握文章的主旨，体会文章的写作特点，以获得对文章的整体认识即可。泛读是扩大阅读量，开阔视野、活跃思维和增长知识的一种重要的阅读方式，其要点是阅读时要有侧重、有取舍，不能面面俱到。

关于精读与略读的关系，叶圣陶先生说："精读是准备，略读才是应用。"对于同学们来讲，要把精力放在精读上，因为只有通过精读，我们的语文能力才能培养起来。换言之，精读是培养阅读能力的一种阅读方式，泛读是应用已经形成的阅读能力获取知识的一种阅读方式。

（三）速读

速读是快速阅读的简称，是指在有限的时间内尽快地、有目的地、有效地阅读文字材料，并获得所需信息的方式。速读强调快速，其主要原理是采用科学的视读法，减少眼停的次数、时间和回视，扩大视读广度，达到提高速度的目的。作为一种阅读方式，速读的有效使用面很窄，仅适用于资料查阅、信息浏览和消遣性阅读。

四、有效的阅读方法

阅读犹如在知识的海洋里邀游，要想顺利地到达理想的彼岸，必须掌握正确的方法。下面介绍几种有效的阅读方法：

（一）批注笔记法

批注笔记法是在阅读时将自己对文本内容的见解、质疑和心得体会等写在书中的空白处。其形式有三种：一是"眉批"，即批在书头上；二是"旁批"，即批在句子或一段话的旁边；三是"尾批"，即批在一段话或整篇文章之后。

批注的内容主要有三个方面：一是注释。读书时遇到不认识的字、不理解的词和不懂的概念，立刻查字典、翻资料将其弄清楚，并且注释在旁边。这样既能帮助理解，又有助于记忆，同时也为下次阅读扫清了障碍。二是批语。将阅读过程中产生的各种感想、见解、疑问等写在书的空白处。三是警语。对于文本中十分重要或再读时需要注意的地方，标注上"注意""重要"等字样，为今后阅读提供帮助。

批注笔记法具有四个作用：一是可以使人的思想高度集中，能够提高阅读效果；二是能够使人从书中获得更多的感悟，使人的思想水平得以提升；三是能够提高分析、评价事物的能力；四是可以培养和提高表达自己思想的能力。

（二）符号标记法

符号标记法，是指用各种符号在书中重要的地方做标记，以便于应用时查阅和再阅读时注意的一种阅读方法。其要点是：

1. 在重要的句子下画横线。
2. 在重要的段落旁画竖线。
3. 将关键性的词或短语圈出来。
4. 在有疑惑处标问号。
5. 在有感悟的地方标感叹号。

马克思读书就喜欢采用这一方法。保尔·拉法格在《忆马克思》一文中写道："他常折叠书角、画线，用铅笔在页边空白处做满记号。他不在书里写批注，但当他发现作者有错误的时候，他就常常忍不住要打上一个问号或一个惊叹号。画横线的方法使他能够非常容易地在书中找到需要的东西。他有这么一种习惯，隔一些时候就要重读一次他的笔记和书中做上记号的地方，来巩固他非常强而且精确的记忆。"

采用这种方法的好处是便于应用时查找，有利于对重点内容的记忆，便于利用很少的时间对重点内容再阅读。

（三）强记阅读法

强记阅读法是一种侧重记忆的阅读方法。其要点是：

1. 读完文章后，立即回忆一遍主要内容，力求记住。
2. 重复阅读同一文本时，每次间隔的时间应尽可能地长一些。
3. 记忆应尽可能准确。

如果内容不太多，要尽量一次记住；如果内容较多，可以采取分段记忆法。鲁迅先生在《给曹白》中写道："学外国文须每日不放下，记生字和文法是不够的，要硬看。比如一本书，拿来硬看，一面翻生字，记文法；到看完，自然不大懂，便放下，再看别的。数月或半年之后，再看前一本，一定比第一次懂得多。这是小儿学语一样的方法。"

采用这种阅读方法的好处是能够迅速地增加知识积累，有利于能力的培养与提高。

五、阅读能力构成要素

交流表达能力由听、说、读、写四个部分构成，其中阅读能力是其他三种能力得以形成的基础——能力的形成必须依靠知识的大量积累，阅读是获得知识的主要途径，因此，要提高交流表达能力，首先应该从培养和提高阅读能力入手。阅读能力主要由以下几个要素构成：

（一）语言感受能力

阅读能力首先表现为对文本的理解能力，理解能力的核心是对语言的感受能力。对语言的感受能力简称语感。语感就是人们对语言文字正确、敏锐、丰富的感受力，是人们直觉地感受、领悟、把握语言文字的一种能力。语感强，捕捉语言信息的能力和运用直觉思维处理语言信息的能力就强，即阅读能力强。因此，叶圣陶指出：语言文字的训练最要紧的是训练语感。吕叔湘先生也认为语文教学的主要任务是培养学生的语感。

（二）思想分析、辨别与兼容能力

阅读不仅是对文本思想内容的理解，更重要的是对文本思想的兼容与吸收，这需要读者具备对文本思想分析、辨别和吸收的能力。就对文本思想的分析和辨别能力来讲，读者的思想既是一把尺子，也是一面镜子；就对文本思想的吸收能力来讲，读者的思想犹如溶剂，文本思想好比溶质。一个人的思想如果博大如海，他就有消化和包容一切思想的能力，这样的人拿到什么样的文章读不懂呢？从本质上讲，思想是阅读能力得以形成的基础，语言是思想的载体。语言能力的高低实际上是由思想修养所决定的，思想浅薄的人语言必然是苍白的。不注重丰富和提升思想，谈语言理解能力的提高无异于纸上谈兵。因此，要提高阅读能力，首先必须丰富和提升自己的思想。这是提高语文能力的一条根本途径。

（三）文本情境的再现能力

阅读过程一般都伴随着思维具象，表现在文学作品和一般记叙性文体的阅读过程中，大脑中始终浮现着文章所描绘的人、事、景、物等十分清晰的形象。其他文体的阅读过程同样伴随着思维具象，只是与文学作品的阅读相比，大脑中的思维具象有些模糊而已。从本质上讲，大脑中思维具象的产生是读者对文本内容感知的结果，是进一步理解、消化和吸收文本思想的一个前提，因此，再现文本情境的能力是构成阅读能力的一个重要因素。

对于文本情境的再现，需要读者具有丰富的想象与联想能力。作品的语言文字成为读者脑海中的思维具象要靠想象和联想，联想和想象是读者进入作品情境的唯一途径；作品中原有的画面、情境、意象，要衍生出新的内容，即象外之象、境外之境，也需要联想和想象。想象能力强，再现文章所写生活情境的能力就强；想象力丰富，便可从文章的字里行间"见人所未见"：具备了良好的想象能力，理解和消化文章的能力就强，就能够从文章中吸收更多的思想营养。联想能力强的人，善于将文章所写与现实联系起来，能够从文章的字里行间看到鲜活的生活，这样，读者既容易从文章中获得启示和感悟，达到对文章深透的理解，又能够从文章中获得比较大的思想收益。

想象和联想能力既是语文能力形成的重要基础，又是构成语文能力的核心因素，加强想象和联想能力的培养是快速提高语文能力的根本途径，可以改善人的思维品质，提高人的创新能力。

（四）丰富的语言积累

学习语言的方法不是靠理性分析，而是靠对语言直接的感受和积累。朗读就是对语言进行直接感受最好的方法，读得多了，文章的语言、节奏、句式、格调等自然而然地浸润到读者的内心深处，不知不觉中读者就提高了对语言的感受力，转化成了自身的语言能力。

六、阅读的科学原理与阅读能力的培养

怎么培养阅读能力？仅仅靠字词句的积累、推敲与玩味是远远不够的，抛开对文章的解剖性研究而津津乐道阅读的方式方法也是不行的。培养阅读能力首先必须遵循阅读的科学原理。

写作过程是作者通过观察、体验和感受，将鲜活的现实生活通过大脑的形象思维用

文字描绘出来，而阅读就是读者通过大脑的想象和联想将抽象的文字还原回生活，在大脑中浮现出活生生的生活场景，这是科学阅读的第一原理。因此，要提高阅读能力，首先必须加强想象与联想能力的训练，提高自己对作品所写生活情境的再现能力。

作者对社会生活中人、事、物、景的描写无一不渗透着作者自己的思想和情感。对文章思想内容理解的过程，实际上是借助于自己的思想来消融作者在作品中渗入的思想的过程，这是科学阅读的第二原理。如果把阅读比作一个特殊的"溶解"过程，那么，读者的思想是"溶剂"，作者渗透在作品中的思想是"溶质"。大家知道：在"溶质"不变的情况下，"溶剂"越多，"溶解"能力越强。同理，读者的思想越丰富，阅读文章的能力就越强；读者的思想境界越高，评价作品的能力就越强。因此，丰富和提升自己的思想是全面提高阅读能力的一条有效途径。

为了增强语言的表现力，使其能够更好地表达思想、抒发情感，给人以更强烈的审美享受，作者总是注重于语言的锤炼和表现技法的运用。读者阅读文章，必须通过对语言的感知和理解才能进入情境，即"披文以入情"，这是科学阅读的第三原理。这要求我们须有良好的语感，具备相关的语文基础知识。因此，加强诵读，掌握语法、修辞和写作知识是提高阅读能力的重要途径。

阅读理解能力实际上是对文章思想的消化、吸收能力，自己的思想很浅薄，怎么能消化和包容文章的思想呢？这个道理正如大海与溪流。大海因为它的博大深广而能容进天下溪流，而溪流因其浅薄而难纳海之万一。只有当我们的思想十分的丰富时，我们消化、吸收文章思想的能力才强，阅读理解能力才能增强。每读一篇文章，将其读深读透，化其思想为我们自己的思想，这样日积月累，我们的思想就会变得博大精深，理解和消化别人思想的能力就大大增强，阅读理解能力就自然而然地增强了。

可供人们阅读的文本有两种：一种是一看就懂，也能给人以审美享受，或能使人轻而易举获得知识的；另一种是比较艰深，需要努力钻研才能弄懂的。在这两种文本之中，后一种更有利于人们丰富知识、提升思想和提高阅读能力，然而，在实际阅读时，人们往往选择前者，这是阅读的一大误区。轻松的担子磨不出铁肩。在文本选择上拈轻怕重，就会使大脑缺乏真正的磨炼，思维水平不能得到提高，阅读能力自然就不能得到很好的培养。

内容浅显的文本虽能带给我们一定的乐趣，丰富我们的见闻，增加我们的知识积累，但对于提高我们的理解能力无太大帮助。真正能够快速提高我们的思想水平和理解能力的是那些内容艰深的文本。文本中艰深的内容超越了我们现有的认知水平，我们必须通过查阅资料、认真思考才能完全理解，这样一来，我们的知识积累就增加了，理解能力就增强了。

当然，不是什么书、什么文章都可以拿来读。提高阅读能力，还需要通过对经典文选的阅读和鉴赏这一途径来打牢基础。通过独立思考钻研文本，或者在老师指导下弄懂那些先前不懂的东西，由知之甚少到懂得较多，由思想狭隘到心胸宽广，由思维呆滞到大脑灵活……才能实现有效的阅读。因此，文本的正确选择是有效阅读的前提。

1. 要读思想厚重的书。有许多人读了很多书却依然思想贫乏，见识浅陋，根本原因是因为他们读的书本身思想十分贫乏，不能丰富和提升人的思想。虽然书一读就懂，也能给人以愉悦，但却不能给人以思想上的增益，不能使人有才能上的长进。因此，我们应该读那些在知识和思想上都厚重的书，这样的书不仅能够增加我们的情趣、唤起我们的生活激情，而且能够使我们思想充满活力，同时提升我们的思维水平与想象力，强化我们的创造与创新能力。

2. 要读增加才干的书。阅读是获得和积累知识的主要途径。通过阅读，我们可以在短时间内获得前人千百年来摸索出的成功经验，使自己变得聪明起来；通过阅读，我们对自然和社会的认知不断增加，视野变得开阔，思维变得活跃，创造能力大大增强。要真正获得这么多的收益，有一个十分重要的前提，那就是必须阅读那些能够使人增长才干的书。阅读首先必须从自己的实际出发做好文本的选择工作。

3. 要读能够陶冶情操的书。从学做人的角度讲，阅读是接受灵魂的洗礼。文学是人类灵魂的净化剂，渗透着人类至真至美的情感，寄托着人们的精神追求，昭示着人们立身行事的准则；倡导以天下为己任的道义担当，褒扬舍生取义的气节操守；激发人的生活热情，使人更加热爱生活；鼓舞人奋发向上，培养人坚强的意志力。这是庸俗作品所无法企及的。多读能够陶冶情操的文学作品，不仅能够在人的心灵深处播下善良的种子，使人富有同情心、宽容心和仁爱心，更能够使人具有一双善眼，从审美的角度看人生，使人更加热爱生活。

4. 要读语言规范的书。要培养良好的语感，必须阅读语言规范的文本，这样才能在大脑中形成正确的语言规则，即形成正确的语言感受力。只有大脑中形成的语言规则是规范的、正确的，才有可能正确理解词句的意思，也才能把文章写得文从字顺。

◎行动——阅读理解能力单项训练

阅读能力主要考察的是人们对文字材料的阅读分析能力。这项能力是需要从单一到综合，不断积累强化后形成和提高的。除了在与人交流能力测试中我们需要使用和证明自己的阅读能力外，在近年的公务员考试中，言语理解方面的考查点也越来越重要。为此，我们有必要来进行一些专项训练活动，帮助大家了解和掌握一些具体的阅读技巧，提升言语理解的能力。

1. 活动一：主旨归纳。

阅读，首先要抓住材料的主旨观点，主要包括：概括归纳阅读材料的中心、主旨，判断作者的态度、意图、倾向、目的等。如何把握阅读材料的主旨观点？最重要的方法就是抓住关键词。所谓的关键词，是指对迅速准确地把握文段主旨、作者观点、论述主题最有帮助的词语，包括一些总结词，如因此、所以、可见、总而言之等；一些表示强调的词，如应该、必须、务必、亟待、关键、重中之重、只有……才……等；一些关联词和一些表达态度的词，如遗憾、可惜、令人欣慰的是、吃惊……；一些表示引用的词，如专家认为、研究指出、有观点认为、一些人说等；也有可能是出现很多的高频词，也就是材料中多次反复强调的某一事物。在阅读中，要善于抓住关键词，作为掌握文章、材料主旨的"钥匙"。

我们看下面的例子："或许幸福就是一顿晚餐，一件棉衣；或许幸福就是一个拥抱，一个笑脸；或许幸福就是一生陪伴，一世不离。幸福也许就是牵着一双想牵的手，一起走过繁华喧嚣，一起守候寂寞孤独。"读完之后，大家认为整个文段在围绕什么内容来说的呢？没错，相信很多同学都会脱口而出"幸福"。幸福是这个文段主要论述的内容，也是出现最多的高频词。它就是这段的主题词，而幸福的含义就是文段重点论述对象。

[练习题]

今后，技术的交叉与融合会越来越明显。新一轮科技和产业革命的方向不会仅仅依赖于一两类学科或某种单一技术，而是多学科、多技术领域的高度交叉和深度融合。技术融合趋势决定了战略性新兴产业不可能也不应该孤立地发展，而是既要有利于推动传统产业的创新，又要有利于未来新兴产业的崛起。而且，战略性新兴产业与其他产业之间、战略性新兴产业内部之间的融合也是大势所趋，这将使得行业间的界限越来越模糊，综合竞争力越来越强。

这段文字主要说的是：（　　）。
A. 战略性新兴产业的发展需要顺应技术融合的新趋势
B. 未来行业的界限会变模糊但综合竞争力会增强
C. 提高综合竞争力将是未来产业发展的主要目标
D. 战略性新兴产业是促进新一轮科技和产业革命的主力军

[解析]

文段由新一轮技术和产业革命的方向是多学科、多技术领域的高度交叉和深度融合，即技术融合趋势这一主题，引出战略性新兴产业发展不是孤立的这一观点，接着由"而且"进一步论述，指出战略性新兴产业不仅需要和其他产业相融合，也需要行业内部之间融合。可见，战略性新兴产业要发展必须顺应技术融合的新趋势，A项表述与此相符，当选。文段论述的对象是"战略性新兴产业"，可首先排除B、C项。D项"主力军"无法从文段得出。

[要点]

我们通过这道题会发现，在梳理题干的时候，"技术融合与战略性新兴产业"频繁出现。那我们在选择答案的时候就有明确的思路，选择一个包含文段重点论述的选项。这就是主题词的魅力，可以帮助我们定位原文以及排除错误选项，大家学会了吗？

2. 活动二：细节判断。

细节判断，就是要求人们在阅读文章时要保有迅速辨别文段细节信息的能力。我们可以根据文章片段查找关键信息及重要细节，判断新组成的语句与材料原意是否一致等方法，辨别文章中的一些细节。

[练习题]

跟石头和金属相比，木质砧板从表面上看是硬邦邦一块，可"内心"很柔软，内部的植物纤维虽紧密排列，但仍有很多细微的空隙。这使它在受到剧烈冲击时，内部结构发生弹性微调,既能避免与刀刃硬碰硬伤及刃口,又能吸收一部分冲击力,不会让刀刃在接触板面的一刹那,由于反弹力过大而"剑走偏锋"发生侧滑,这在连续切割,比如剁馅、切丝时尤为明显。

句子中的"这"指的是木质砧板的:(　　)。

A. 外观形态　　B. 材料来源　　C. 结构特点　　D. 制作工艺

[解析]

根据就近原则,可知"这"所指代的对象为前文所述内容:"内心"很柔软,内部的植物纤维虽紧密排列,但仍有很多细微的空隙。对此概括最准确的是结构特点。故本题选C。

[要点]

该题要求大家通过阅读文段判断四个选项的说法正确与否,通常选项范围涵盖较广,涉及文段的各个方面和细节信息,对于同学们来说难度较高,在仔细辨别的同时也耗费了作答的时间。正因为是对题目细节的考查,所以在出题的过程中容易设置思维陷阱,如果大家不细心,很可能就会被误导造成错选。因此,要把握好细节判断题,就要充分了解题目设置时常见的偷换概念、无中生有、混淆是非、以偏概全、因果混乱、逻辑错误等陷阱,有备无患自然万无一失。解题过程中,可以把核心语句和选项能够对应的勾画出来,注意一些副词、动词、连词是否有被偷换;表示肯定或者否定的关联词是否理解准确;是否存在用部分代替整体进行表述;是否有本没有因果关系,却通过关联词强加因果等现象。

3. 活动三:词句理解。

词句理解,顾名思义就是对文段中的特殊词语和句子进行理解阐释,是对文段深入解读的一个步骤。词句理解题的出题方式主要有三种:理解文中重要词语的含义、理解文中重要词语的指代、理解文中重要句子的含义。常见的提问方式有:"对××含义理解正确的是""文中的××指代的是""对画线词语(句子)理解正确的是"等。

[练习题]

人口的激增,让地球的粮食供应面临严峻的考验,有科学家指出,到2050年,需要增加70%的耕地,人类才能养活自己。但地球上根本没有这么多可增加的耕地。于是,科学家转向海洋求助:在远离海岸的开阔海域中养鱼,可以给人类提供足够的营养。我们可以大胆地预测,人类食物的蓝色革命即将拉开序幕。

根据这段文字,"人类食物的蓝色革命"是指:(　　)。

A. 对海洋产品进行深度加工,提高其利用率

B. 海水养殖业将逐渐取代传统农业的主导地位

C. 加大深海养殖的力度,弥补近海养殖的不足

D. 海洋鱼类资源将在人类食物结构中占较大比重

[解析]

"人类食物的蓝色革命"是修辞中的比喻词,不仅要结合"蓝色革命"的特点,还需要分析材料。由原文可知,"人类食物的蓝色革命"是指:在远离海岸的开阔海域中养鱼,可以给人类提供足够的营养。把握两个要点:一是"鱼",二是"给人类提供足够的营养",四个选项中包含了这两点的只有 D 项。A 项的"深度加工""利用率"、B 项的"取代传统农业的主导地位"、C 项的"近海养殖""深海养殖"在文段中并未体现。故本题答案为 D。

[要点]

常见的词语类型有三类:修辞类,多带引号有比喻义;概念类,多为科技性概念及有特殊含义的新鲜事物;指代类,多为人称代词或指示代词。具体到解题方法,要弄清修辞类、概念类的词语,必须通读全文,结合主题词进行分析。必要时需分析段落行文脉络,把握材料主旨。主要的解题方法有以下几种:

一是遵循就近原则。大多数词语理解题都可以通过对前后的分析得出答案,特别适用于解决理解词语指代义类题目。

二是层次划分法。通过对词语所在文段进行结构分析,可以帮助考生快速理解词句的含义,在词句理解题中,划分句子成分,要抓住主干,即"主谓宾"即可。

三是修辞提示法。有些词语或句子会运用修辞手法,这时候在理解词句含义时结合修辞手法的特点来分析,对解题助益良多。

四是带入验证法。词语和句子作为文段的一部分,对其理解不可能脱离文段,因此当词句理解不容易确定时,可通过带入验证的方法来确定理解正误。

4. 活动四:寓意理解。

"寓意"源自"寓言",寓言是通过假托的故事或自然事物的拟人手法来说明某个道理或教训的文学作品。寓言一般短小精练,包括故事情节和寓意两部分,且具有鲜明的哲理性和讽刺性,使深奥的道理从简单的故事中体现出来,其内容多是人们对生活的看法、对某种社会现象做某种批评、提供某种生活的教训或进行某种善意的箴诫。

[练习题]

法国著名寓言作家拉封丹有一则寓言:北风与南风比试,看谁能把一个行路人的大衣吹掉。北风呼呼猛刮,行路人紧紧裹住大衣,北风无奈于他。南风徐徐吹动,温暖和煦,行路人解开衣扣脱衣而行,南风获胜。

这个寓言意在告诉人们:(   )。

A. 方法得当柔可克刚

B. 实验是检验真理的标准

C. 具体问题具体分析

D. 工欲善其事,必先利其器

[解析]

文段中提到两个对比对象：北风和南风；对比过程：呼呼猛刮，徐徐吹动；对比结果：行人裹住大衣，行人脱衣而行。原因：方法不同，一柔一刚，柔可克刚，由此不难看出，A 为正确选项。

[要点]

一是寓言一般会通过故事的结局来警示读者，使之获得启迪，多在故事结尾点出寓意。因此，大部分寓意理解型题目题干材料的尾句多直接或间接点明寓意，抓住了尾句，也就找到了整个文章的关键。

二是寓言的常用修辞手法包括拟人、比喻、夸张、对比、象征等。其中拟人、比喻、夸张、象征的使用是故事情节写作的需要，而对比手法的运用则对揭示寓意起至关重要的作用。在解题时，可按"比较对象—对比过程—对比结果"的顺序厘清文章的条理，抽象出对比过程的属性，探求结果不同的原因往往是这一材料的寓意。

5. 活动五：文章阅读。

文章阅读的字数比较多、提问方式灵活、阅读量大。同时涉及范围广泛，主要包括社会科学类和自然科学类。要求学生根据对文章的理解来回答相应的问题。

[练习题]

技术为自身的生存和发展而战，并且有着独特的生命周期。我们可以将其划分为以下几个阶段：

第一个阶段是先驱阶段。技术的先决条件已经存在，梦想家们可能会考虑把这些元素放在一起。然而即便这些梦想此时已经记录在案，人们也不会将其视为发明创造，比如达·芬奇曾经绘制很多有说服力的飞机和汽车图画，但人们并不认为他是在发明创造。

第二个阶段是发明阶段。这一阶段在人类文化当中相当有名。此一阶段时间比较短，从某些方面来看，这就像＿＿＿＿＿＿＿＿＿＿。在这个阶段当中，发明家们把科学技术、好奇心与决心结合起来，通常再加上一定的表演技巧，将各种方法以新的方式结合在一起，给生活带来一种全新的技术。

第三个阶段是发展阶段。新发明会得到那些溺爱它们的监护者（也许还包括最初的发明者）的保护和支持。通常这一阶段比发明阶段要重要，可能还包括额外的创造，这些额外创造比那个独创性发明更重要。当年，许多工匠已经手工制作了非常精美的老式汽车，但使汽车产业得以生根发芽、枝繁叶茂的，却是美国企业家亨利·福特推出的大批量生产的创新做法。

第四个阶段是成熟期。技术在不断进步，现在已经有了自己的生命，也终于成为社会当中独立稳定的部分，也许已经深入人类生活的方方面面。因此许多观察家认为，技术将永存于世。

在下一个阶段（可称为"挑战者时期"）到来时，这种状态会发生有趣的变化。

技术界的"新贵"威胁着要排挤那些老技术，其追随者过早宣布了胜利的消息。但是，尽管新技术能带来一些独特的益处，仔细思考之后人们却发现，这些新技术在功能和质量方面存在关键元素缺失的问题。当人们发现这些新技术确实无法改变既有秩序之后，技术的保守派便以此为依据，证明以前的技术方法确实可以永存。

对逐渐老化的技术来说，这通常只是一个短暂的胜利。另一种新技术很快就会出现，它总能成功地将原有技术逼到过时的舞台上。在生命周期的这个部分，技术在逐渐衰败的状态当中度过了晚年，它的最初目的和功能现在都被一个更活泼的竞争对手比下去了。这一阶段约占技术整个生命周期的5%至10%。

最终，技术成为"老古董"，就像马赫轻便马车、拨弦键琴、机电式计算器一样，不得不黯然离场。

（1）填入文中画横线部分最恰当的一句是：（　　）。
A. 怀胎数月最终分娩的过程一样
B. 流星划过夜空那样璀璨而耀眼
C. 人类当年在月球上迈出第一步
D. 人类文明酝酿以及发展的过程

（2）作者举亨利·福特的例子是为了说明：（　　）。
A. 汽车产业中的工匠精神决定着工艺水平
B. 技术产业的发展决定了技术应用的前景
C. 技术推广中的额外发明比独创发明更关键
D. 独创性发明本身并不一定具有核心竞争力

（3）下列哪种现象可能发生在技术发展的"挑战者时期"：（　　）。
A. 数码相机抢夺胶卷相机的市场
B. 打字机的功能完全被计算机所代替
C. 凡尔纳小说已有对潜艇的构想
D. 人们的日常生活离不开智能手机

（4）根据文章，下列说法正确的是：（　　）。
A. 技术的成熟期持续时间较短
B. 关键元素的缺失会导致技术停滞不前
C. "老古董"指技术已臻于完美，无须改进
D. "短暂的胜利"指原有技术的胜利

（5）这篇文章主要谈论的是：（　　）。
A. 新兴技术的进阶之路
B. 技术的生命周期
C. 新旧技术的优劣比较
D. 技术对社会的影响

[解析]

（1）答案：A。问法"填入文中画横线部分"，确定属于语句衔接题，微观性题

目。定位在原文的第3段,"此一阶段时间比较短,从某些方面来看,这就像……",可知画线句应该是要比喻本阶段时间段且有新事物产生,与此相关的即为A项。本题容易错选B项,B项"流星"虽然体现出时间段,但"璀璨而耀眼"应该强调的是成果卓然,很显然不符合文段的意思,排除。第4段"新发明会得到那些溺爱它们的监护者(也许还包括最初的发明者)的保护和支持"能够很好呼应第3段所填句子和"生命"相关,故而本题当选A项。

(2) 答案:C。问法"作者举亨利·福特的例子是为了……",确定属于细节查找题,微观性题目。定位在原文的第4段,本段的观点是"通常这一阶段比发明阶段要重要,可能还包括额外的创造,这些额外创造比那个独创性发明更重要",末尾举了该例,就是为了证明此观点,同义转述得C项。

(3) 答案:A。问法"发生在技术发展的'挑战者时期'",确定属于细节查找题,微观性题目。定位在原文的第6段,"挑战者时期"最主要的特征就是在于新老并存,"新贵"威胁着老技术,与此相关的当选A项。B项"完全取代"、C项"构想"以及D项的"离不开",均未体现"新老并存"。

(4) 答案:D。问法"根据文章……",确定属于全文性的细节判断题,宏观性题目。A项,技术成熟期对应第5段,文段未提成熟期持续时间长短问题,所以A项错误。以此及彼,D项"短暂的胜利"对应文章第7段的首句"对逐渐老化的技术来说,这通常只是一个短暂的胜利",确定D项当选。

(5) 答案:B。根据问法,确定属于主旨观点题,宏观性题目。综观全文,最明显的就是每段开头的"第一个阶段是先驱阶段……第二个阶段是发明阶段……第三个阶段是发展阶段……第四个阶段是成熟期",文章都在围绕技术在谈,所以本文主要写的就是技术发展的不同阶段,与此相关的即B项。

综上,(1)~(3)属于微观性题目,大家在考试的过程中需要把握问法的关键词,定位原文,进行选择;(4)~(5)题属于宏观性题目,应该在总览全文后进行选项的选择。

[要点]

仔细分析不难发现,文章阅读类的题目实则是主旨归纳、细节判断乃至词语和寓意理解多种题目的综合。在有限的时间内,如何快速在冗长的材料中找到解题的突破口,技巧显得尤为重要。究竟什么是技巧呢,这涉及做题顺序和阅读方法:

(1) 明确阅读顺序,确定阅读时间。和片段阅读相比,文章阅读的篇幅更长,阅读量十分大,随之而来的就是文章的结构可能更为复杂。所以,为了避免无谓地阅读,大家在做题的时候应该明确自己的阅读顺序,即"看问法—回归文段—分析选项",也就是说,要求大家先看文段的问法,对问法中的关键词句有一个记忆,以此为突破口或者线索,针对性地阅读文段,最后结合文段进行选项的分析。

(2) 明确做题顺序,定位原文。文章阅读中的题型都是片段阅读中的经典题型。在做题的过程中,我们应该遵循"先微观,后宏观"的做题顺序。微观的题目主要包括:语句衔接题、逻辑填空题、细节查找题以及词句理解题等,总的来说就是容易在原文中定位的一类题型；宏观的题目主要包括：主旨性的题目以及全文类型的细节判断题。在定位原文的过程中，应该有效利用题干问法中的关键词，例如"对文中'×××'理解正确的是"，这是很明显的词句题，我们需要在文段中找到"×××"，结合上下文进行分析和选择。而对于宏观性的题目，则需要我们重点分析文章的结构，关注首尾段，从而进行主旨性题目的选择。

◎评价——篇章阅读综合能力提升训练

1. 阅读理解能力综合考查。

[练习题]

（1）月球是地球唯一的自然卫星，也是人类目前唯一能够抵达的地外星球。利用这颗自然卫星开展对地球的遥感观测，有着诸多的优势和不可替代性。月球表面积远远大于任何的人造卫星，因而在月球上布设遥感器，不用考虑载荷多少、大小、重量等，可同时置放很多不同类型的遥感器，形成主被动、全波段同步观测的能力。对于观测大尺度地球科学现象——全球环境变化、陆海气相互作用、板块构造及固体潮、三极对比研究等会有深入的认识，并有可能观测到先前未知的科学现象。

对上述文字概括最准确的是：（   ）。

A. 月球比人造卫星更加适合布设遥感器
B. 月球对地观测有着天然的综合性优势
C. 月球有望能给空间对地观测带来革命
D. 月球开辟对地观测科学与技术新方向

（2）人眼为了看清不同距离的物体，需要不停地调节焦距，而眼睛调节焦距是通过调节眼球内晶状体的凸度来完成的。年轻时，晶状体有着良好的弹性，可以看清不同距离的物体。随着年龄增长，晶状体密度增加，弹性逐渐下降，调节的范围越变越小，因此就不能看清近处的物体。眼睛自身的调焦能力下降是正常的衰老退化现象，老花眼会随之出现，每个人都无法避免。近视者照样会老花，只是镜片度数不同而已。没有近视的老人得了老花眼，看远不用戴眼镜，看近才需要。而原有近视眼的人得了老花眼，看远仍要用近视眼镜，看近时就不一定了，因为近视眼和老花眼能够抵消"看近"的这一部分。而患上老花眼是板上钉钉的事实。

根据这段文字，下列说法中正确的是：（   ）。

A. 年轻时近视，到老了就不用戴老花镜了
B. 年轻时近视，到老了时近视度数可能会下降
C. 人年轻时如果近视，晶体状的密度就会增加
D. 患了老花眼的人，看远时不需要戴眼镜，看近时需要戴眼镜

（3）有圈内人士分析，国产儿童片经常被批评为"弱智"，其根本原因除了人才之外，还有理念问题，"国外早就把儿童电影当作合家欢的家庭电影，作为一个高效益的产业程序来制作。国外的家长买票和孩子一起看电影，是为了和孩子分享交流、释疑答惑，而国内的家长，只是为了安全。《喜羊羊》孩子看得高兴，家长一旁呼呼大睡"。

这难道不值得我们国内的电影人思考吗？

根据文意，"《喜羊羊》孩子看得高兴，家长一旁呼呼大睡"的现象说明：（　　）。

A. 国内家长对《喜羊羊》没有安全方面的担心

B. 国内家长缺乏"合家欢的家庭电影"的理念

C.《喜羊羊》的制作方和国内家长都缺乏"合家欢的家庭电影"的理念

D.《喜羊羊》的制作方缺乏"合家欢的家庭电影"的理念

（4）《史记》中《公仪休嗜鱼》说的是，公仪休在鲁国当丞相的时候特别喜欢吃鱼，有很多人投其所好送鱼给他，他一概不收。有人问："你为什么喜欢吃鱼却不收鱼？"他说，"我现在做丞相买得起鱼，自己可以买来吃。如果因接受了别人送的鱼而被免职，我从此就买不起鱼，也吃不起鱼了"。

这段文字意在说明：（　　）。

A. 贪欲猛如虎，贪欲如洪水

B. 人的性格各异，首先要寡欲

C. 做一个正直向上的人，首先要寡欲

D. 贪欲是把一个人推向不归路的助推器

（5）阅读下面的文章，并回答文后问题。

矛盾普遍存在于客观世界中，模糊性亦寓于万物运动之中。

鸡蛋可以孵鸡，当小鸡未啄出蛋壳时，总不能说它仍是蛋，亦不可称之为鸡，突变的事物会呈现短暂的模糊性，而另一些事物放到漫长的时间里考察也会使模糊性突出显现。铅块上放一比较大的金属球，短时间内它们均呈现出固体的属性，但经过长时间观察，又会发现金属球慢慢陷入铅块之中。若将上述两个过程用快镜头加以重映，则过去被看成固体的物质就出现了类似液体的属性。这里，固体与液体的界限变得模糊不清了。

处于昼夜之间的黎明或黄昏，门捷列夫周期表中介于金属与非金属之间的过渡元素，中医的脏腑辨证和脉象的浮沉迟数，都说明了客观世界的模糊性。科学的发展，也许会使这些模糊现象在某个层次上变得清晰起来，而在更深的层次上仍是混沌不清。

客观世界的模糊性反映在人脑中，便产生了概念上的模糊性；人又巧妙地利用自己建立的模糊概念进行判断、推理和控制，完成那些现代先进设备所不能完成的工作：人们几乎可以同样地辨认胖子和瘦子、美丽和丑陋；人们无须测量车速便可明智地躲过川流不息的车队；一行草书虽然大异于整齐的印刷字体，却照样可以被人看懂。

现实生活给模糊理论提出了无数研究课题，模糊理论力图用较为精确的数学语言和概念来描述现实中的模糊现象以及人脑中的模糊概念，如果说前人利用仿生学研究飞鸟而发明了飞机，那么当我们今天研制和应用计算机的时候，却不可忘记最优秀的仿生标本——人、人的思维、判断是那样巧妙，人的经验是那样丰富，人类如何将自己的智慧教给计算机，将自己的思维方法传授给计算机，甚至用自己的艺术修养及审美观念去"陶冶"计算机，使计算机具有更多的"人性"，这已成为模糊理论工作者肩负的历史使命。

①第二段中"若将上述两个过程用快镜头加以重映"所强调的意思是：（　　）。

A. 铅块和金属球的属性能用快慢镜头加以重映

B. 铅块和金属球的模糊性不容易被观察到
C. 突变事物的模糊性反映了两个运动过程
D. 模糊性有时表现在较长的运动过程中

②作者在说明"客观世界模糊性"的一项是:(　　)。

A. 小鸡刚刚啄出蛋壳而出世的时候
B. 金属球经过漫长的量变而显现出短暂的质变
C. 人们可以看懂书法家的草书作品
D. 中医的脏腑辨证和脉象上的浮沉迟数

③作者用来说明"人巧妙地利用自己建立的模糊概念"进行判断、推理和采取行动的事实是:(　　)。

A. 人们发现突变的事物会呈现短暂的模糊性
B. 人发现了介于金属和非金属之间的过渡元素
C. 人过马路可以明智地躲过川流不息的车辆
D. 人们利用仿生学研究飞鸟而发明了飞机

④下面对本文的理解,符合文义的一项是:(　　)。

A. 模糊性寓于万物运动中,客观世界是在模糊与清晰的矛盾之中发展
B. 模糊理论研究的是客观世界的模糊性,所以它要用模糊的语言进行描述
C. 将人类灵活巧妙的思维判断赋予计算机,有赖于模糊理论在更高水平上的应用
D. "人"能成为计算机的仿生标本,是因为人脑的模糊性大于客观的模糊性

⑤作者认为模糊理论工作者肩负的历史使命是:(　　)。

A. 用较为精确的数学语言和概念来描述现实中的模糊现象以及人脑中的模糊概念
B. 利用自己建立的模糊概念进行判断、推理和控制、完成那些现代先进设备所不能完成的工作
C. 人类如何将自己的智慧教给计算机的研究
D. 使计算机具有更多的"人性"

[参考答案]

(1) B。解析:文段首先引出月球这一话题,并且指出了利用月球对地球进行遥感观测具有诸多优势和不可替代性,接着具体列举了月球到底具有哪些优势,包括可以放置不同类型遥感器、观测大尺度地球科学现象、观测先前未知的科学现象等。所以文段的重点在于利用月球对地球进行遥感观测具有诸多优势和不可替代性。A项表述正确,但是只列举了其中一个优势,不够全面。B项是对文段重点内容的同义转述,保留。C项"给空间对地观测带来革命",D项"开辟对地观测科学与技术新方向",从原文中找不到论据,无中生有,排除。故本题选B。

(2) B。解析:根据文段"近视者照样会老花,只是镜片度数不同而已"可知,近视者到老了也是有可能要戴老花镜的,A项"不用戴老花眼镜"说法有误,排除。B项,根据文段"近视眼和老花眼能够抵消'看近'的这一部分",可知,"近视度数可能会下降"表述为同义转述,且"可能"表述比较弱化,符合从弱原则,B项正确。C

项，根据文段"随着年龄增长，晶状体密度增加"可知，年龄是晶状体密度增加的原因，而不是近视，C项表述错误，排除。D项，根据文段"没有近视的老人得了老花眼，看远不用戴眼镜，看近才需要"可知，题干是针对近视者得了老花眼的情况，而非D项表述的全部患了老花眼的人情况，故D项表述错误，排除。故正确答案为B。

（3）D。解析：这道题目如果根据前文"而国内的家长，只是为了安全"，很可能会理解为是家长的问题导致这个现象，当然也可能是电影本身的问题。那么到底应该归咎为谁？此时我们必须要从原文找答案，文段最后一句"这难道不值得我们国内的电影人思考"，"这"指代的就是问题中涉及的现象，"值得电影人思考"说明作者的指向是电影人，而不是家长。分析选项，A、B、C三项都说到了家长的理念问题，只有D项说的是电影制作方的问题，因此选D。

（4）C。解析：理解这段文字的寓意，关键是理解尾句。由这句可看出，要想经常有鱼吃，关键是要学会克制自己的欲望，不能因小失大，即要"寡欲"。A、D两项说的都是"贪欲"危害，没有从正面强调"寡欲"的重要性，不如C贴切。

（5）篇章阅读题参考答案：

①D。解析：题干问的是"所强调的是"，也即这句话的意图是什么，在第二段，文中提到"另一些事物放到漫长的时间里考察也会使模糊性突出显现"，为了说明这句话，举出铅块和金属球融合的例子。因此，这句话所强调的就是模糊性有时表现在较长的运动过程中，故正确答案为D。

②D。解析：文中第三段主要说明"客观世界模糊性"，且举了几个例子，其中就有"中医的脏腑辨证和脉象上的浮沉迟数"。A、B两项强调的是事物出现模糊性的时间短长，C项是说人脑中概念的模糊性而非客观世界的模糊性，故正确答案为D。

③C。解析：根据题干"人巧妙地利用自己建立的模糊概念"，定位到文中第三段，只有C选项的例子出现在第三自然段。A项说的是人们对客观事物模糊性的认识，而非对其利用。B项只是例证"客观世界的模糊性"，没有提到人们如何利用它。D项偷换概念，举的是以前人们利用模糊理论的例子，而非利用自己建立的模糊概念，因而与题干不符，故正确答案为C。

④C。解析：A项客观世界的发展与模糊和清晰的矛盾无因果关系，而是并列关系；B项中的"模糊的语言"是无中生有；C项文中最后一段说到"这已成为模糊理论工作者肩负的历史使命"，所以把人类的思维判断赋予计算机，还有赖于模糊理论在更高水平上的应用，故符合文义；D项中"人脑的模糊性大于客观的模糊性"文中并没有做这个比较，只是说"客观世界的模糊性反映在人脑中，便产生了概念上的模糊性"。故正确答案为C。

⑤D。解析：原文最后一句：使计算机具有更多的"人性"，这成为模糊理论工作者肩负的历史使命。故正确答案为D。

2. 自评与互评。

根据上面提供的参考答案，对"阅读理解能力综合考查"的答题情况进行自测，并根据评价结果，在今后的学习训练中侧重于某个单项能力或综合能力的提升。

项目二　申论阅读与写作

◎ **教学目标**

本项目主要通过申论例文的教学,引导学生认识申论,掌握申论的解题方法,锻炼学生写作申论的能力,提高学生写作申论的水平。

◎ **教学提示**

在教学过程中:一是通过对申论范文的分析,介绍申论写作要领;二是通过学生习作的对比分析,简评长处与不足,起到举一反三的作用;三是直接对学生习作进行修改并进行有针对性的点评。教师要注意发挥学生的主体地位和能动作用,可以采用分组讨论、师生研讨、课堂提问、给材料写作等形式组织教学,给学生以尽可能多的写作训练机会。

◎ **知识准备**

申论的阅读与写作技巧

申论考试是公务员考试的必考科目之一。它以给定资料为载体,测查考生是否具备从事机关工作的基本能力。申论考试形式比较特殊,具有鲜明的特点和较强的能力要求。要答好申论首先要了解申论的含义和考试的基本形式。

一、什么是申论

申论,并不是指某种议论文体裁的专称,而是指一种对公务员进行能力测试的载体。申论,取自孔子的"申而论之",即申述、申辩、论述、论证之意,也就是对给定的事件、材料、问题、现象、事理等进行分析和说明。它综合考查了应试者对给定资料的阅读理解能力、分析归纳能力、提出和解决问题能力以及文字表达能力。

简单地说,申论考试就是会给考生一些非常散乱的材料,经常是与某一社会现实问题相关的材料汇编,让考生从中发现问题,并运用基本理论知识分析和解决问题,提出解决问题的思路。也就是考查考生提出问题、分析问题、解决问题的能力。

由此可见,申论考试与一般的作文考试有相当大的区别,它是一种体现公务员岗位需求,具有模拟公务员日常工作性质的能力测试。它全面考察了考生处理各类日常信息的素质与潜能,具有更强的针对性和适应性。考试形式既严格又灵活。

有人认为,申论考的是写作,文笔好的人不用复习也没问题。有人又悲观地认为,自己平时从事的工作"不耍笔杆子",这次用这么大比重考申论,通过可是有困难。实际上,有写作基础的人未必答得好申论,而平时写作实践少,但分析、理解和处理问题能力强的人却更能在申论这一特殊的考试中取得好成绩。因为申论比一般性作文更贴近公务员的工作实际。

二、申论的基本形式

（一）考核能力要求

相对而言，申论试题结构比较规范，其一般形式是给出数段500～1200字的材料，总阅读量在7000字左右。要求应试者在阅读、理解资料的基础上概括资料所反映的主要问题，提出解决方案或对策，并就某些问题或对策进行论证。申论作为主观性试题，对大多数考生而言作答难度较高。申论主要考核的能力要求包括：

1. 阅读理解能力。要求全面把握给定资料的内容，准确理解给定资料的含义，准确提炼事实所包含的观点，并揭示所反映的本质问题。

2. 综合分析能力。要求对给定资料的全部或部分内容、观点或问题进行分析归纳，多角度地思考资料内容，作出合理的推断或评价。

3. 提出和解决问题的能力。要求借助自身的实践经验或生活体验，在对给定资料理解分析的基础上，发现和界定问题，作出评估或权衡，提出解决问题的方案或措施。

4. 文字表达能力。要求运用说明、陈述、议论等方式，准确规范、简明畅达地表述思想观点。

（二）申论试卷构成

申论考试的形式经过多年发展，逐步趋于稳定。通常由试题本、答题纸、草稿纸三部分构成。试题本通常包括以下几部分：

1. 注意事项：说明答卷的要求、时间限制、提出指导性建议。一般的申论考试用时150分钟。建议的阅读材料时间40分钟，答卷110分钟。

2. 给定材料：给定材料是申论整个试卷中所占篇幅最大的部分。通常会给定若干则材料，每则材料通常都会围绕此次申论考试的主题，从不同的角度分别进行阐述。每则材料的字数不等，段落数量也不固定，有的材料由若干自然段组成，字数较多，有的则可能只有一段，字数相对较少。另外，每则材料均以序号标明次序，属于一个意群，基本上都在说明一个问题。材料的字数一般为6000～7500字，则数不定，少则5则，多则16则。

申论考试给出的材料一般是"半成品"，这些材料有的是按照时间顺序排列的，有的根本没有顺序可言，凡是围绕某个问题的方方面面的材料都给提供出来了。这些材料中有的反映了主要问题，是有用的，有些完全是没用的。要求应试者必须仔细阅读，深入理解，透过纷乱的现象抓住材料所反映的问题的实质。

一般的申论考试材料涉及的内容非常广泛，以北京市公务员考试申论试题特点来分析，主要体现三个特点：一是侧重社会民生。社会领域的问题，如智慧城市建设、老旧小区改造、住房租赁市场、劳动教育、职业教育发展等。二是聚焦城市发展。体现了北京建设国际一流的和谐宜居之都，城市可持续发展、城市总体规划等一系列政策理解的考查和城市发展主题的反思。三是彰显本地特色。试卷中包含大量北京时事，北京政策方针，本地特色浓郁。备考过程中，应该关注近两年当地政策动向及新闻热点，积累相关热点素材。

3. 申论要求：该部分是对应试者如何运用给定材料分析与解决问题的明确的和直接的要求，是申论考试的核心部分。包含作答范围、作答任务、作答条件和作答分值。

（1）作答范围：考生作答时，选取要点的范围。通常会指定，如"给定材料4"。

（2）作答任务：考生在作答中需要完成的任务，如要求以假定身份（如某政府部门工作人员），根据指定材料，撰写关于某一问题的指定文种。

（3）作答条件：答题在内容、语言、格式以及字数上的要求，如"内容全面、建议合理可行，条理清晰，语言简练，字数不超过350字"。

（4）作答分值：该题目分值。

（三）申论题型分析

经过多年发展，申论的主要题型已基本固定为5种。每一年的考试中，并非所有题型均会出现，命题者会根据申论能力考查的重点，选择其中几种题型，尽量全面地对考生的能力进行考核。

1. 归纳概括题：这是申论的基础题型，基本是"逢考必出"。通常是对给定材料进行理解、分析、整理、归纳、概括、综合，并用限定的篇幅（一般不超过300字）概括出所给背景材料的主要问题或主要内容，分值在20分左右。例如，2019年北京市公务员录用申论考试第1题要求："根据给定材料，概括北京市近年来在基层社会治理方面的主要做法。要求准确全面，语言简练，字数不超过300字，分值20分。"

2. 综合分析题：这是重点考查考生的综合分析能力，出现频率也较为频繁，问法灵活多样，是申论考试中难度较高的一种题型。通常所占分值是15~20分，要求作答字数在300字左右。例如，2019年北京市公务员录用申论考试第2题要求："对给定材料3中画线部分蒋师傅的想法，谈谈你的看法。要求观点明确，分析合理，字数不超过250字，分值15分。"

3. 提出对策题：考查考生提出和分析问题的能力。一般对策分析题分值在20~25分，作答字数通常要求不超过400字。通常该类题型会给定一个假定身份，就某一问题直接提出对策。因此不能脱离题目给定的假定身份随意发挥。要注意提出的对策合理可行，而且答题需要注意逻辑结构。例如，2018年北京市公务员录用申论考试第3题要求："假如要将材料5中提到的某街道作为北京市老旧小区改造工程的试点，如果你是该街道办事处的工作人员，请你提出推动街道老旧小区改造工作的思路。要求内容全面，合理可行，条理清晰，语言简练，字数不超过350字，分值25分。"

4. 应用文写作题：该题型重视考查考生的"提出和解决问题的能力"，命题中不仅会通过提出对策题考查该能力，也会利用应用文写作题测试这一能力。这类题型通常分值为25分，要求写作字数不超过400字，写作内容通常是"建议类"，并不考查应用文格式。作答时一要注意"建议合理可行"，二是"条理清楚"，注意行文结构，保证作答的条理性。例如，2019年北京市公务员录用申论考试第3题没有出提出对策题，却出了应用文写作题，要求："假如你是Q镇政府一名工作人员，根据给定材料4，撰写一份关于Q镇建设传统民俗文化旅游特色村的建议提纲。要求内容全面，建议合理可行，条理清晰，语言简练，字数不超过350字，分值25分。"

5. 文章论述题：该题型是考生综合素质的集中体现，也是最容易拉开分数档次的题型。所占分值最高，通常为 40 分，要求撰写的材料字数在 800~1200 字。可以是给出话题，要求考生自拟题目，撰写一篇文章。要求观点鲜明、正确，分析深入、合理，因此考生应尽可能提出富有新意的正确观点，采用分析问题、评论问题等偏重于分析的结构来行文。例如，2019 年北京市公务员录用申论考试第 4 题要求："结合给定材料，围绕精心规划和用心治理，联系实际，自选角度，自拟题目写一篇文章。要求观点鲜明、正确，分析深入、合理，语言流畅，字数控制在 800~1200 字，分值 40 分。"

了解了申论的含义和考试形式，我们重点来谈谈申论的解题思路和技巧。尽管申论是以能力考查为主，提高能力非一朝一夕之功，但我们总结一些申论的答题经验，掌握一些答题方法，还是有利于熟悉申论题型，更好地发挥水平的。

三、申论的解题思路与答题技巧

无论每次考试的题型如何变化，根据能力考核要求，在申论考试的过程中，一般都需要经过阅读材料、概括材料、提出对策、进行论证四个基本环节。这四个环节环环相扣，不可逆转。

（一）阅读材料

这是申论考试最基础的环节，是完成其他任务的前提条件。为了把握这个基础环节，以下几点需要注意：

1. 充分利用阅读时间，细读、精读。要全面准确地理解和掌握材料的全部内容及其蕴含的深层含义，决不能囫囵吞枣，只匆匆看过一遍就急于答题。必须利用充足的时间进行阅读，才能把握事件的性质，概括出反映的主要问题。否则，就会眉毛胡子一把抓，找不准问题，甚至离题万里。找不准问题，就等于找不到提出对策和进行论述的目标，很可能导致申论考试的失败。

2. 读什么？通过阅读材料至少应弄清楚给定材料是关于什么问题的，也就是材料的主要倾向是什么？赞成什么、反对什么？材料的主要内容有哪些？需要把材料中的事实上升为观点，由具体问题上升到本质属性，把一堆杂乱无章的材料进行分类，发现事物间的内在联系。

阅读之前要有问题意识，要把杂乱无章的材料看成一个整体。不论考试题目有什么要求，总是离不开三个问题，即原因、现状、对策。分析材料的时候要问自己五个问题：

（1）材料反映的主要问题是什么？

（2）材料与材料之间的逻辑关系如何？

（3）问题的表现是什么？

（4）问题的根源是什么？

（5）对策是什么？

这一环节的具体解题方法可以分以下几步：

第一步：先看申论要求，带着问题读。

看是要求概括主要问题还是主要内容，判断材料的类别和内容分类。要求概括主要问题的，应该注意总结经验或教训，特别是总结教训，发现材料中反映的问题领域中影响较大、需要改进的问题。要求概括主要内容的，则需要对材料进行归纳整理、全面概括。

看是否明确提出了假定身份。常见的形式是在提出对策时，出题者为应试者设定一个假定身份，如政府调研员、某部门的工作人员。如果制定了假定身份，必须注意站在假定身份的立场上分析处理问题，提出相应对策，语言风格也要符合假定身份的要求。如果没有明确提出假定身份，则以一名普通公务员的身份来思考和回答问题。

看是否指定了文章论述题，也就是申论"大作文"的文体。申论"大作文"具有文体的非限定性特点，可能会要求应试者写调查报告、讲话稿、情况说明、实施方案等应用文体或者公文。应试者要注意文章的格式和语体风格符合相应文体的要求。如果不指定问题，一般情况下我们应选择最便于分析问题、阐述观点的议论文。

第二步：梳理。

浏览第一遍，确定材料的主要内容涉及社会领域的哪个层面，把头脑中相关的知识储备调动起来。

浏览第二遍，逐段用3~5个字，最多不超过10个字概括段意。注意勾画出重点段落、关键词句，特别是重点勾画出说明和评议性语段，如专家、领导、权威部门的观点。

浏览第三遍，精读重点语段，在语段旁空白处随时记下自己的认识、体会和具体想法。

第三步：归类。

合并同类项，把内容相同、相近或相关联的段落合并后进一步归纳段意。要求概括主要内容的，要按照材料反映的内容分类；要求概括主要问题的，可以按照背景、现状、后果、原因、对策列出分类提纲。这一步非常重要，是彻底读通读透文章、掌握材料本质的关键。

第四步：排序。

仔细分析分类后各部分材料的性质及材料之间的关系：首先可以考虑将材料中的"现状"加上"后果"，就是材料所反映的影响较大、需要改进的问题。然后分析导致这一问题产生的原因，特别是导致问题产生的根本原因，这是找到主要问题的关键。

依照分析的结果，将分类好的材料按照一定顺序理顺材料之间的逻辑关联，组织好语言，为概括问题做准备。通常我们应注意一下逻辑顺序，如问题的主要、次要方面；先原因后结果；解决对策排列顺序要先急后缓、先治标再治本。

(二) 概括材料

概括主要问题（主要内容）是一个重要的承上启下的环节，在深入分析所给材料的基础上，找出本质性的东西来，在众多问题中找出主要矛盾，找出形成矛盾的主要原因。概括材料应注意力求准确全面，涵盖材料的主要内容，不要有重要遗漏；要深刻到位，避免就事论事，停留于表面。表述要求语句精练，简明扼要，不冗长，不啰唆。一般不直接引用具体事例或数字。字数只能在限定字数的10%以内上下浮动，过高或过低原则上都要扣分。

归纳概括题常见的两种形式为：

1. 概括式：一个总述句、一个分述句加一个理论句。

(1) 总述句。"这则材料反映的主要问题是"。

（2）分述句。"导致这一问题的主要原因是"（分别用短句概括）或者"主要表现为"（也用短句概括）。

（3）理论句。"它说明"（这一问题的实质、影响和意义等）。

2. 总分式。"这份材料反映的问题主要集中在：（1）……（2）……（3）……"。

（三）提出对策

针对提出的问题，找出解决问题的对策。重点考查考生的思维开阔程度、探索创新意识、应变和解决问题的能力。

1. 要求：

（1）提出的对策要切实可行，杜绝空话套话。

（2）注意"三定"的要求：在给定的资料范围和条件内写作；用给定的虚拟身份写作；以限定的篇幅完成。

2. 对策的结构上要体现：

（1）针对性：前面提到哪些问题，这里就分别提出对策，注意不要遗漏。

（2）条理性：提出的对策条理分明，一个条目就是一个对策，不能笼统地写在一起。可以采用"第一、第二""首先、其次""一要、二要""一是、二是"。条目之间要分段排列。

（3）可行性：要留有余地，不要把话说死；要切实可行，不要说空话、套话。

3. 内容上：应该注意运用与该问题反映的监管工作的相关法律法规、理论成果、上级精神以及实践工作经验和个人的创新意识来提出解决对策。

（四）进行论证

这部分通常就是申论考试中的最后一题，即申论"大作文"。这是申论命题的考查重点。

1. 要求：充分利用好给定的材料，科学地、逻辑严密地进行论证。做到信息传输准确无误、文字表达简洁规范，写作条理分明、论点论据协调一致。

2. 标题的拟定。

（1）要求。

①旗帜鲜明，准确精当：必须与内容相契合，不能让人看后不知所云或产生歧义。

②生动贴切：读起来铿锵有力、朗朗上口。

③内容丰富：最好就是材料反映的本质问题，而且题目最好直奔主题，并能具体表明应试者的中心观点。

（2）形式。

①陈述式，直接揭示主旨，如《天下无难事》《责任重于泰山》。

②指出内容范围，如《关于MBA的思考》《论环境保护和经济发展的关系》。

③设问式，让人产生悬念，引发读者思考，如《你能承受多大的噪声？》。

④贴近材料，使用文中常见的词语，如《切实提高社区管理能力》。

3. 论述问题的基本步骤。

审题：仔细阅读论述问题部分的具体要求。

立意：确定观点、角度和题目。

定纲：在分类提纲的基础上草拟出写作提纲，包括文章的结构、层次、基本脉络。最好写出简单的文字稿，以便全面检查修改和补充。

成文：正文写作建议使用三段式：提出问题—分析问题—解决问题。在分析问题和提出解决方案时，采用分条列项的方式，或者使用段旨句，语言简明平实。

检查：检查疏漏，杜绝错字、漏字和标点使用不当的现象。

4. 一般的论证思路。

第一部分（提出问题）：概述材料内容，引出主要问题，提出具体观点，表明态度。

第二部分（分析问题）：分析产生这一问题的背景或导致这一问题产生的原因。

过渡：如不及时解决，任其发展下去的后果。（强调解决问题的重要性和紧迫性）

第三部分（解决问题）：提出解决对策，分条列项，每段都使用段旨句。

结尾：提出希望发出号召，再次表明观点。

[范文]

2016 年北京市公务员考试《申论》试题

一、注意事项

1. 申论考试与传统的作文考试不同，是分析驾驭资料的能力与表达能力并重的考试。

2. 作答参考时限：阅读资料 40 分钟，作答 110 分钟。

3. 仔细阅读给定的资料，按照后面提出的"作答要求"依次作答在答题纸指定位置。

4. 答题时请认准题号，避免答错位置影响考试成绩。

5. 作答时必须使用黑色钢笔或签字笔，在答题纸有效区域内作答，超出答题区域的作答无效。

二、给定资料

1. 2015 年 8 月 3 日，教育部、共青团中央、全国少工委联合印发《关于加强中小学劳动教育的意见》（以下简称《意见》）。《意见》明确指出，义务教育阶段三至九年级要切实开设劳动与技术教育课，高中阶段要开好通用技术课。地方和学校可结合实际在地方和校本课程中加强劳动教育，开设家政、烹饪、手工、园艺、非物质文化遗产等相关课程。积极组织开展校内劳动，普及校园种植或养殖，进行手工制作、电器维修等实践活动。小学、初中、高中每个学段都要安排一定时间的农业生产、工业体验、商业和服务业实习等劳动实践，还要鼓励学生积极参加家务劳动。力争用 3~5 年时间，推动建立课程完善、资源丰富、模式多样、机制健全的劳动教育体系，形成普遍重视劳动教育的氛围。

劳动创造了人类，创造了世界，创造了文明。劳动是人维持自我生存与自我发展的唯一手段。按照传统的劳动分类理论，劳动可分为脑力劳动和体力劳动两大类。上述《意见》所言"劳动教育"中的"劳动"，特指需要一定体力和技能的体力劳动，主要通过家务劳动、生产劳动和公益劳动等方面来实施。加强中小学劳动教育，旨在使学生树立正确的劳动观点和劳动态度，尊重和热爱劳动和劳动人民，养成劳动习惯和珍惜劳动成果，努力把广大少年儿童培养成热爱劳动、勤于劳动、善于劳动的高素质劳动者，使之成为全面发展的社会主义事业的建设者和接班人，这是党和国家对教育的根本要求。其实，劳动教育曾是我国学校教育的传统。20世纪我国几乎所有的大中小学校都开设了劳动课。之后劳动课在边缘化的过程中纷纷被取消。而今随着学生素质教育的推进，劳动教育又将回归校园。

有专家指出，当前一些学校缺乏设备、场地和师资，有的学校将劳动教育只看作春游、秋游和参观，有的把劳动当惩罚手段，劳动多教育少，忽视劳动观念和劳动习惯的培养，如果指望这样的劳动技能课来拯救"劳动教育"，恐怕"路阻且长"。

2. 刚刚调任某中学的章校长，一来就发现校园的卫生状况不好，地上总有塑料袋和纸屑，学生宿舍卫生就更不如人意了。经了解，原来学生宿舍的卫生是"外包"的——向学生收取一定的费用，由学校聘请保洁员打扫。于是他提出：学校各区域的卫生打扫最好少用甚至不用保洁员，应最大限度地由学校学生自己来完成。一些教师提出异议："学生学习任务那么紧张，哪有时间来做卫生""学校把学生的学习成绩搞上去才是首要任务""学校曾实行学生负责划片区域的卫生工作，但有家长反对，还自己请假到学校来代替孩子做卫生"……不过，经过多次沟通和解释，章校长的主张还是得到了大家的认同，把这些劳动任务交还给学生。这样的举措到底有没有促进学习，的确难以评估，但另一个结果却呈现在大家面前——学校的卫生面貌得到极大改善。

老郑是一名基层公务员，他常常引经据典论证自己的教子思想："孟子曰'劳心者治人，劳力者治于人。治于人者食人，治人者食于人'。所以要让孩子成为'治人者'，必须让孩子好好读书。"他强调说，"万般皆下品，唯有读书高"。他一直教育孩子要努力学好文化课。他不让孩子做家务活，让他一心扑在学习上，考个好大学，将来找个赚钱多的轻松工作。"现在看来，希望落空了，成了'泡影'。"他有些沮丧地抱怨正上高一的儿子"不争气"，"现在学习成绩不好，考不上理想的好大学了，勉强考个职业技术学院，毕业了也只能干一些起早贪黑、流汗挣钱、弯腰曲背的体力活了"。

张女士在一次家庭教育经验交流会上表示，自己教子的最大心得是让孩子学会了劳动自理。孩子三四岁时，她就要求儿子整理玩具、浇花、喂宠物等，上一年级后就让他帮着洗碗、扫地等。"小学阶段，只要看完书，写完作业，他总会很乐意帮我擦玻璃、楼梯，洗碗就更不在话下了，他的脏袜子每次自己随手就洗好了。上初中以后，自己骑车上学、回家。赶上雨天，有时被淋得浑身湿漉漉的，有时冬天回到家时手被冻得通红，像冰锤一样凉。有时我心里也有不忍。不过也正是因为长期坚持劳动、骑车，孩子体质很棒，运动与舞蹈动作协调，生活中阳光快乐，学习中能自觉自律，学业成绩也很优秀。我认为，这些都得益于他的劳动习惯和吃苦精神。"

3. 2015年8月27日，教育部修订印发了《中小学生守则》，对中小学生提出了"勤劳笃行乐奉献"的要求和"自己事自己做，主动分担家务，参与劳动实践，热心志愿服务"的具体行为规范。据北京市家教会对某小学三年级一个班的调查，该班44名学生中，家长每天给整理书包的占39%，家长给洗脸洗脚的占52.3%，家长给穿衣服的占59%。某县妇联对该县一所重点中学初一年级学生的调查结果表明，从没有洗过一件衬衫的79%，不能煮好一锅白米饭的84%，不会和不敢使用电饭锅、液化气炉的占67%。对此，家长的反应不一："孩子小不懂事，让他做会越帮越忙""孩子大了自然会""孩子以后有出息，请个保姆就行了"，等等。据某中学调查，90%的中学生认为自己会参与一些力所能及的家务活，但是在调查父母时却发现，仅有30%的父母相信自己的孩子能真正帮自己做家务。72%的学生认识到体力劳动和脑力劳动都是劳动，56.2%的学生认为社会上没有最低贱的劳动，但只有6.8%的学生愿意将来做一个有技术的工人或农民。

4. 美国中小学规定各年龄段学生都要承担相应的家务劳动，如折叠洗净的衣物、给植物浇水、擦拭家具、整理冰箱里的食物、拖地板、洗汽车、用割草机割草等，家长会给予一定报酬，"要花钱，自己挣！"美国南部一些州的中学还规定"学生必须不带分文，独立谋生一周方能予以毕业"，将劳动课与培养学生独立适应社会生存的能力相结合。

俄罗斯的小学生要学习材料加工技术、食品制作、管理房间、使用计算机等；初中学生要学习设备材料与机器零部件的加工、家政艺术、缝纫、食品、手工艺、维护修理、情报信息技术等；有的学校还要求女生学习烹饪，男生学习使用各种工具；高中学生要学习家庭经济学、生产和环境保护、社会劳动和职业选择、技术创作等选修课。

5. 劳动技术教育是把劳动教育与工农业生产、社会服务性劳动的技术教育结合起来，既有利于促进学生德智体美等方面的全面发展，也为他们将来的就业准备一定的条件。因而劳动技术教育可与职业技术教育紧密结合或在某些方面融为一体，通过职业教育来培养具有良好的实践能力和动手能力的劳动者。

我国职业教育是国民教育体系和人力资源开发的重要组成部分，肩负着培养多样化人才、传承技术技能、促进就业创业的重要职责。2014年2月26日，国务院常务会议专门部署加快发展现代职业教育。6月23日，国务院召开全国职业教育工作会议，明确到2020年形成适应发展需求，产教深度融合、中职高职衔接、职业教育与普通教育相互沟通，体现终身教育理念，具有中国特色、世界水平的现代职业教育体系。国家对职业教育如此重视，令人备受鼓舞，不过网友们在欣喜之余，对职业教育的发展也表达了自己的看法。

网友A：我是一名高职的大专生。我们被普遍认为是低等生，职业教育总被认为是"二等教育"。在我们这里，一些用人单位在招聘时特别强调第一学历、第二学历，有的用人单位直接规定被聘人必须是本科"名校"出身或持有研究生以上学历的毕业生，这对我们职教毕业生的职业发展是不利的。虽然国家对职业教育也越来越重视，但是技工工作累、环境相对不好，社会地位也不如人意，谈何就业的"发动机"呀？

网友B：我是农村职业教育的一员，深刻了解农村职业教育的苦痛！农村职业学校设施远远落后于时代！我们学校教师不够，硬件设备更是缺乏，学生每天在黑板上学开车、搞电焊、预防病虫等，农村职业学校教育急需得到改善！

网友C：职业教育教不出扎扎实实的一技之长就是失败。去年我校好不容易引进了2位教师，都是博士，不过他们学历虽高，可在大学没真正去干过活，上课只能是书本中来、口头上去，如何教出高技能的人才？

网友D：现在大学扩招，普通高中扩招，使职业教育出现了"生源荒"。有的中等职业技术学校为争抢生源，搞有偿招生。有的地方采取地方保护主义政策，只允许学生在本县辖区的职业中专就读。有的地方用行政强制手段下达指标，完不成任务的实行考评一票否决。更令人忧虑的问题是，有的中等职业学校还没办好，质量上不去，就急于升格到大专，急急忙忙由职高转办高职，这很值得注意！

网友E：现在要想找一份好工作至少要有本科学历，我用了17年时间从中专、委培、本科一直读到研究生，现在选择到职业学校当教师，也是对职教学生缺乏上升通道的困境感同身受。目前，在职教体系内最高只能上到高职，极个别可以升本科的专业，升本的比例也非常低。在崇尚高学历的大环境下，职业教育出现"就业火"与"招生冷"并存的状况。

6. 每天午夜零点，京港地铁十四号线钢轨探伤工陈宁都要和同事一起排查钢轨的安全隐患。"这就像给钢轨做'B超'，每个信号声都不能掉以轻心"，小陈说。像小陈这样的技能型劳动者，正在成为中国经济社会转型中"最重要的人"。统计显示，我国技能劳动者仅占就业人员的19%，高技能人才的数量不足5%。现在，部分企业招工难不仅仅在春节后出现，而是从年头到年尾，"常年缺口在20%到30%"，山东某路桥公司的董事长说。

2015年5月10日，以"支撑中国制造，成就出彩人生"为主题的首届"职业教育活动周"在北京举行全国启动仪式。每年5月第二周举行"职业教育活动周"，目的是要在全社会弘扬"劳动光荣、技能宝贵、创造伟大"的时代风尚，形成"崇尚一技之长、不唯学历凭能力"的良好氛围。

据统计，职业院校毕业生现已占到新增就业人口的60%以上，特别是在加工制造、高速铁路、城市轨道交通、民航、现代物流、电子商务等快速发展的行业中，新增从业人员已有70%以上来自职业院校。职业院校成为高素质产业大军的重要培养基地。目前我国共有职业院校13300多所，在校生近3000万人，每年毕业生近1000万人，累计培训各类从业人员2亿多人次，职业教育和培训培养出的一大批高素质劳动者和技术技能人才成为了实体经济发展的中坚力量。

7. 有记者调查发现，2014年北京很多行业蓝领劳动者的工资已超出普通白领的工资，如搬运工、拌凉菜师傅、拉面师等的月薪早就超出了五六千，更不用提耳熟能详的月薪动辄就过万的月嫂、速递员了……不过，记者也发现，蓝领劳动者要想拿到高薪，没有一定的技术是肯定不行的。那些从事很有"技术含量"工种的工人，需要经过职业技术学校学习或者学徒阶段的历练才能合格。北京市人力资源和社会保障局的一位负责人指出，这种蓝领高薪的趋势肯定是未来的发展方向，要给辛苦的工作以相对较高的报酬，脑力体力之间因为社会分工不同造成的收入差距进一步缩小，这也是一种社会进步的表现。国外蓝领的收入高于白领并不鲜见。有数据显示，在德国，工匠与本科生是同一等级，约60%的年轻人会选择参加职业培训，高中毕业、有条件申请上大学的德国年轻人中，有29%的人放弃了上大学而选择了职业技校。在澳大利亚，发电站操作员、矿场爆破工人的年薪也是轻易可突破10万澳元，而大学会计专业的毕业生起薪大约也只有3万~4万澳元。

8. 有句俗话说"养儿防老",然而目前社会上却出现了"养儿啃老"的现象。从美国留学归来的小易在家中已经待了5个年头了。2010年回国后,小易也找过工作,但薪资少和工作辛苦让他不满意,于是就放弃了。小易对记者直言:"我也不想这样,但美国竞争激烈,国内条件又不好,现实让我很失望。其实,我的理想是要当个明星,高一开始我就参加了各种选秀,牺牲了节假日,向老师请病假去辛苦赶场,希望能脱颖而出,成为走红明星,可惜没能圆梦啊。其实,现在什么工作我都不喜欢,最理想的工作就是待在家里上上网。"有专家指出,懒惰、敷衍和厌倦是影响劳动积极性的天敌,当它们占据上风的时候,我们便失去了渴望,消退了激情,不愿尝试,自然也就失去了劳动的快乐。

有专家表示,同样的劳动,因为人们对劳动的价值认可与理解不同,就会有完全不同的状态、动力和收获。有这样一个故事:三个石匠在一个工地上錾石头,有人问第一个石匠,你在干什么?这个石匠麻木冷漠地回答,我在錾石头。问第二个石匠,你在干什么?这个石匠疲惫地说,我在为人干活养家糊口。问第三个石匠,你在干什么?这个石匠目光灼灼地说,我在盖一座宏伟的大厦。如果简单地把劳动作为谋生的手段、看成"苦役",痛苦与漠然自然会在心灵中占领更多地盘,日复一日,就会感到辛苦、乏味和折磨,不堪重负。从这点来看,疲惫并不一定来自你所从事的劳动,而是来自你内心对劳动的看法。当然,要使人们从劳动中获得快乐,不仅是个人的事,也是社会的事,社会应该提供更加公平的劳动条件和分享劳动成果的机制,营建热爱劳动、尊重劳动、崇尚劳动、反对好逸恶劳的环境。

9. 2015年"五一"劳动节,中央电视台《大国工匠》节目讲述了八位工匠"8双劳动的手"所缔造的"中国制造"的神话。他们数十年如一日地追求着职业技能的完美和极致,靠着传承和钻研,凭着专注和坚守,成为自己所在领域不可或缺的高技能人才。例如,高级技师胡双钱的手,30多年来创造了手工打磨过的零件百分之百合格的惊人纪录,这些"前无古人"的全新零部件被装在中国新一代大飞机C919的首架样机上。高级捞纸技师周东红的手,捞出晒成的宣纸每张重量误差不超过1克,30年来始终保持着成品率100%的纪录。港珠澳大桥钳工管延安要在完全封闭的海底沉管隧道中安装操作仪器,他做到了接缝处间隙零缝隙,只有初中文化的他,全凭自学成为这项工作的第一人。高级技师宁允展是中国第一位从事高铁CRH380A列车转向架"定位臂"研磨的工人,被同行称为"鼻祖",而从事该工序的工人全国不超过10人。

"大国工匠",匠心独运,精益求精,闪耀着劳动之美的光辉。在他们高超技艺的背后是坚忍不拔的品质、追求卓越的恒心、钻研创新的执着与甘于奉献的精神,而这也是社会主义核心价值观中"爱岗敬业"的具体体现和生动实践。热爱劳动、勤于劳动的精神与核心价值观高度契合,使核心价值观更接地气。热爱劳动一直是中华民族勤劳勇敢优秀传统美德的集中体现,是无产阶级及其所代表的广大劳动者基本价值的体现。幸福美好的小康社会、富强民主文明和谐的社会主义现代化国家,都要靠劳动、靠劳动者去创造。

2014年10月10日,正在德国访问的国务院总理李克强向德国总理默克尔赠送了一份"神秘礼物"——鲁班锁,一种从中国古代流传至今的益智玩具,解开这把锁,寓意解开难题。制造这把鲁班锁的是3位90后小伙儿，他们就读于天津中德职业技术学院。有评论认为，中国年轻的职业技术学院的学生，未来新型的产业工人，用自己的技艺和热情作出了这把精巧的"鲁班锁"，并经由中国总理之手传递出"中国制造"的信心。

三、申论要求

1. 根据给定资料，概括说明当前我国提出加强中小学劳动教育的主要背景。（20分）

要求：概括准确全面，语言简练，字数不超过300字。

2. 根据给定资料，结合社会实际，分析让孩子从小爱劳动、会劳动有什么社会意义。（15分）

要求：分析合理，条理清晰，语言简练，字数不超过200字。

3. 假设你是A市教育局的一名工作人员，如果"资料5"中网友们提出的问题都出现在A市职业教育中，请你就如何加快发展A市职业教育撰写一份工作建议提纲。（25分）

要求：建议合理可行，内容全面，条理清楚，语言简练，字数不超过350字。

4. 根据给定资料，结合当前实际，以"用劳动成就_____"为题，题中画线部分自拟，自选角度，写一篇文章。（40分）

要求：主题明确，内容充实，结构合理，语言流畅，字数控制在800~1000字。

[参考答案]

1. 根据给定资料，概括说明当前我国提出加强中小学劳动教育的主要背景。

解析：应重点针对社会上忽视、轻视劳动，不重视职业教育发展，不重视劳动课的建设和教学条件保障等方面存在的问题，从学生、家长、学校、社会几个层面归纳概括。

2. 根据给定资料，结合社会实际，分析让孩子从小爱劳动、会劳动有什么社会意义。

解析：应通过分析归纳材料中部分重视劳动教育的国家、学校、家长和学生本身的做法和对学生全面发展、健康成长的益处，从促进学生成长、符合教育要求、推动国家发展等几个方面，按照逻辑顺序进行总结分析和归纳。

3. 假设你是A市教育局的一名工作人员，如果"资料5"中网友们提出的问题都出现在A市职业教育中，请你就如何加快发展A市职业教育撰写一份工作建议提纲。

解析：注意要求撰写的是提纲，因此应简明扼要。针对资料中关于职业教育的论述，从职业教育的现状和问题、大力发展职业教育的意义以及针对问题提出的可行性建议三个部分展开。注意建议部分，仍然需要注意从加大宣传、形成氛围；到政策支持，加强监管，深化职业院校办学改革；再到加大投入，完善保障体系，扶持农村职业教育；最后要健全贯通培养体系，中高本有效对接，完善职业教育与培训体系，这样一个逻辑顺序，分层列项，扼要论述。

4. 根据给定资料，结合当前实际，以"用劳动成就_____"为题，题中画线部分自拟，自选角度，写一篇文章。

用劳动成就民族未来

劳动，是人之所以为人的最本质体现。劳动促进人类发展、推动社会进步、催生世界文明，可以说，劳动是人类改变世界的必然途径，也是世界上最伟大而光荣的活动！

在伟大祖国实现全面建成小康社会，大步迈向建设社会主义现代化国家的新征程上，劳动的价值不言而喻。然而，我们不得不面对这样的现实：一方面，"万般皆下品、唯有读书高"的传统思维，仍然在束缚着人们对劳动价值的理解和认识。社会上一些人还是存在歧视体力劳动、轻视技术工种的错误认知，社会、学校、家庭甚至学生本身，都对劳动教育重视不够。另一方面，培养劳动者的职业教育面临着办学困境。职业教育，特别是农村职业教育基础设施落后、职业教育院校生源不足等问题依然严重，导致高素质技术技能人才紧缺。

这样的现状，怎能培养出社会主义事业合格的建设者和接班人？关乎未来的劳动，怎样才能走出一条披荆斩棘之路？

首先，必须转变观念，树立对劳动的正确理解与认知。"理者，物之固然，事之所以然也。"理念的转变是一切行动的前提。习近平同志曾经指出，"要在全社会弘扬劳动光荣、技能宝贵、创造伟大的时代风尚，形成崇尚一技之长、不唯学历凭能力的良好氛围"。而这种理念的转变，需要"从娃娃抓起"，学校、家庭都应该承担起不可推卸的责任。一方面，教育行政主管部门要推动完善中小学劳动教育体系，不断完善课程、创新模式、健全机制，将劳动课与参与适应社会生存能力培养相结合，把德智体美劳全面发展作为人才培养的"金标准"。另一方面，家庭教育也要发挥起劳动教育的主阵地作用，要明确不同年龄段青少年参与、从事适当劳动的类型、时长和考核标准，用法规、政策引导各个家庭重视劳动教育，尽快形成全社会尊重劳动、热爱劳动的良好氛围。

其次，必须加强职业技术教育，有效培养国家所需的技术技能人才。职业技术教育作为与普通教育同等重要的不同类型的教育，不仅能够为学生德智体美劳的全面发展提供基础，更加关系着我国产业结构的创新转型，关系着"2025中国制造"宏伟目标的实现。以北京市为例，城市功能的四个定位使首都对技能型人才"求贤若渴"。因此，政府应该增加投入，健全职业技术教育法律制度，完善职业教育基础设施、完善"适应发展需求、产教融合、中职高职衔接、职业教育与普通教育沟通"的终身教育体系。只有建设全社会都认可的，世界一流、中国特色的高质量职业教育体系，中国职业教育才能为参与职业教育者提供终身可持续发展的教育基础和发展动力，才能为民族复兴的伟大中国梦的实现提供源源不断的优质人力资源保障。

我们要骄傲地向世界呼喊，劳动者是最美的人！劳动是最光荣的事！

伟大的中华民族，依靠辛勤劳动铸造了五千年灿烂文明，也依靠勤劳的双手冲破了百年的黑暗。劳动也必将成就中华民族更加美好的未来！

综合训练——《申论》模拟试题①

一、注意事项

1. 申论考试是对应考者阅读理解能力、综合分析能力、提出和解决问题能力、文字表达能力的测试。
2. 作答参考时限：阅读资料40分钟，作答110分钟。
3. 仔细阅读给定资料，按照后面提出的"申论要求"依次作答。

二、给定资料

1. 近日，由中办、国办正式下发《关于加快构建现代公共文化服务体系的意见》（以下简称《意见》）强调，要按照全面建成小康社会的总体要求，构建体现时代发展趋势、适应社会主义初级阶段基本国情和市场经济要求，符合文化发展规律，具有中国特色的现代公共文化服务体系，为实现中华民族伟大复兴中国梦提供强大精神动力和文化支撑。

《意见》及附件《国家基本公共文化服务指导标准（2015—2020年）》还要求给群众提供"对路子"的公共文化服务；一方面，要求文化场馆的社会功能、服务群体等重新明确定位，使之回归公益属性，并为文化场馆的建设、运行与维护提供政策和资金支持；另一方面，要以明确的考核机制，倒逼相关部门不仅要将文化场馆建设好，更要利用好，提升服务品质，提高可利用率，增强其魅力。与此同时，还要大力引导、鼓励老百姓走进文化场馆，在全社会营造全民阅读、全民学习之风，以净化弥漫在整个社会中的功利主义和实用主义。

文化部公共文化司某负责人表示，在2014年全国财政一般公共预算中，文化体育与传媒支出达到了2753亿元，比2011年增加了860亿元。今后，国家还将进一步加大投入力度，对公共文化服务体系建设给予重点支持，财政预算中的一部分将用于购买公共文化产品。其中，低票价或者直接购买版权服务民众等形式，将成为文化部的公共文化重点工作任务之一。

2. 随着奥运会、世博会、世园会、亚运会等一系列重大文化体育活动在我国召开，一大批地标级精品场馆纷纷涌现。鸟巢、水立方等奥运场馆在世界享有盛誉，世博会中国馆所改造成的中华艺术宫、天津文化中心等已经逐步投入使用。中国国学中心、国家美术馆、中国工艺美术馆等国家级重点文化工程集中落户于北京奥林匹克公园，众多新兴文化场馆已经具有国际一流水准。与此同时，工人文化宫、文化馆、少年宫等传统公益性质的文化场所也不断增加。某权威网站发布的信息显示，截至2013年，全国县级以上文化馆、群众艺术馆数量有3000多个，文化站超过4万个，村（社区）文化室有25万个。再以博物馆为例，目前我国拥有博物馆4165个，在过去10年时间里增长

---

① 本材料根据网络资料编辑整理，部分内容参考了2015年4月四川省公务员招录《申论》考试试题。

一倍。

尽管我国文化馆、博物馆等公共文化设施总数不断增加,但相对于发达国家而言,我国公共文化设施总体发展程度仍然较低,据了解,英国伦敦市拥有400多个大小剧院、音乐厅及现场音乐表演场地,每10万人拥有1.4个剧场,每10平方公里拥有1.3个剧场,每年大型剧场的入场人次达1240万;拥有近600个图书馆,395家公共图书馆,平均每10万人拥有5家公共图书馆,人均藏书量5本;拥有22座国家级博物馆,200余座非国家级别的博物馆,每10平方公里有1.1座博物馆,即每个社区附近都会有博物馆,而我国平均每40万人才拥有1座博物馆。

事实上,贫困地区一直是我国公共文化服务体系均衡发展的难点,这些地区财力薄弱,文化事业投入十分有限,以广西来宾市为例,2003年至2008年,其在农村文化方面的投入比重不到文化总投入的10%;2008年以前,该市甚至没有市级群众艺术馆、图书馆、博物馆和影剧院,大部分县级图书馆、文化馆还达不到部颁三级标准。

虽然农村如此,然而在某些大中城市中却是另一番景象。某市社科院对该市2309名市民的公共文化服务体系参与度和满意度调查显示,尽管政府近年来对公共文化服务体系的建设投入了大量人力、财力、物力,但部分公共文化设施、公共文化活动,文化惠民项目的利用率和市民参与度均较低,设施、资金等资源的利用率和投入收效比亟待提高。其中,针对博物馆、美术馆、科技馆、纪念馆和陈列馆的调查数据显示,24.4%的受访者一年中从未去过这5类场所,61.6%的人平均每年去1次到5次;而市民对文化馆的年均光顾次数则更低,93.7%的人平均每年到馆次数在5次以下,其中,35.1%的人每年到馆次数为1次到5次,58.6%的人没去过文化馆。针对公众满意度的调查结果显示,对基层文化场所和文化馆的服务表示满意和基本满意的市民,分别只有34.2%和40.8%。

3. 公共文化服务场馆的利用率偏低,是文化事业发展的老大难。特别是一些传统的公益性质文化场馆,因为缺少有吸引力的"内容"而门庭冷落,造成巨大浪费。

H市总工会A工人文化宫高主任说:"我刚来文化宫那会儿,这儿真的是火啊!"1983年,他从部队复员后,就一直在这里工作,目睹了文化宫的由盛而衰、从辉煌到冷清的全过程。"那时,文化宫人来人往,电影晚场场场爆满,光是帮我们卖票、检票、维护秩序的长期固定义务员工就有五六个,现在,电影院每天的上座率不到10%,有时候工作人员甚至比观众还多。"他道出了大家的普遍感受。"那时在文化宫,能看电影、溜冰、跳舞、唱歌、参加运动,从早到晚都是人山人海,我们职工除了睡觉几乎都在里面值班,假期就更谈不上休息了。"回忆起十几年前的工人文化宫,57岁的老职工谭梦林仍充满激情。

"我有20多年没去过文化宫了。"生于20世纪60年代的白女士说:"很怀念以前在文化宫看电影、唱卡拉OK、参加培训的日子。现在可供选择的文化活动丰富多样,而文化宫的活动设施和活动内容却相对比较陈旧。"毫无疑问,房屋破损、设备陈旧、功能单调似乎成了大家对文化宫现状的普遍印象。"跟各种新兴商业文化场所相比,文化宫仿佛仍停留在50多年前。"H市总工会B工人文化宫金主任说:"观众冷清,再加上文化经营管理人才也极其缺乏。有些文化宫已有名存实亡之虞。""虽然日渐没落,但谁也不知道怎么改变。资产不是我们的,我们也没这权力,那也就只好这样闲置着。"金主任说,虽然文化宫地处城市最繁华的商业街区,面积也有85亩之多,但他们甚至连出租都没搞过,后来也曾想要重新建设,但却一直苦于没钱而无法实施。

H 市总工会 C 工人文化宫,位于该市最繁华的商贸经济圈中心,这栋8层的建筑被淹没在周围的高楼和广告牌中,遒劲有力的"工人之家"四个毛笔字,是该市第一任市长刘伯承元帅亲笔题写的。如今,文化宫一层南面租给了快餐店等企业做商业经营,北面租给游戏厅,二层和三层租给酒店,六层至八层为 H 市总工会办公室;可供文化宫实际使用的楼层只有四层和五层。然而,即使在有限的使用空间内,文化宫也只能提供很少的文化娱乐活动。四层的台球室,吸引了一些年轻人,但由于价格不便宜,通常顾客很少,五层的健身中心设施陈旧,日光昏暗,光顾者更是寥若晨星。

一层的电玩游戏厅有不少年轻人进出,但被问及是否知道工人文化宫的作用时,他们一脸茫然。"现在的文化宫毫无'文化'可言!"家住文化宫附近的王刚说,"以前凭着工会会员证就可以在文化宫参加各种免费文化娱乐活动,现在什么都没有了。""文化宫里没工人,文化宫里没文化,这是职工们当前反映比较大的问题。"H 市总工会宣教部部长朱和颜分析说,"工人文化宫的迷失,是因为其在市场经济中对自身定位的矛盾与摇摆。一方面,文化宫受到了经济体制改革,企业发展和多元文化的冲击;另一方面,工人文化宫原本是总工会财政全额拨款,但是后来逐渐改成了差额拨款,再后来就成了自行收支,自负盈亏,为了生存,一些工人文化宫不得不出租场地和举办培训班。"

4. 星期天早上6点多,北京房山区的李艳梅就让儿子张岩赶快起床,尽早到北京市少年宫办理英语辅导班注册缴费手续。李艳梅告诉记者:"早起的鸟儿才能抢到食,报名那天,要不是去得早,就抢不到名额了。""名额抢完了,当天我们外语俱乐部所有英语班都报满了,要报名的话,就得等我们今年开秋季班的时候,记着要早点来,不然又抢不到了。"少年宫外语俱乐部一位英语教师告诉记者,今年报名首日,近万人将伸缩门挤成了"麻花",少年宫学科类辅导班招生如此火爆,显然是对其功能定位的严重扭曲。

资料显示,国内现存最早的少年宫是成立于1949年4月的大连市少年宫。新中国成立后的第一家少年宫,是由宋庆龄女士亲自创办的中福会少年宫,建立于1953年6月1日。那时期的少年宫,陪伴了几代青少年,为新中国的人才培养打下了良好基础。20世纪50年代,杭州青少年何水法和沈曙,每到周末都会一起去学画,素描、风景、水粉、水彩样样不落,后来他们一个成了著名的国画家,一个则做了画院院长,同时期的美术学员中还有潘公凯,他后来成了中央美术学院院长。

不过,与社会发展一样,很多地方的少年宫搬了地方、盖了新楼,甚至换了名字,各项设施也与时俱进。和大部分的少年宫一样,20世纪80年代初,杭州少年宫也不再叫少年宫,而是改为"杭州青少年活动中心"。跟随名字一同改变的是,从"成长乐园"变成更严肃的"第二课堂"。杭州市青少年活动中心主任黄建明说,从校内教育追到了校外教育,他是最好的见证人。随时代变迁,少年宫的地位开始尴尬,原则上的公益性质难以保障,高额的开支使得少年宫在公益和市场的两边徘徊,免费也在逐步向收费转变。黄建明坦言,不变肯定没有发展:"少年宫必须跟着时代脉搏前进,在运作模式、管理体制、教育方式上作出改变。"

5. 在S市市民文化节活动现场,古朴的砖红色建筑里,从顶楼到底楼人头攒动,白领社团在这个由张爱玲故居改建而成的活动中心里卖力表演,春天合唱团让农民工子弟爱上音乐,带着自信放声歌唱;S市首个由政府支持、社会力量承办的艺术品跳蚤市场也顺利开市,50余个摊位中吉他、素描、面具、艺术铁壶等琳琅满目;在华阳街道社区文化活动中心举办的特殊学生艺术作品展上,17岁的万婕大方叫卖起了自己做的"地球皂"……据统计,S市市民文化节开幕当天共举办各类文化活动1651场,就近参加文化活动的市民达100万人次。

"S市从来不缺文化活动及各类文化节,但从没有一个节目能像市民文化节一样包含如此多的活动类别且如此'接地气'。"有市民如此评价。"给百姓更多出彩的机会,也为市民享受文化艺术活动打造'零门槛'。市民文化节这个平台是给市民大众的,我们的报名点、初赛都设在老百姓家门口,就是希望更多市民都能有所参与。"社区文化馆负责人萧女士说。此前,石门二路街道社区文化中心的社区活动虽多,但更偏重于老人和儿童,该中心韩主任并不满足。"我们所在的社区,白领上班族特别多,因此我们也应该重视为白领们提供更多适合他们的文化活动项目,尽可能满足每一个居民的需求。"

6. 手机阅读、数字报纸、杂志、移动电视、触摸媒体……新兴媒体正越来越多地出现在当下生活中,并日益侵入生活的各个层面,也为新时期的公共文化服务找到了新的立足点。

2014年,Q市城阳北曲西社区的居民迟秋菊和刘世云没想到,她们作为居民代表委托社区专职管理员在"文化超市,欢乐城阳"网站上定制的柳腔剧订单,居然在一周后就得以兑现,这出自己免费点单点来的大戏,让众人初尝了"说了算"的"当家"的惊喜;泡惯了图书馆和书店的袁琳琳没想到,借阅图书再无须卡着下班前的时间点,24小时自助图书馆和书店的相继开张,为和她一样的爱书人保留了一团彻夜的灯火……

黄岛区的小伙儿王维涛没想到,一场面向所有市民、完全无门槛的才艺选秀活动在最基层的社区迅速推广开来。这场报名人数超过2万人,原创节目数量超过3000个,观看人数已逾20万人次的大规模海选,将普通市民推到了舞台的中心。凭借吹笛子的小嗜好,王维涛竟能自荐登上过去想都不敢想的大舞台,深入"五王"(指"歌王""舞王""琴王""戏王""秀王")才艺达人海选,让他正经过了把"明星瘾"。

实际上,这个名为"文化超市"的舞台是一个"陈列"了综艺演出、图书、戏剧、电影、艺术培训等丰富文化产品的特殊的网站,它为包括39万外来人口在内的80万城阳居民建立起不可思议的自主"舞台":使用者只须登录并选择所需的产品内容,不出两周就能收获兑现;而借助"超市"的舞台,更多拥有才艺的民间达人也自荐登台亮相,上传自编自演的节目,丰富供居民自选的产品内容。在网站的留言板上,无论文化产品的消费者还是制造者,个人意愿得到满足的市民个个难掩惊喜。在市民纷纷走到台前,高调分享贴心服务带来的生活中美好的小幸福的幕后,是逐年加大投入力度并已纳入财政预算的文化服务专项资金的辅助。

7.2014年，某市"新兴城区现代公共文化服务社会化的标准化建设"项目被文化部列入2014年国家文化创新工程。其中，W新区近年来探索公共文化服务项目外包，实行社会化运作的方式，提高了服务效益和利用率，引起了社会的高度关注。试点表明，W新区购买公共文化服务基本实现了以最节约成本购买最优化服务的预期目标，公共文化服务体系建设呈现出蓬勃发展、整体推进、重点突破的良好态势。

从"购买文艺演出"到"定制大型晚会"再到"新区图书馆服务外包"，新区的公共文化服务逐步走出一条特色的社会化运作之路。根据群众的需求和新区实际情况确定"买什么、向谁买、怎么买"，通过公开招标，将新区图书馆的建设、管理、运行和服务外包给图书馆方面的专业公司，由该公司严格按照相关要求配备好各艺术门类专业人员和管理人员，实现了建设标准化、成本细节化和管理规范化。新区图书馆自建馆以来，对市民免费开放，全年无休，通过图书馆24小时还书箱以及图书馆数字资源无地域限制、无时间约束的开放性服务，保证了对读者的服务全天候不间断。在图书馆购置新书方面，读者成为选书和购书的主人，读者满意度成为新区图书馆公共文化服务的出发点和落脚点。可以说，坚持"图书馆服务与社区服务相结合""市民服务与企业服务相结合""实体服务与网络服务相结合""普遍化服务与个性化服务相结合"，W新区图书馆实现了管理标准化。

新区文化馆在为街道、社区、企业等提供基本的公共文化服务的同时，采取调查问卷、座谈会等多种方式问需于民，将群众的文化需求定位为文化馆的工作目标，与基层形成良好的互动交流服务模式。文化馆还注重将富有新区地域特色的文化传承纳入各类公益性社会文化组织的培育和建设，从而让新区丰富、优秀的历史人文资源"活起来"。

"政府是公共服务的提供者，不一定是生产者；是规则的制定者和执行的监管者，不一定是直接操作者，政府向社会组织购买公共服务，是对公共服务体制的破冰尝试，也是'服务型政府'与'小政府'两种方向融合的必然结果。"新区相关领导说。据介绍，新区成立了由财政、审计、纪委、市文化行政部门组成的考核小组，对外包公司的业务进行考核。考核小组制定了外包服务质量考核表，满分为100分，从队伍建设、公共服务、管理规章、群众满意度等方面进行考评。考核评分不得低于80分，80分以下对服务外包公司提出整改要求，如整改不力则终止服务合同。同时，政府聘请了第三方机构对两馆的服务人群、服务单位进行抽样调查和暗访。通过把监管落实为可见可控的考核制度，可以避免"一包了之"，正如该区某领导说："我们不做运动员，只做裁判。"

三、申论要求

1. 根据给定资料，概括我国目前公益性质文化场馆面临的困难。（20分）

要求：概括全面，条理清楚；语言简洁，书写工整；不超过200字。

2. 假设你是某省A市文化主管部门的一名工作人员，陪同部门领导前往资料7中的W新区，就该地区的公共文化服务体系建设进行了考察，请以该部门的名义，针对材料7撰写一份提交A市市政府的考察报告。（30分）

要求：定位准确，格式正确；思路清晰，分析深入；语言流畅，书写工整；不超过500字。

3. 针对给定资料，结合社会生活实际，以"公共文化服务的回归与创新"为题目，写一篇议论文。(50分)

要求：

(1) 观点鲜明，内容充实，论述深刻；

(2) 思路清晰，结构严谨，语言流畅；

(3) 字迹清楚，书写工整，限800~1000字。

模块四　书面表达

【教学目标】

本模块以应用写作基础理论知识为指导，根据所提供的材料，训练学生按照相应的文种格式进行应用文写作。其中，着重进行写作技能训练及错误例文修改训练。

【教学提示】

本模块分为公文写作、事务文书写作和科技文书写作三个教学项目，又分设通知、请示、报告、函、简报、计划、总结、调查报告、会议记录、毕业论文等训练任务。各任务根据不同文种的特点和写作要求，精选若干有代表性的范文，通过对例文阅读、分析和评价，认识其文本建构的方式及规律，配合针对性的思考与练习，帮助学生有效提升以常用应用文为主的书面表达能力。教学中可根据课时、学生需要灵活选择相应文种和范文进行学习训练。

项目一　公文写作

◎训练目标

全面系统地掌握行政机关公文与处理的基本理论，了解公文的基本知识，掌握公文的种类和文件格式的要素、明确公文写作与制发的基本方法与要求。

◎训练任务

掌握公文基础文种的写作知识及基本写法，通过公文修改与分析方法以培养和提高撰拟公文和处理公文的能力，以便学生毕业后能有较强的公文写作能力胜任工作需要。

◎知识准备

公文的基本特点和一般格式

行政公文，或称公务文书，是人类在治理社会、管理国家的公务实践中使用的具有法定权威和规范格式的应用文。它是特殊规范化的文体，具有其他文体所没有的权威性，有法定的制作权限和确定的读者，有特定的行文格式、行文规则和办理办法。

一、公文的概念与种类

公文，是党政机关实施领导、履行职能、处理公务的具有特定效力和规范体式的文书，是传达贯彻党和国家方针政策，公布法规和规章，指导、布置和商洽工作，请示和答复问题，报告、通报和交流情况的重要工具。

党政机关公文作为管理国家、治理社会的重要公务工具，具有自己独特的、鲜明的特点和作用。一般来说，只有具备以下条件才能被称为行政公文。首先，是在公务活动中使用形成的，是为了处理公事，而不是私务；其次，使用范围一般限于党政机关，其他机关和单位的公文处理工作，可以参照执行；最后，具有特定的格式，从标题到落款、从内容到文面、从用纸到标记，都有特定的要求。其既不同于普通的文字材料，也不同于公务活动中使用的其他材料。

我国现行的党政机关公文，一律按照中共中央办公厅和国务院办公厅 2012 年 4 月 16 日联合发布，2012 年 7 月 1 日正式实施的《党政机关公文处理工作条例》写作和办理。该条例规定党政机关公文共有 15 种：

1. 决议。适用于会议讨论通过的重大决策事项。
2. 决定。适用于对重要事项作出决策和部署、奖惩有关单位和人员、变更或者撤销下级机关不适当的决定事项。
3. 命令（令）。适用于公布行政法规和规章、宣布施行重大强制性措施、批准授予和晋升衔级、嘉奖有关单位和人员。
4. 公报。适用于公布重要决定或者重大事项。
5. 公告。适用于向国内外宣布重要事项或者法定事项。
6. 通告。适用于在一定范围内公布应当遵守或者周知的事项。
7. 意见。适用于对重要问题提出见解和处理办法。
8. 通知。适用于发布、传达要求下级机关执行和有关单位周知或者执行的事项，批转、转发公文。
9. 通报。适用于表彰先进、批评错误、传达重要精神和告知重要情况。
10. 报告。适用于向上级机关汇报工作、反映情况，回复上级机关的询问。
11. 请示。适用于向上级机关请求指示、批准。
12. 批复。适用于答复下级机关请示事项。
13. 议案。适用于各级人民政府按照法律程序向同级人民代表大会或者人民代表大会常务委员会提请审议事项。
14. 函。适用于不相隶属机关之间商洽工作、询问和答复问题、请求批准和答复审批事项。
15. 纪要。适用于记载会议主要情况和议定事项。

二、行政公文的格式

具有法定的规范体式是公文区别于其他文字材料的显著标志。我国现行公文一律执行国家标准 GB/T 9704—2012《党政机关公文格式》。

公文一般由份号、密级和保密期限、紧急程度、发文机关标志、发文字号、签发人、标题、主送机关、正文、附件说明、发文机关署名、成文日期、印章、附注、附件、抄送机关、印发机关和印发日期、页码等组成。

公文格式各要素划分为版头、主体、版记三部分。公文首页红色分隔线以上的部分称为版头；公文首页红色分隔线（不含）以下、公文末页首条分隔线（不含）以上的部分称为主体；公文末页首条分隔线以下、末条分隔线以上的部分称为版记。页码位于版心外。

（一）版头部分

1. 份号。公文印制份数的顺序号。涉密公文应当标注份号。如需标注份号，一般用6位3号阿拉伯数字，顶格编排在版心左上角第一行。

2. 密级和保密期限。公文的秘密等级和保密的期限。涉密公文应当根据涉密程度分别标注"绝密""机密""秘密"和保密期限。如需标注密级和保密期限，一般用3号黑体字，顶格编排在版心左上角第二行；保密期限中的数字用阿拉伯数字标注。

3. 紧急程度。公文送达和办理的时限要求。根据紧急程度，紧急公文应当分别标注"特急""加急"，电报应当分别标注"特提""特急""加急""平急"。如需标注紧急程度，一般用3号黑体字，顶格编排在版心左上角；如需同时标注份号、密级和保密期限、紧急程度，则按照份号、密级和保密期限、紧急程度的顺序自上而下分行排列。

4. 发文机关标志。由发文机关全称或者规范化简称加"文件"二字组成，也可以使用发文机关全称或者规范化简称。发文机关标志居中排布，上边缘至版心上边缘为35mm，推荐使用小标宋体字，颜色为红色，以醒目、美观、庄重为原则。联合行文时，发文机关标志可以并用联合发文机关名称，也可以单独用主办机关名称。如需同时标注联署发文机关名称，一般应当将主办机关名称排列在前；如有"文件"二字，应当置于发文机关名称右侧，以联署发文机关名称为准上下居中排布。

5. 发文字号。由发文机关代字、年份、发文顺序号组成。联合行文时，使用主办机关的发文字号。发文字号通常编排在发文机关标志下空二行位置，居中排布。年份、发文顺序号用阿拉伯数字标注；年份应标全称，用六角括号"〔〕"括入；发文顺序号不加"第"字，不编虚位（1不编为01），在阿拉伯数字后加"号"字。

上行文的发文字号居左空一字编排，与最后一个签发人姓名处在同一行。

6. 签发人。上行文应当标注签发人姓名。由"签发人"三字加全角冒号和签发人姓名组成，居右空一字，编排在发文机关标志下空二行位置。"签发人"三字用3号仿宋体字，签发人姓名用3号楷体字。

如有多个签发人，签发人姓名按照发文机关的排列顺序从左到右、自上而下依次均匀编排，一般每行排两个姓名，回行时与上一行第一个签发人姓名对齐。

（二）主体部分

主体部分主要包括公文标题、主送机关、正文、附件说明、落款、附注、附件等。

1. 标题。由发文机关名称、事由和文种组成。一般用2号小标宋体字，编排于红色分隔线下空二行位置，分一行或多行居中排布；回行时，要做到词意完整，排列对称，长短适宜，间距恰当，标题排列应当使用梯形或菱形。

2. 主送机关。公文的主要受理机关，应当使用机关全称、规范化简称或者同类型机关统称。要求编排于标题下空一行位置，居左顶格，回行时仍顶格，最后一个机关名称后标全角冒号。如主送机关名称过多导致公文首页不能显示正文时，应当将主送机关名称移至版记部分。

3. 正文。公文的主体，用来表述公文的内容。公文首页必须显示正文。一般用3号仿宋体字，编排于主送机关名称下一行，每个自然段左空二字，回行顶格。文中结构层次序数依次可以用"一、""（一）""1.""（1）"标注；一般第一层用黑体字、第二层用楷体字、第三层和第四层用仿宋体字标注。

4. 附件说明。附件说明是指公文正文的说明、补充或者参考资料。如有附注，居左空二字加圆括号编排在成文日期下一行。如有附件，在正文下空一行左空二字编排"附件"二字，后标全角冒号和附件名称。如有多个附件，使用阿拉伯数字标注附件顺序号（如"附件：1.×××××"）；附件名称后不加标点符号。附件名称较长需回行时，应当与上一行附件名称的首字对齐。

5. 发文机关署名、成文日期和印章。

（1）加盖印章的公文。成文日期一般右空四字编排，印章用红色，不得出现空白印章。成文日期中的数字须用阿拉伯数字将年、月、日标全，年份应标全称，月、日不编虚位（1不编为01）。

单一机关行文时，一般在成文日期之上、以成文日期为准居中编排发文机关署名，印章端正、居中下压发文机关署名和成文日期，使发文机关署名和成文日期居印章中心偏下位置，印章顶端应当上距正文（或附件说明）一行之内。

联合行文时，一般将各发文机关署名按照发文机关顺序整齐排列在相应位置，并将印章一一对应、端正、居中下压发文机关署名，最后一个印章端正、居中下压发文机关署名和成文日期，印章之间排列整齐、互不相交或相切，每排印章两端不得超出版心，首排印章顶端应当上距正文（或附件说明）一行之内。

（2）不加盖印章的公文。单一机关行文时，在正文（或附件说明）下空一行右空二字编排发文机关署名，在发文机关署名下一行编排成文日期，首字比发文机关署名首字右移二字，如成文日期长于发文机关署名，应当使成文日期右空二字编排，并相应增加发文机关署名右空字数。

联合行文时，应当先编排主办机关署名，其余发文机关署名依次向下编排。

6. 附注。公文印发传达范围等需要说明的事项。

（三）版记部分

版记部分主要包括抄送机关、印发机关和印发日期等要素。版记中的分隔线与版心等宽，首条分隔线和末条分隔线用粗线（推荐高度为0.35mm），中间的分隔线用细线（推荐高度为0.25mm）。首条分隔线位于版记中第一个要素之上，末条分隔线与公文最后一面的版心下边缘重合。

1. 抄送机关。除主送机关外需要执行或者知晓公文内容的其他机关，应当使用机关全称、规范化简称或者同类型机关统称。如有抄送机关，一般用4号仿宋体字，在印发机关和印发日期之上一行、左右各空一字编排。"抄送"二字后加全角冒号和抄送机关名称，回行时与冒号后的首字对齐，最后一个抄送机关名称后标句号。

如前文所说情形，需把主送机关移至版记，除将"抄送"二字改为"主送"外，编排方法同抄送机关。既有主送机关又有抄送机关时，应当将主送机关置于抄送机关之上一行，之间不加分隔线。

2. 印发机关和印发日期。公文的送印机关和送印日期。印发机关和印发日期一般用4号仿宋体字，编排在末条分隔线之上，印发机关左空一字，印发日期右空一字，用阿拉伯数字将年、月、日标全，年份应标全称，月、日不编虚位（1不编为01），后加"印发"二字。版记中如有其他要素，应当将其与印发机关和印发日期用一条细分隔线隔开。

3. 页码。公文页数顺序号。一般用4号半角宋体阿拉伯数字，编排在公文版心下边缘之下，数字左右各放一条一字线；一字线上距版心下边缘7mm。单页码居右空一字，双页码居左空一字。公文的版记页前有空白页的，空白页和版记页均不编排页码。公文的附件与正文一起装订时，页码应当连续编排。

三、公文的行文规则

党政机关公文行文应当确有必要，讲求实效，注重针对性和可操作性。行文关系根据隶属关系和职权范围确定，一般不得越级行文。特殊情况需要越级行文的，应当同时抄送被越过的机关。

（一）向上级机关行文的规则

1. 原则上主送一个上级机关，根据需要同时抄送相关上级机关和同级机关，不抄送下级机关。

2. 党委、政府的部门向上级主管部门请示、报告重大事项，应当经本级党委、政府同意或者授权；属于部门职权范围内的事项应当直接报送上级主管部门。

3. 下级机关的请示事项，如需以本机关名义向上级机关请示，应当提出倾向性意见后上报，不得原文转报上级机关。

4. 请示应当一文一事。不得在报告等非请示性公文中夹带请示事项。

5. 除上级机关负责人直接交办事项外，不得以本机关名义向上级机关负责人报送公文，不得以本机关负责人名义向上级机关报送公文。

6. 受双重领导的机关向一个上级机关行文，必要时抄送另一个上级机关。

（二）向下级机关行文的规则

1. 主送受理机关，根据需要抄送相关机关。重要行文应当同时抄送发文机关的直接上级机关。

2. 党委、政府的办公厅（室）根据本级党委、政府授权，可以向下级党委、政府行文，其他部门和单位不得向下级党委、政府发布指令性公文或者在公文中向下级党委、政府提出指令性要求。需经政府审批的具体事项，经政府同意后可以由政府职能部门行文，文中须注明已经政府同意。

3. 党委、政府的部门在各自职权范围内可以向下级党委、政府的相关部门行文。

4. 涉及多个部门职权范围内的事务，部门之间未协商一致的，不得向下行文；擅自行文的，上级机关应当责令其纠正或者撤销。

5. 上级机关向受双重领导的下级机关行文，必要时抄送该下级机关的另一个上级机关。

6. 同级党政机关、党政机关与其他同级机关必要时可以联合行文。属于党委、政府各自职权范围内的工作，不得联合行文。党委、政府的部门依据职权可以相互行文。部门内设机构除办公厅（室）外不得对外正式行文。

四、公文拟制的步骤

公文拟制包括公文的起草、审核、签发等程序。

（一）公文起草

公文的起草应该做到：

1. 符合国家法律法规和党的路线方针政策，完整准确体现发文机关意图，并同现行有关公文相衔接。

2. 一切从实际出发，分析问题实事求是，所提政策措施和办法切实可行。

3. 内容简洁，主题突出，观点鲜明，结构严谨，表述准确，文字精练。

4. 文种正确，格式规范。

5. 深入调查研究，充分进行论证，广泛听取意见。

6. 公文涉及其他地区或者部门职权范围内的事项，起草单位必须征求相关地区或者部门意见，力求达成一致。

7. 机关负责人应当主持、指导重要公文起草工作。

（二）公文审核

公文文稿签发前，应当由发文机关办公厅（室）进行审核。审核的重点是：

1. 行文理由是否充分，行文依据是否准确。

2. 内容是否符合国家法律法规和党的路线方针政策；是否完整准确体现发文机关意图；是否同现行有关公文相衔接；所提政策措施和办法是否切实可行。

3. 涉及有关地区或者部门职权范围内的事项是否经过充分协商并达成一致意见。

4. 文种是否正确，格式是否规范；人名、地名、时间、数字、段落顺序、引文等是否准确；文字、数字、计量单位和标点符号等用法是否规范。

5. 其他内容是否符合公文起草的有关要求。

6. 需要发文机关审议的重要公文文稿，审议前由发文机关办公厅（室）进行初核。经审核不宜发文的公文文稿，应当退回起草单位并说明理由；符合发文条件但内容需作进一步研究和修改的，由起草单位修改后重新报送。

（三）公文签发

公文应当经本机关负责人审批签发。重要公文和上行文由机关主要负责人签发。党委、政府的办公厅（室）根据党委、政府授权制发的公文，由授权机关主要负责人签发或者按照有关规定签发。签发人签发公文，应当签署意见、姓名和完整日期；圈阅或者签名的，视为同意。联合发文由所有联署机关的负责人会签。

任务一　通知的写作

教学目标：本任务主要通过通知例文的教学，引导学生认识通知，掌握通知的相关知识，锻炼学生写作通知的能力。

教学提示：本任务根据通知的不同类型共选择了五个例文。在教学过程中可以根据通知的不同类型讲解写作技巧、写作重点以及注意事项。教学中，要注意发挥学生的主体地位和能动作用，可以采用集体讨论、分组讨论、师生研讨、课堂提问、课件演示、材料写作等形式组织教学，给学生以尽可能多的训练机会。如果课上教学时数充足，师生可以结合专业对例文进行补充，加深对各类通知的认识。

基础知识：

1. 通知的含义和用途。通知适用于批转下级机关的公文，转发上级机关和不相隶属的机关的公文，传达要求下级机关办理和需要有关单位周知或者执行的事项，任免人员。

通知在行政公文中的使用频率极高，它无级别限制，适用范围极宽。

2. 通知的特点。

（1）使用范围的广泛性。通知不受发文单位级别高低、职权大小的限制，各级机关单位都可以用通知行文，并且不受行文内容轻重的限制，无论是重要决策，还是日常工作安排，都可以用通知部署或知照。

（2）编写的灵活性。因其内容的广泛性，通知的写作方法和写作方式可以不拘一格，根据不同的情况和需要制发相应的通知。

（3）行文的时效性。通知是为解决现实问题而制发的，所以不能拖延，应快写、快发、快办。

3. 通知的种类。

（1）批示性通知。这类通知主要包括发布性通知、批转性通知、转发性通知。

（2）指示性通知。

（3）知照性通知。

（4）会议通知。

（5）任免通知。

4. 通知的正文写作。通知的正文一般可以包括三个部分，即通知缘由、通知事项和通知结语。如果通知缘由后有承起语，如"现将有关事项通知如下"，通知结语可以省略。

（1）通知缘由。要写明制发通知的原因、目的、依据或意义。

（2）通知事项。要写明要求主要受文单位承办、执行或应予知晓的事项。通知事项多应分条列项写出，条目分明。

（3）通知要求。有的在通知事项中一并提出要求，也有的在事项之后另提出几点执行要求。

[范文1] 会议通知

北京市数学会
关于召开第六届研讨会的通知

市各高等院校：

为了交流近一年来我市各高校在数学教学方面的先进经验，共同提高教学质量，提高我市高校的数学教学质量，根据市教委大力搞好高校基础教育的精神，我会拟主持召开"第六届北京市高等院校数学教学与科研研讨会"。现将有关事项通知如下：

一、会议主题：

1. 交流各高等院校数学学科在教学与科研管理、专业建设、课程建设等方面的经验；

2. 学习一年来在科学研究方面的新成果。

二、与会人员：

各高校数学教学的相关工作者，各院校限三人参加。

三、会议时间、地点：

20××年7月18日至21日，会期4天；会议在北京××大学召开。

四、会议要求：

1. 请于7月5日前将回执寄回，报名截止于此日，以便安排住宿；

2. 请于7月17日17：00前在北京××大学办公楼101室报到；

3. 请携带本通知作为入场凭证；

4. 请与会人员携带与本会议主题相关的教学材料；

5. 每人收取会务费人民币50元，食宿由主办方承担，交通费自理；

6. 如有疑问请电话咨询：010—××××××××，联系人：王老师。

附件：会议回执单

北京市数学会
20××年6月29日

[简析]

本文是一篇典型的会议通知，文章层次分明，语言简洁、准确。

会议通知是一种用来知照召开某一会议的时间、地点及参加会议要求的专用通知。

在结构上主要分为两个部分：制发通知的缘由和通知事项，其中制发缘由部分要写召开会议的目的、依据和会议名称；文中承启语后，在通知事项部分要写清会议的主题、与会人员、时间、地点及相关注意事项。

在写作会议通知时，标题一般写成"××关于召开……会议的通知"。会议主题要写得集中而明确，让参加会议人员可以在会前做好相应的准备，这样可以较好地达到召开会议的目的。与会人员部分要明确指出要求哪些人来参加会议，以便指派相关人员出席。会议时间地点要写得具体且准确，以免给参加会议人员造成不必要的麻烦。会议要求可以根据会议的具体情况提出，如会议规模的大小、规格的高低等来相应地增减要求中的内容。

会议通知通常采用分条列项式写法。如果是供机关、单位内部张贴的会议通知，可不写受文对象，只需在文中说明会议时间、地点、内容、准备材料及出席人员等。

[范文2] 指示性通知

××××学院关于做好网上传递文字信息工作的通知

各部门、各教研室：

学院决定从20××年3月1日起正式启用办公信息网。办公信息网开通以后，学院的文件、校讯、事务通知等文字信息将通过该网发送，不再制成纸质材料。为保证这一工作的顺利进行，现将有关事项通知如下：

一、学院服务器内为全校每位教职员工设立了一个邮箱，并为教研室主任以上的干部开设了WWW账户，每个邮箱都有自己的用户名和密码（WWW账户的用户名和密码同邮箱是共用的）。用户名的命名规则是使用人的名字的汉语拼音全拼，如"杨光"的账户名为"yangguang"，该账户名是不可更改的。为了保证信息的安全，每个账户都有对应的密码作为用户口令，用户要使用邮箱和WWW账户必须知道自己账户的密码，账户密码可自行更改。用户有责任保护自己账户密码不被他人盗用，因账户密码丢失造成的后果一律由本人负责。新建或丢失账户密码的用户可与计算机系×××联系（电话×××××××）。

二、学院办公信息网与互联网连接。为做好保密工作，学院要求所有下发的文件必须直接发送到教研室主任以上干部邮箱中去，其他文字信息可网上发布。

三、网上传送有关文件等文字信息是一项要求标准高的全新工作。各部门要落实责任。学院要求各部门、各教研室都要指定一名兼职信息员具体负责此项工作，确保网上传送的文字信息及时准确，万无一失。

四、各部门、各教研室的信息员应保证本部门的计算机随时处于可用状态，严禁用办公用计算机进行与工作无关的操作，防止计算机病毒的感染与扩散。对因非工作原因造成系统或硬件损坏影响正常工作的，学院将追查当事人的责任。

五、各部门、各教研室信息员每天至少打开邮箱两次（上午9时、下午3时）。各部门发布开会通知，必须有一定提前量，避免误事。

六、各部门、各教研室信息员必须保证发布和接收信息的及时和严谨，并通知有关人员及时阅文、按时参加会议以及切实掌握有关文件、通知要求等。同时要及时清理无效信息，保证网络信息的真实和有效。

七、要求各部门将信息员名单于3月10日前报学院办公室。

八、在实行网上传送文字信息工作中遇到的具体问题，请及时与学院办公室和计算机信息工程系联系。

××××学院办公室
20××年××月××日

[简析]

这是一则指示性通知，它用于布置下级机关正确进行某项工作。指示性通知的主体部分要写通知事项，主要是布置工作任务，阐述工作意见、措施、办法以及应注意的问题，一般是分段或分条列项写。例文主体部分的内容和结构正是如此。此例文体现了以下几个特点：

第一，主旨明确。例文的主体部分共写了八个事项，这八个事项都与全文的主旨即标题中的事由——"做好网上传递文字信息工作"密切相关，没有一个事项游离于这个中心。因此，文章的主旨并未因事项较多而变得模糊。

第二，具体可行。例文中的八个事项都是具体、明确的说明和要求，没有任何抽象的说明、空泛的议论和缺乏可操作性的要求，因而便于受文单位贯彻执行。

第三，条理清楚。例文中的八个事项并不是随意排列的。第一个事项说明邮箱的使用方法，因为会使用邮箱是做好网上文字信息工作的基础条件。

第四，措施周密。通过前面对八个事项排列顺序的分析，可以看出例文所提措施之周密。第一个事项的主要内容是说明邮箱的使用方法，随后，例文又提醒用户保护账户密码，并以丢失密码后果自负相警告。有了这样的提醒和警告，并不能绝对保证用户不丢失账户密码，那么一旦丢失了怎么办？另一种情况是，用户有保护密码的意识，未丢失也要新建一个自己认为更可靠的密码，这又怎么办？这段的最后一句说明解决这两个问题的具体方式，可见其周密性。

上述特点决定了这个通知是一个实用性很强的文件，必能对××××院的网上传递文字信息工作切实起到指导作用。

[范文3] 知照性通知

北京市教育委员会关于公布
2021年北京地区高校大学生优秀创业团队评选结果的通知
京教函〔2021〕353号

各普通高等学校及研究生培养单位：

为全面贯彻落实国家和北京市关于"大众创业、万众创新"的精神和要求，深入实施《北京高校高质量就业创业计划》，切实对高校大学生创业给予支持，树立大学生创业典型，营造良好的创新创业氛围，按照《北京市教育委员会关于评选2021年北京地区高校大学生优秀创业团队的通知》（京教函〔2021〕153号）要求，今年4月至6月，我委组织开展了2021年北京地区高校大学生优秀创业团队评选工作，61所高校及研究生培养单位共推荐了1920支创业团队参加此次评选。经团队报名、高校初评、专家网络评审、复赛现场答辩和决赛现场答辩等环节，评选出北京地区高校大学生优秀创业团队149支，其中一等奖30支，二等奖51支，三等奖68支（附件1）。评选结果经公示无异议，现予公布。

按照评选文件要求，依据2021年各高校获奖团队数量，评选出北京工业大学等15所高校荣获"最佳组织奖"（附件2）。以各高校推荐团队数量超过总体平均数为标准，评选出北京体育大学等13所高校荣获"优秀组织奖"(附件3)。其中,已获评"最佳组织奖"的高校不再重复获评"优秀组织奖"。

附件1:2021年北京地区高校大学生优质创业团队获奖名单
附件2:2021年北京地区高校大学生优秀创业团队评选"最佳组织奖"获奖高校名单
附件3:2021年北京地区高校大学生优秀创业团队评选"优秀组织奖"获奖高校名单

北京市教育委员会
2021年7月15日

[简析]

这是一篇关于竞赛结果的告知性通知。按照"目的""依据""时间""结果"的线索行文,内容简洁明确,条理清晰。

[范文4] 任免通知

××××学院关于×××同志等职务任免的通知
××字〔2021〕15号

各系、部、处、馆:

经院长办公会议研究决定,任命王××同志为法律系主任,免去刘××同志系主任的职务;任命汪××同志为中文系主任,免去李××代主任的职务。

××××学院
2021年××月××日

[简析]

这是一则关于人事任免的通知。整篇通知虽然篇幅短小,但要素齐全,由标题、主送机关、正文、落款四部分构成。写作上开门见山,简洁利落,符合人事任免通知比较规范和常用的写作格式和方法。

[范文5] 转发性通知

国务院办公厅转发国务院体改办等部门
关于城镇医药卫生体制改革指导意见的通知
国办发〔2000〕16号

各省、自治区、直辖市人民政府,国务院各部委、各直属机构:

国务院体改办、国家计委、国家经贸委、财政部、劳动保障部、卫生部、药品监管局、中医药局《关于城镇医药卫生体制改革的指导意见》已经国务院同意,现转发给你们,请认真贯彻执行。

(国务院办公厅印)
2000年2月21日

附件:《关于城镇医药卫生体制改革的指导意见》(略)

[简析]

这篇通知，内容是国务院办公厅转发国务院体改办等部门关于城镇医药卫生体制改革指导意见，表明了"同意"态度，提出了"认真贯彻执行"的要求。最后附上《关于城镇医药卫生体制改革的指导意见》文件做进一步的说明。

[思考与练习]

改错：请指出下则通知中存在的错误，并改正。

××学院召开布置学术研讨工作会议的通知

各学院、教务处、科研处：

为顺利开展今年学术研讨工作，学院准备召开布置学术研讨工作的会议。现将有关内容通知如下：

一、会议时间

2009年3月2日。

二、会议地点

行政楼2楼会议室。

三、参加人员

各学院负责科研工作的院长和相关人员。

四、会议内容

1. 布置学校今年科研总体工作。
2. 听取各学院今年科研工作设想。

二零零九年二月二十四日

[任务评价]

根据所给材料完成通知的写作，并使用评价表格对完成的通知进行评价。

全国市场营销协会决定于2020年7月10日至16日在广西壮族自治区南宁市召开一年一度的营销协会年会，于6月28日发出会议通知。会议的内容是研究和探讨当前营销学的有关学术问题和热点问题，全国市场营销协会的会员均可参加。7月10日报到，会期为7天，报到和开会地点是：南宁军区空军招待所。要求：每位与会者于会前半个月交相关学术论文一篇；会务费自理。

通知的写作评价表

评价项目	评价标准	分值	自我评价	教师评价
写作文种	文种类型选择无误	5		
写作格式	格式规范、完整、没有缺漏	20		
发文缘由	缘由简洁明了	20		
通知事项	一事一文，明确具体，切实可行	20		
语言表达	语言准确得体，无歧义，无错别字及语法错误	30		
标点符号	使用正确	5		

任务二　请示的写作

教学目标：本任务主要通过请示例文的教学，了解请示的含义、特点与种类，如请示的类型、不同类型请示的写作技巧及注意事项等；引导学生认识请示，掌握请示的相关知识，锻炼学生写作请示的能力，并且能够独立完成各类请示的写作。

教学提示：在教学过程中可以通过案例分析来了解请示的一般结构和格式要求，归纳请示的一般特点和要求。教学时可以采取讨论、交流和小组合作的方式进行。

基础知识：

1. 请示的含义和用途。请示是下级机关向其所隶属的上级机关即业务主管部门请求对某个问题、某项工作、某种事项的解决办法作出指示、审核、批准时使用的公文。

请示是一种请求性文件，属上行文。请示主要用于：

（1）在实际工作中，遇到缺乏明确政策规定的情况需要处理；

（2）工作中遇到需要上级批准才能办理的事项；

（3）超出本部门职权之外，涉及多个部门和地区的事项，请示上级予以指示。

2. 请示的特点。

（1）针对性。只有本机关单位权限范围内无法决定的重大事项，如机构设置、人事安排、重要决定、重大决策、项目安排等问题，以及在工作中遇到新问题、新情况或克服不了的困难，才可以用"请示"行文，请示上级机关给予指示、决断或答复、批准。所以，请示的行文具有很强的针对性。

（2）呈批性。请示是有针对性的上行文，上级机关对呈报的请示事项，无论同意与否，都必须给予明确的"批复"回文。

（3）单一性。请示应一文一事，一般只写一个主送机关，即使需要同时送其他机关，也只能用抄送形式。

（4）时效性。请示是针对本单位当前工作中出现的情况和问题，求得上级机关指示、批准的公文，如能够及时发出，就会使问题得到及时解决。

3. 请示的种类。根据内容、性质的不同，请示分为以下四种：

（1）请求审核性请示。接受上级机关的任务，办理某项事情，或下级机关自行办理某项事情需要一定的物资、款项、人员、设施，本机关又无力解决和担负时，就需向上级机关写出请示，请求审核。

（2）请求批准性请示。凡属决定要经上级机关批准的事项，下级机关必须向其所隶属的上级机关写出请示，请求批准。

（3）请求指示性请示。下级机关遇有重大或疑难问题，可请示上级机关给予指示。

（4）请求批转性请示。下级机关处理的问题，不仅对于本单位、本部门有必要，而且具有一定的普遍意义。

4. 请示的写作方法。请示由首部、正文和尾部三部分组成，其各部分的格式、内容和写法要求如下：

（1）首部。主要包括标题和主送机关两个项目：

①标题。请示的标题一般有两种构成形式：一种是由发文机关名称、事由和文种构成，如《××××学院关于××××的请示》；另一种是由事由和文种构成，如《关于开展××××工作的请示》。

②主送机关。请示的主送机关是指负责受理和答复该文件的机关。每件请示只能写一个主送机关，不能多头请示。

（2）正文。其结构一般由开头、主体和结语等部分组成：

①开头，主要交代请示的缘由。它是请示事项能否成立的前提条件，也是上级机关批复的根据。原因讲得客观、具体，理由讲得合理、充分，上级机关才好及时决断，予以针对性的批复。

②主体，主要说明请求事项。它是向上级机关提出的具体请求，也是陈述缘由的目的所在。这部分内容要单一，只宜请求一件事。另外，请示事项要写得具体、明确、条项清楚，以便上级机关给予明确批复。

③结语，应另起段，习惯用语一般有"当否，请批示""妥否，请批复""以上请示，请予审批""以上请示如无不妥，请批转各部门研究执行"等。

④落款，一般包括署名和成文时间两个项目内容。标题写明发文机关的，这里可不再署名，但需加盖单位公章，成文时间××××年×月×日。

5. 请示写作注意事项。

（1）一文一事一主旨。请示不能数事并报，事项杂乱会给领导批示时带来不便，无法使发文机关得到满意的结果，同时不利于问题尽快解决。

（2）只有一个受文机关。请示主送的机关必须是所隶属的主管部门，即使要送达两个机关，也必须主批机关写在前面，另一个机关写"并报"字样，采用抄送的方式。因此，必须避免多头请示。

（3）内容必须有依据。请示的内容必须写出依据等。

（4）理由必须充分。请示的理由是全文的主体部分，一定要把主要的方面放置在前，次要的方面放置在后。理由要写得透彻、充分，才能够得到主管机关的认可。

（5）联合请示做好会签。不同机关联合请示的，要做好会签工作。

[范文1] 请求指示性请示

××单位关于增拨技术改造资金的请示

××主管局：

　　正当我单位技术改造处于关键阶段，资金告罄。前次所拨资金原本缺口较大，加之改造过程中出了新的技术难题，需增新设备，以致资金使用超出预算。由于该项技术是我局所属大部分企业所用的核心技术，如改造不能按期完成，势必拖延全部技术更新的进程，进而影响各单位实现全年预定生产指标和利润。目前我单位全体技术人员充分认识到市场经济的机遇和挑战，正齐心合力，刻苦攻关。缺口资金如能及时到位，我们保证该项技术改造按期完成。现请求增拨技术改造资金××××万元。

　　特此报请审批。

××单位
××××年××月××日

[简析]

　　这是一份请求指示性请示。请示事项单一明确，以"单位技术改造处于关键阶段，资金告罄"为依据，针对"增拨技术改造资金"的理由做了较详尽的陈述：原拨资金缺口大，并出现了新的技术难题；该技术是××局的核心技术，影响全年的生产指标和利润……充分地说明实际困难，向领导诉之以理，使之能够尽快作出批复。

　　这则请示是在实际工作中遇到困难且又自己无权决定而请求指示的。该指示先阐明缘由和问题，然后再拿出处理意见，请求批复。文章短小精练，请求批准事项准确。

[范文2] 请求批准性请示

关于申请对外承包劳务经营权资格的请示

××建工集团：

　　我公司是经国家建设部核定的工业与民用建筑工程施工一级资质企业，成立于××××年×月。公司注册资本××××万元，现有职工××××余人，其中高级职称××人，中级职称×××人，机械设备1000多台，总功率2.2万千瓦。公司在区内外设有土建、设计、装饰、机械施工、设备水电安装、房地产、建筑工程监理、计算机软件开发等10多个分公司。在几内亚、冈比亚等国家设有经理部和全资企业。20世纪90年代以来，公司生产经营实现跨越式发展，主要经济技术指标位居××省同行业前列，被评为我省最大经营规模建筑企业十强第一名、中国500家最大规模和最佳经济效益施工企业，连续9年被评为"省重合同守信用企业"，荣获"全国先进建筑施工企业""全国施工技术进步先进企业""全国工程质量管理先进单位""全国建设系统精神文明建设先进单位"等光荣称号，两次荣获中国建筑工程质量最高奖"鲁班奖"。公司现年施工能力可完成工作量××亿元，竣工面积××多万平方米。

　　2001年，我公司通过了ISO-9002国际质量体系认证，取得了走向国内外市场质量保证的通行证，企业管理与国际接轨。为拓展经营渠道，搞活国有企业，提高国有资产增值率，我公司现申请对外承包劳务经营权资格，申请对外经营范围为：

1. 承包境外工业与民用建筑工程及境内国际招标工程。
2. 建筑材料（产品）、设备出口。
3. 对外派遣实施境外工程需要的劳务人员。

妥否，请批复。

××建工集团第×建筑工程有限责任公司
××××年××月××日

[简析]

这份请示充分陈述了申请经营范围的理由，主要是表明公司的实力，展示公司获奖的状况，以充分的理由说服上级。选文事实叙述清晰，有条理，结构完整。

[范文3] 请求批转性请示

关于中国公民自费出国旅游管理暂行办法的请示

国务院：

随着对外改革开放的不断扩大，人民生活水平不断提高，近年来，中国公民自费出国旅游不断增加，为适应改革开放形势，加强中国公民自费出国旅游的管理，特制定了《中国公民自费出国旅游管理暂行办法》。

附：中国公民自费出国旅游管理暂行办法

以上暂行办法如无不妥，请批转发布执行。

国家旅游局（盖章）
公安部（盖章）
××××年××月××日

[简析]

这则请求批转性请示分三层，一是请示的缘由，二是请求批转的对象，三是请求批转的结尾语。选文结构完整，前后连贯。

[思考与练习]

改错：

关于推荐张××等三位同志参加业务学习的请示报告
××工商发〔20××〕09号

工商局：

根据市局《关于组织部分骨干参加市局业务培训的通知》精神，经我局研究决定，

同意推荐张××等三位同志参加市局组织的业务培训,名单附后:

  办公室主任:王××

  人事科科长:刘××

  装财科科长:张××

  报告当否,请批示。

××县工商局
20××年××月××日

[任务评价]

根据提供的材料拟写一则请示,并使用评价表格对完成的请示进行评价。

××市机械学校由于近几年办学规模不断扩大,郊区学生逐年增多,学生宿舍严重不足。为此向其上级机关××市商委请求将该校原有旧平房宿舍拆除,在原地建四层学生宿舍楼。工程所需资金××万元,全部由学校自筹。附件包括学生宿舍楼工程蓝图及工程预算表。

请示发文字号:××发〔2009〕×号;签发人:×××。

写作要求:

(1)要有版头。

(2)语言表达准确,符合公文事务语体要求。

请示的写作评价表

评价项目	评价标准	分值	自我评价	教师评价
写作文种	文种类型选择无误	5		
写作格式	符合公文规范要求,按照请示的规范格式书写	20		
发文缘由	请示的理由合理充分,措辞得当	20		
请示事项	一文一事,条理清晰,有可行性和操作性	20		
语言表达	语气温和谦恭,以商量语气行文	30		
标点符号	使用正确	5		

任务三 报告的写作

教学目标:通过本任务教学,引导学生懂得报告的文种功能、特点、性质和分类;掌握报告的结构方式和不同类型报告的写法;领会报告的语言特色,学会语言运用。

教学提示:在教学过程中,教师要在指导学生了解报告分类的基础上,着重掌握不同报告类型的写法,进行写作训练。可结合所给案例进行讲解点评,也可引导学生根据范文进行仿写。

基础知识:

1. 报告的含义和用途。报告适用于向上级机关汇报工作、反映情况、提出意见或者建议，答复上级机关的询问。报告属上行文，一般产生于事后和事情过程中。其主要功用是向上级领导陈述下情，使上级了解情况，指导工作时作为依据和参考。

2. 报告的特点。

（1）汇报性。对于重要的工作，下级机关向上级机关或业务主管机关及时汇报工作的设想、具体的措施、工作的进度、完成的情况。

（2）客观性。报告的材料要真实客观，符合实际，不弄虚作假、捏造歪曲。

（3）陈述性。报告用于汇报工作、反映情况、提出建议，依据事物及其性质作出陈述。以叙述为主要表达方式，是报告的主要特点。

3. 报告的种类。

（1）工作报告。这类报告要针对工作的进展情况、工作的经验或对今后工作的措施、方法来写。工作报告能够及时向上级机关汇报工作，便于领导掌握情况，指导和部署工作。

（2）情况报告。主要用以反映情况、陈述意见、说明理由，汇报给上级领导，以便领导了解和掌握有关情况和动向。

（3）答复报告。用作下级机关或所属单位为回答上级机关询问的事项而写的报告。这类报告的特点是目的性强，要回答的事项或问题须阐述清楚。

（4）报送报告。向上级机关报送文件的同时而写出的简短的说明性报告。

4. 报告的格式。

（1）报告的标题。报告的标题可以由发文机关、事由、文种三部分组成，如《审计署关于加强审计工作的报告》；也可以由事由和文种两部分组成，如《环保工作情况报告》。报告的标题不能只写文种。

（2）主送机关。报告是直接呈送至所属上级领导部门的，正文之上要写主送机关的名称。如果其他部门也须了解报告内容，可以采用抄报的方式。

（3）各类报告的写法。

①工作报告、情况报告。工作报告与情况报告的写法类似，大体分为起因、内容、结尾三部分。起因部分说明报告的目的，即为什么要写报告。起因内容要概括，开宗明义。紧接着用"现将……工作（或情况）报告如下"之类承启用语作为起因的结尾，后加冒号。主体内容写清工作的进展情况、存在问题或经验教训等。结尾写"特此报告"。

②回复报告。回复报告有明确的目的性，较强的针对性。开头应写明根据上级的何种精神、何种文件来答复何种问题，要简明、确切。主体本着"一文一事一主旨"的原则，对回复的事情完整、准确地加以陈述，不能偏离题目，也不宜做更多的评议，事情报告完，全文即行结束。

③报送报告。报送报告是呈报有关文件，随着文件写出说明情况的报告。写法是：先要写出根据何种指示精神或根据何种文件进行报送，再写出报送的内容。有完整报送文件的，要在报送报告中对文件的主要内容作重点说明，没有完整文件、报送事项的，要在报送报告中将事项的内容一一表述清楚。

[范文1] 工作报告

2020年北京市××区人民法院工作报告

各位代表：

现在，我代表××区人民法院向大会报告工作，请予审议。

2020年的主要工作

2020年，在区委的领导、区人大及其常委会的监督和上级法院的指导下，区法院深入学习贯彻习近平新时代中国特色社会主义思想，紧紧围绕"努力让人民群众在每一个司法案件中感受到公平正义"目标，坚持服务大局、司法为民、公正司法，忠实履行宪法法律赋予的职责，推动各项工作取得新成效。全年案件总量×××××件，同比下降4.6%；审（执）结案件×××××件，同比下降5.9%；法官年人均结案×××件，审判综合质效考核指标位居全市法院前列。

一、依法履行审判职责，进一步彰显社会公平正义

（一）坚决扛起疫情防控重大政治责任

面对突如其来的新冠肺炎疫情，区法院认真贯彻落实市委区委和上级法院决策部署，建立健全疫情防控保障体系，科学精准落实各项防控措施，确保法院干警和诉讼群众"双干净""双安全"。妥善处理涉疫情案件×××件，依法从重从严惩处妨害疫情防控违法行为，审理的全市首例涉疫情诈骗案，入选最高人民法院依法惩处妨害疫情防控犯罪典型案例；在全市首例以不可抗力作为抗辩事由的涉疫情租赁案件审理中，积极促成双方达成和解，该案例入选最高人民法院司法案例大讲坛研讨案例。坚持审慎善意文明司法，对受疫情影响陷入困境的中小企业，依法采取灵活的诉讼财产保全措施，切实减轻企业负担。在全市率先开展"院长互联网办案示范周"，全面推广线上线下相结合的新型工作方式，全年网上审核立案×××××件，在线开庭×××××件，电子送达×××××件，网络查控×××××件。深入街道社区筑牢防疫堡垒，×××名干警支援13个社区，×××人次参与"双报到·共战疫"活动，让党旗高高飘扬在疫情防控一线。

（二）扎实推动平安××建设

审结各类刑事案件××件，判处罪犯××人。深入推进扫黑除恶专项斗争，依法审结吕××等人寻衅滋事案、××区"5·15"关联案件、颜×寻衅滋事案等一批社会影响恶劣的涉黑恶势力案件，涉案财产执行到位率达到100%。针对"套路贷"案件频发开展深入调研，撰写的调研报告荣获北京法院一等奖。审结严重暴力犯罪、多发性侵犯财产犯罪、涉枪涉赌涉黄犯罪×××件，保障公民人身财产安全，严重暴力犯罪案件持续走低。公开开庭审理×件高空抛物危害公共安全案件，守护好人民群众"头顶上的安全"。加大野生动物资源司法保护力度，50名涉及非法猎捕、收购珍贵、濒危野生动物的嫌疑人被追究刑事责任，最大涉案标的价值近2亿元。依法公正高效审理××件重大职务犯罪案件，始终保持严惩腐败的高压态势。推进以审判为中心的刑事诉讼制度改革，严格落实认罪认罚从宽制度，适用认罪认罚程序审理案件×××件，占全部刑事案件数量的69.5%。刑事案件律师辩护率达到92.3%，法律援助覆盖率达到75.4%。

（三）积极维护民生领域合法权益

审结各类民商事案件××××件，同比降幅21.5%。妥善审结涉及食品药品、教育培训、医疗纠纷、物业服务等人民群众切身利益的案件××××件。在××教育、××动力等教育培训公司、健身机构等作为被告的群体性案件审理中，积极引导原被告双方达成和解，共渡难关。审结离婚、继承、抚养等家事案件××××件，适用人身安全保护令8次，以网络直播方式向社会通报老年人金融消费权益保护情况，切实维护老年人合法权益。审结劳动争议案件××××件，与区仲裁院建立劳动争议常态化研讨机制，统一裁审尺度，促进××区和谐劳动关系的建立。审结知识产权案件××××件，对重点商标保护名录中的"老字号"企业进行"一对一"司法帮扶，形成《关于××区"老字号"企业商标权司法保护情况的调研报告》，以司法力量守护××区独特的宝贵资源。

（四）大力支持促进行政机关依法行政

审结各类行政案件××××件，其中国家部委作为复议"双被告"案件×××件。系统总结行政复议"双被告"制度施行五年来的审判成果，形成《复议"双被告"案件行政审判工作报告》，对行政诉讼与行政复议有机衔接提出建议，得到最高人民法院充分肯定。发布区行政机关负责人出庭应诉情况年度报告，与区司法局就行政复议制度改革后的复议程序召开研讨会，努力促进行政争议源头预防和实质性化解。建立《区属机关电子送达地址备忘录》，推进行政机关实现电子送达全覆盖。为工信部、市税务局、市卫健委等机关及××区处级干部开展法治培训4场，持续推进司法与行政良性互动。

（五）稳步巩固基本解决执行难成果

全年执结案件××××件，涉案标的总额308.7亿元。严格规范执行流程，梳理出38个办案节点，整合15个工作模块，编写出台的《执行办案规范操作指南》被北京高院在全市分享推广。成立财产处置专管团队，引入专业司法拍卖辅助机构，加快财产处置进度，全年拍卖标的物××××件，拍卖房产×××套，成交额13.1亿元，案拍比是2019年的2.9倍。尝试线上直播带看活动，在北京地区第一次实现6个会场同步展示，中央政法委、市委政法委官网全程直播，吸引72.3万网友在线关注。开展超期未结首执案件清理工作，善用"继续执行保险"，有效避免了因执行异议权利滥用导致财产处置低效的情形。加大执行案款清理力度，缩短案款发还周期，全年发放案款28.6亿元。

二、服务保障区域发展大局，积极回应人民群众司法需求

（一）全力服务保障核心区高质量发展

围绕服务疏解非首都功能，稳妥审慎推进涉疏解项目案件的审理。通过法官们耐心细致地释法说理，督促被执行人自动履行法定义务，实现涉文物保护执行案件阶段性清零。强制执行"霸占"医院床位长达6年的腾退案件，有力维护公共医疗秩序。调研核心区民宿产业发展乱象并提出司法建议，助推区域社会治理精细化、精准化。与北京晚报、北京人民广播电台就解读民法典合开专栏，发表文章，播出节目41期，送法进街道、进学校、进企业，让民法典走进群众心里，营造良好法治氛围。

（二）持续优化法治化营商环境

严格规范民商事案件延长审限和延期开庭问题，在适用普通程序案件中大力推行庭

前会议制度，提高庭审一次成功率。商事案件平均审理天数103.4天，比全市法院平均审理天数少17天。加大民营企业产权保护力度，发布企业产权保护十大典型案例，与区工商联签订《关于建立民营企业产权保护社会化服务体系战略合作协议》，将××区1114家民营企业纳入诉源治理直通车企业通道，提供在线诉讼咨询、多元解纷、普法宣传等3大类8项司法服务。与区司法局合作协同完善诉讼服务体系建设，通过线上模式对全区律师、企业开展定向培训，累计培训×××××余人次。

（三）聚焦防范化解金融风险

审结金融借款、民间借贷、信用卡、证券、保险等金融案件×××××件，维护金融市场健康发展秩序。在北京高院的指导下积极探索P2P平台类案件民事诉讼解决路径，稳妥推进指定管辖的"原油宝"系列案件的审理工作，加强对投资人合法权益的保护。完善金融纠纷诉源治理和多元化纠纷解决机制，与北京××服务局等四家单位签订合作协议，搭建融司法、仲裁、调解、监管、科研为一体的全新工作平台。主办第三届北京金融法治环境建设研讨会，首次纳入北京金融街论坛。创新建立金融纠纷调解协议"一站式"司法确认机制，6个月化解银行贷款类纠纷××××件，帮助4000余名欠款人及时挽回信用，和解协议履约率高达98%，银行回款总额超过4000万元，推动金融案件收案量近五年来首次实现下降。

（四）深度参与社会治理创新

积极调研《北京市物业管理条例》颁布后的实施情况，协同相关部门及时调处物业矛盾，从源头上减少物业供暖等批量纠纷的产生，物业供暖合同纠纷案件同比下降63.7%。持续发挥诉源治理直通车"线网站巡"一体化工作机制作用，进一步整合12368诉讼服务热线、移动微法院、××家园等12个诉讼服务平台，全年处理群众线上诉求×××××件，全部做到24小时内100%办结；建立群众诉求分析通报和质检回访机制，群众平均满意度从65%上升到77%；围绕百姓身边的烦心事、揪心事，以涉家庭房产纠纷、消费者权益保护等为主题，线上线下开展普法讲堂24期，连线全区15个街道，累计观看量170余万人次，被确定为全区"七五"普法特色法宣项目进行推广。

三、全面深化司法体制综合配套改革，探索法院管理体系现代化

（一）全面落实司法责任制，让放权更有序、监督更有效

进一步构建"权责明晰、权责统一、监督有序、制约有效"的审判权运行机制，制定审判权力和责任清单的实施细则，通过正、负面清单逐项列明审判人员和审判组织的权责内容和履职要求。细化"四类案件"内涵，完善院庭长监管"四类案件"的发现机制、启动程序和操作规程，为院庭长依法行使监督管理权、确保"四类案件"公正高效办理提供依据。院庭长带头办理重大疑难复杂案件成为常态，审结案件×××××件，占全院结案数的27%。初步建立类案检索机制，理顺专业法官会议和审判委员会的衔接路径，进一步解决"同案不同判"问题，全院上诉案件、发回重审和改判案件数量分别比上一年度减少了40%、21%。

（二）持续推进"一站式"建设，让解纷更多元、服务更便捷

依托多元解纷诉调对接中心，打造分层递进、繁简结合、衔接配套的一站式纠纷解

决机制。积极引导当事人首选非诉讼解纷渠道，诉前调解成功案件××××件，数量是2019年的2.7倍。前后端法官人均结案比例达到11∶1，调解成功和速裁结案量占民事结案总量的71.2%，繁简分流新格局的效能进一步凸显。建成集约送达中心，承接全院所有民商事、行政、执行案件送达工作，案件平均送达时长从12天降至4.2天。建成电子卷宗同步生成中心，所有新收案件材料集中收转、扫描、加工、保管、借阅、整理，电子卷宗扫描率达到100%，做到"一次扫描、全程使用、一键归档"。获评全国法院"一站式多元解纷和诉讼服务体系建设"先进单位、北京法院司法改革"微创新"最佳示范案例。

（三）深化综合配套改革，让配置更合理、资源更优化

在审判格局重塑背景下，根据前中后端不同的工作需求灵活建立多类型审判团队，实行团队审执任务定量化和考核差异化，充分激发团队内生动力。深入开展民事诉讼程序繁简分流改革试点工作，简易程序适用率从2019年的50.6%上升到64.3%，独任制适用率从55.6%上升到87.8%。深入推进人员分类管理改革，全年实现15名法官按期晋升和择优选升，170名科级法官助理、书记员、法警、司法行政人员职务职级晋升，司法警察大队内部机制改革走在全市前列，各类人员各行其道、各司其职的良好局面进一步形成，改革经验入选第十批全国法院司法改革案例。

四、加强革命化、正规化、专业化、职业化建设，打造忠诚干净担当的法院队伍

（一）立场坚定，始终把政治建设摆在首位

突出党的政治引领，牢固树立"四个意识"，切实增强"四个自信"，坚决做到"两个维护"。坚持把深入学习贯彻习近平新时代中国特色社会主义思想作为首要政治任务，建立党组会前集体学习制度，推行党支部政治理论学习日制度，实施青年干管理论学习提升工程，全方位多层次提高政治理论学习的针对性和实效性。全年党组理论中心组集体学习30次，专题研讨5次，政治轮训8次，切实增强党组织政治功能和组织力。制定党支部党建创新项目管理办法，推出19个党建创新品牌，实现了"一支部一品牌"的党建创新格局。"开放式党建"获评全国基层党建创新最佳案例，"群众需要，法官来到"党建品牌获评全国法院党建创新优秀案例。

（二）夯实基础，全方位打造高素质专业化法院队伍

组织岗位大比武，内容涵盖8大项20小项，参赛总人数达×××人，通过实战演练全面提高业务能力。邀请代表委员、专家学者、社区群众等×××余人次参与旁听了4场高质量的示范庭审，展示了法官们良好的专业形象。开展全员大培训，围绕裁判的价值衡量、区块链技术、民法典应用等主题，组织18场专题培训，干警××××余人次参训，拓宽了视野，提升了素养。举办"西法文化月"系列主题活动，积极营造和谐向上、张弛有度的西法文化氛围。涌现出北京市三八红旗奖章获得者赵莹、北京市先进工作者张爽、北京青年榜样舒锐等先进个人8个，北京法院优秀审判团队5个，人才工作机制获评"北京法院人才工作精品"二等奖。

（三）正风肃纪，纵深推进全面从严治党、从严治院

制定全面从严治党主体责任清单，将全面从严治党、"三个规定"执行情况纳入党组会常规议题，主动接受"三重一大"等重要事项决策的监督。认真贯彻落实《中国

共产党政法工作条例》，制定向区委请示报告重大事项清单，全年报送法院专报7期，请示报告6次，将向党委请示报告重大事项制度落到实处。在基层法院内设机构改革落地后，及时成立机关纪委，认真开展"以案释德、以案释纪、以案释法"警示教育和"三个规定"专项整治，对落实中央"八项规定"精神及实施细则进行再检查，以抓铁有痕的态度解决好管党治党存在的突出问题。积极发挥督查委员会和评查委员会职能作用，紧盯审判执行中的薄弱环节，对2019年发回重审和改判的×××件案件全部进行质量评查，对×××××件撤诉案件开展专项评查，就评查中发现的问题及时整改，总结共性问题在法官大会上讲评。

（四）公开透明，自觉接受社会各界监督

积极构建开放动态透明便民的阳光司法机制，全年上网公开裁判文书×××××份，应公开率达到100%；完成庭审网络直播×××××次。主动接受区人大及其常委会的监督，向区人大专题报告诉源治理工作推进情况，并根据审议意见不断改进相关工作。开展代表委员联络活动9场，通过线上线下方式邀请各级代表委员93人次参加新闻通报会、旁听庭审、视察座谈等活动，对代表委员提出的意见建议逐条梳理、逐件督办、及时反馈。依法接受检察院法律监督，邀请检察长列席审判委员会。扩大人民陪审员选任范围，年内完成600名人民陪审员的选任工作，进一步增强了人民陪审员的广泛性和代表性。

各位代表，在过去的一年里，××法院能够在新冠肺炎疫情始终严峻的大背景下，顺利完成审判执行任务，各项工作取得新进展，离不开区委的领导，区人大的监督，区政府、区政协以及社会各界的大力支持。各位人大代表就法院工作建言献策，给予了很多关心和鼓励，在此，我代表区法院向大家致以最衷心的感谢和最崇高的敬意！

我们清醒认识到，当前法院工作还面临着不少挑战和问题：服务大局的能力和首善标准还有差距，对制约核心区高质量发展的司法课题研究还不全面，优化营商环境的司法效能有待进一步激发；面对"案多人少"矛盾在一定时期内仍将持续存在的状况，依靠改革创新推动发展的信心和勇气还需要进一步加强，运用信息化、大数据主动回应群众司法需求的能力还需要进一步提升；个别干警对全面从严治党的思想认识没有完全跟上形势要求，司法作风亟待改善，八小时以外的监督还未完全到位。对这些困难和问题，我们将紧紧依靠区委的领导，在区人大监督和各方面支持下，努力加以解决。

2021年的工作任务

各位代表，2021年是建党百年的伟大时刻，是第一个一百年奋斗目标的实现之年，是"十四五"规划开局起步之年，是核心区控规落地实施之年，区法院将坚定不移地以习近平法治思想为指导，牢固秉持"首善标准"，积极践行"红墙意识"，统筹抓好执法办案、服务大局、司法改革、队伍建设等各项工作，努力为区域高质量发展提供优质的司法服务和保障。

一是以更稳的立场履行首都法院的政治责任。把深入学习贯彻习近平法治思想同贯彻党的十九届五中全会精神、中央全面依法治国工作会议精神、习近平总书记视察北京的系列讲话精神结合起来，全面履行维护国家政治安全、确保社会大局稳定、促进社会公平正义、保障人民安居乐业的法定职责，努力让人民群众在每一个司法案件中感受到公平正义。持续发挥××区人民法院的党建优势，做强做大更多党建品牌，全面促进党建和业务的深度融合，充分凝聚起奋斗的力量。

二是以更大的力度服务保障区域高质量发展。围绕核心区控规实施工作，深入研究老旧小区改造、城市保护更新中涉及的法律问题，以司法视角积极探索依法治区的新路径。围绕国家金融管理中心作用发挥和金科新区建设，厚植金融审判优势，用好金融纠纷诉源治理和多元化解机制，强化金融创新领域的风险监测预警与防范功能。围绕优化营商环境，统一法律适用和裁判尺度，增加司法的透明度和可预期性，以实际行动阐释"法治是最好的营商环境"。围绕市域治理试点工作，深度对接"街乡吹哨、部门报到"机制平台，进一步拓展12368诉讼服务热线和"诉源治理直通车"的服务面，让更多矛盾纠纷化解在诉前。

三是以更实的举措不断提升审判质效。巩固深化"简案快审、繁案精审"的审判格局，对前端速裁的运行机制进行再升级，在重视效率的同时确保质量不降低；对中端精审的审理方式进行再规范，在精细审理的同时确保程序不拖延；对后端执行部门的管理模式进行再完善，在加大力度的同时提倡善意执法。持续加强审判规范化建设，深刻检视制度落实不到位的问题，驰而不息改进司法作风、规范司法行为。充分发挥好专业法官会议、评查委员会、审判委员会在加强审判质效监督上的制约作用。

四是以更强的韧性持续推动综合配套改革。在坚持目标导向和问题导向的同时，更加注重改革举措的系统集成和协同高效，积极推动综合配套改革红利更多更好地惠及审判工作。加快智慧法院建设，积极推进办案智能管理系统，让信息技术更好地助力法官判案和法院管理。将服务群众的理念贯穿法院工作的全过程，持续提升诉讼服务质量，让"数据多跑路、群众少跑腿"。

五是以更高的标准抓好法院队伍建设。着力发挥党建引领作用，坚持全面从严管党治警，充分运用"四种形态"特别是"第一种形态"，对于苗头性、倾向性问题及时提醒，对于违法违纪问题绝不姑息。持续推进岗位大比武、全员大培训活动，完善常态化、可持续的人才培养机制，推动审理出更多精品案件，培养出更多审判业务专家。

各位代表，在新的一年里，面对新形势、新任务、新挑战，区法院将在区委的领导、区人大及其常委会的监督、区政府、区政协以及各位代表委员的大力支持下，坚定信心、不畏艰难、真抓实干，为推动核心区各项工作始终走在首都新发展的前列作出新的更大贡献。

北京市××区人民法院

2020年××月××日

[简析]

这是一份工作报告。正文围绕主旨，首先对过去一年的法院工作进行了回顾和肯定性评价，然后采用分条列项法，对一年来的工作成绩、具体措施、经验体会和取得的效果进行陈述，最后提出了新一年的工作思路。文章条理清晰，语言流畅。

[范文2] 情况报告

关于××乡柳编厂火灾事故的检查处理报告

××市××局：

××××年××月××日，我县××乡柳编厂发生了一起重大火灾，烧毁部分设备和成品柳条筐××万个，造成经济损失××万元。火灾发生后，我们调集6台消防车参加灭火，保住了厂房和部分原材料。经上下通力合作，该厂于8月1日正式恢复生产。从检查情况看，该起火灾是一次重大的责任事故。其直接原因是该厂工人×××违章用电发出电火花，引燃附近备用柳条垛所致。但这次火灾的发生，领导也负有重大责任。该厂领导抓安全防火不力，消防组织不健全，平时不抓安全防火教育，灭火时配合不够，致使火势蔓延。

为了认真吸取这次重大火灾的沉痛教训，防止类似事故的发生，我们采取了以下措施：

一、……（略）

二、……（略）

三、……（略）

对这次火灾，县政府已责成县公安局、县安监局、××乡政府迅速核实案情，做好善后工作。对事故责任者作了处理……

以上报告，如有不当请指示。

××县××局
××××年××月××日

[简析]

这是一篇事故情况报告。文章一开篇便点明了时间、地点和事件，作为全文的总起；接着以一连串数字说明了损失之惨重，突出了事故的严重性。对于事故发生的原因，作者从主观、客观两个角度作出了全面深入的分析。首先以"调查核实"为依据，认定这是一起"重大责任事故"；然后从"直接责任"和"领导责任"两个方面作出分析；最后提出对策——针对这一责任事故以及安全生产的某些薄弱环节，说明了已经采取的三项措施。

文章最后一个小段，以"惯用结语"作结。全文内容充实，结构严谨，显示了报告的完整性与条理性。

[范文3] 答复报告

关于张××同志职称评定问题的答复报告

××市人民政府办公室：

接市办5月20日查询我单位张××同志有关职称评定情况的通知后，我们立即进行了调查。现将有关情况报告如下：

张××同志是我集团公司二分厂工程师。该同志1962年起曾在××工程学院受过四年函授教育，学习了有关课程。由于"文化大革命"而未能取得学历证明。因缺乏学历证明，在今年上半年职称评定时，根据上级有关文件精神，我单位职称评委会决定暂缓向上一级职称评委会推荐评定他的高级工程师职称，待取得学历证明后补办。该同志认为这是刁难，因而向市政府提出了申诉。

接到市政府办公厅查询通知后，我们专程派人去××工程学院查核有关材料，得到××工程学院的支持，正式出具了该同志的学历证明。现在，我集团公司职称评委会已为张××同志专门补办了有关评定高级工程师的推荐手续，并向该同志说明了情况。对此，他本人已表示满意。

特此报告。

××集团公司
××××年××月××日

[简析]

这是一篇写得较好的答复报告。正文开门见山写接到市办查询通知及已进行了调查，这是行文的背景。接着以文种承启语导出主体。主体写张××一事的缘由、调查和处理的情况，有理有据。报告处理结果，尤其是张××本人对处理结果的态度，是上级最关心也是本文的关键一笔，简洁明了，可使上级知晓并满意处理结果。

[思考与练习]

改错：××市工商局拟建设新办公楼，事先就有关事项向省工商局商请，同时市政府需了解有关情况。公文主体及版记部分如下，请指出格式或文字上存在的五个方面的明显差错。

××市工商局
关于请求批准建设新办公楼的报告

省工商局并市政府：

近年来，我市经济快速健康发展，各项事业都呈现出良好的发展局面。市工商局作为全市主要的市场监管和行政执法部门，承担着监管服务各类市场主体、促进经济发展和社会进步的职责。随着形势的发展，监管范围将越来越宽，服务任务将越来越重。但从目前我局的办公条件和环境看，已不适应工作需要。……（略）

为改善办公和服务环境，我局拟新建办公楼。……（略）

以上报告，请批准。

××市工商局党组（章）
二〇〇五年一月一日

主题词：×× ×× ××
抄报：省工商局××副局长、市政府××副市长
××市工商行政管理局 2005 年 1 月 1 日印发

[任务评价]

根据提供的材料写一份报告,并使用评价表格对完成的报告进行评价。

20××年×月×日上午,某市工商局某工商分局接到群众电话举报,在该分局辖区某居民小区3号楼有一伙人正在从事传销活动。该工商分局迅速组织10名工商执法人员,联合公安部门前往检查。在现场,发现有近200人正聚集在一间大会议室内听课。执法人员在依法出示执法证件后,将正在讲课的姚某控制住。当执法人员欲将听课人员带离现场时,姚某煽动听课人员闹事,场面顿时大乱,近200名听课人员对10余名工商、公安执法人员围攻谩骂,大打出手。在长达20余分钟的殴斗中,有7名工商人员和3名公安民警被打伤,其中2人重伤。工商执法人员李某在送往医院途中,因伤势过重,不幸身亡。

事件发生后,当地党委、政府和工商分局领导高度重视,分别前往医院探望受伤的执法人员,慰问遇难人员家属,并要求尽快破案,严惩凶犯,同时做好遇难人员家属的安抚工作,积极救治受伤人员。

目前,犯罪嫌疑人姚某畏罪潜逃,参与闹事的张某等14人已被公安机关拘留,此案正在进一步处理中。

根据以上素材,以该工商分局的名义向市工商局写一份情况报告。

报告的写作评价表

评价项目	评价标准	分值	自我评分	教师评分
写作文种	文种类型选择无误	5		
写作格式	符合公文规范要求,按照报告的规范格式书写	20		
发文缘由	缘由简洁明了,有承启用语	20		
报告内容	报告内容客观真实、主旨鲜明、详略得当,不夹带请示事项	20		
语言表达	语言简练,夹叙夹议,条理清晰	30		
标点符号	使用正确	5		

任务四 函的写作

教学目标:通过本任务教学,引导学生认识函的性质、功能和文种特点,领会并掌握函的语言特点和各种函件的写法。

教学提示:教学过程中,应让学生掌握函的格式和写法,掌握一般书信与函的异同。可通过创设情境,组织小组或个人活动,让学生从实践中感悟,在练习中掌握相关的知识与技能。

基础知识：

1. 函的含义和用途。函是党政部门、企事业单位、机关团体之间商洽工作、询问和答复问题，或是向有关主管部门请求批准某事项时使用的公文文种。函属于平行文。作为公文的函，与一般的信函不同，用于不相隶属机关之间的公务往来，也适用于不属于行政组织系统中上下级关系的有关业务主管部门的公务往来。函也称为公函。

2. 函的特点。

（1）行文的多向性。公文中只有函具有多种行文方向，它大部分用于平行机关或不相隶属机关之间，有时也可用于上行或下行。

（2）功能的多用性。函的用途广泛，使用频率高。主要用于不相隶属机关之间商洽工作，询问、答复问题，周知事项，也可以向业务主管部门请求批准有关事项，还可以用于上下级之间的公务联系。

（3）写作的灵活性。篇幅短小，轻捷简便，写法灵活，不受公文格式的严格限制。

3. 函的种类。

（1）商洽函。联系、商洽、协商某项工作，用于不相隶属机关之间。例如，人事调动、业务交往等。提出商议事宜和要求的函称为致函，给予答复的函称为复函。

（2）询答函。用于部门单位之间询问政策性和业务性的问题，或用于需要了解的事项。提出询问的函称为致函，给予解答的函称为复函。这类函既可以用于不相隶属机关之间，在特殊情况下，也可以用于有行政组织关系的上下级之间。

（3）请批函。这类公函用于不相隶属机关之间，一方向另一方业务主管部门请求批准某些事项。提出请求的函称为致函，即请求批准的函；另一方主管部门审批后所做的答复称为复函，即审批事项的函。

4. 函的写作方法。公函包括标题、主送机关、正文、发文机关、日期等。

（1）标题一般由"发文机关+事由+文种"组成。一般发函为《关于××（事由）的函》；复函为《关于××（答复事项）的复函》。

（2）函的行文对象一般情况下是明确、单一的，所以多数函的主送机关只有一个。

（3）正文。函虽然有三个种类，但无论是商洽函、询答函还是请批函，正文写法都是相同的，即开头、主体、结尾三部分，只是致函和复函有所区别。

①致函的写法。开头交代去函的原因和目的，要简明扼要、意思明确。主体言明询问或商洽的内容，要写得条理明晰、语言准确，遵循一文一事的原则，把所要说明的问题写透彻。切忌过多的分析评价，适当使用议论。结尾要用语得体，以平等的态度表述意见、提出要求。常用"盼复""以上意见，请函复为盼"等公文专用语。

②复函的写法。开头先引叙来文，如使用"你局《关于××问题的函》（×发〔200×〕×号）收悉，经研究回复如下"等语，表现为平级机关之间或不相隶属机关之间的平等关系，体现出礼貌平和。主体针对致函所商洽或询问的事项，作出答复。如果内容较多，要列出条目，一一解答。复函的用语要明确具体、准确平实、态度诚恳、朴实亲切。结尾一般常使用"特此专复""特此复函"等词语作结。

5. 写作注意事项。

（1）一函一事，简练行文。函作为平行文，不管是致函还是复函，都采取一文一事的写法，避免啰唆繁杂，不得要领。写致函时，本着一事来写，或咨询，或商洽，或请求；写复函时，本着致函来答，不另生枝节。

（2）语气平缓，态度平等。函用于不相隶属机关时，写作态度要保持平等的关系。作为下级向不相隶属的上级机关行文，不必低声下气；作为上级机关给非主管单位的函，也不可颐指气使。双方保持平等关系，既要尊重对方，又须使用平和用语。

（3）开门见山，直陈其事。与日常生活中往来的信函不同，公文的函不必使用问候语，更不必赘述其他内容，而是开门见山、直陈其事、主题鲜明、文意严密。

[范文1] 商洽函

关于商洽委托代培涉外秘书人员的函

××大学文学院：

　　本集团公司新近上岗的秘书人员缺乏专门的涉外秘书知识，业务素质亟待提高。据报载，贵院将于今年9月开办涉外秘书培训班，系统讲授涉外秘书业务、公关礼仪、实用文书写作等课程。这个培训项目为我集团公司新上岗的涉外秘书人员提供了一个难得的在职进修机会。为能尽快提高本集团公司涉外秘书人员的从业素质，我们拟选派8名在岗秘书人员随该班进修学习，委托贵院代培。有关代培费用及其他相关经费，将按时如数拨付。

　　如蒙慨允，恳请函复为盼。

×××集团公司（印章）
××××年××月××日

[简析]

　　这是一份商洽函。正文分六个层次：其一，写本单位在岗秘书人员的素质亟待提高，这是行文的缘由、背景；其二，写知悉对方开办秘书培训业务；其三，认为对方的培训是我方秘书难得的在职进修机会；其四，以"目的句"写行文的目的；其五，即为商洽的事项；其六，请求对方答复。

　　此函思路清晰，环环相扣，逻辑性强。"贵院""恳请函复为盼"一类具谦敬意味的词句，体现了商洽函的语体特征。

[范文2] 询答函

关于给××超市总公司商租商场一事的复函

上海××超市总公司：

　　贵公司《关于商租××商厦五楼的函》（沪×超函〔×××〕20号）收悉，经研究，现答复如下：

　　贵公司欲租我商厦五楼闲置的楼面开设超市，这是方便顾客的购买需求，有利于盘活我商厦的闲置资源、扩大我商厦的经营规模与商品种类的好事,本商厦欢迎贵公司来我商厦五楼开设超市。具体租金请贵公司来人面洽。

特此复函。

上海××商厦
××××年××月××日

[简析]

这是答复对方商洽事项的函。正文开头引述对方来函标题及发文字号,以作复函缘由,继而用"经研究,现答复如下"一语过渡到主体部分。主体部分先概括对方来函所商洽的事项及意义,既是对来函的回应,又表达了自己的态度。紧承这句,作出"欢迎"合作的表态,并提出面谈要求。此复函针对性强、态度诚恳、表述严谨、行文规范。

[思考与练习]

改错:

××学校关于帮助解决进修教师住宿问题的函

××大学校长办公室:

首先,我们以校方的名义向贵校致以亲切的问候。在此,我们冒昧地请求贵校帮助解决我校面临的一个难题。事情是这样的,最近,为培养师资,我校选派了五名教师到××学院进修,但因××学院基建工程尚未完工,我校进修教师的住宿问题至今仍未得到解决。请贵校为我校五位教师提供帮助,解决其住宿问题。住宿费用等事宜,按贵校有关规定办理。最后,再次恳请予以关照!

20××年××月××日

[任务评价]

根据给出的材料写一份函,并使用评价表格对完成的函进行评价。

某大学化学系为了使三年级学生了解现代有机化学发展现状,特去函与该市化工研究所联系,希望安排学生前去参观,并请该所著名研究员×××作《当代有机化学的现状与发展》的讲座。标题、发文字号、时间自拟。

函的写作评价表

评价项目	评价标准	分值	自我评分	教师评分
写作文种	文种类型选择无误	5		
写作格式	符合公文规范要求、按照函的规范格式书写	20		

续表

评价项目	评价标准	分值	自我评分	教师评分
发文缘由	致函的目的和性质一目了然，便于对方处理函件事务	20		
函事项	一事一函，简洁明了，针对性强	20		
语言表达	语气得体，遣词造句恰如其分，礼貌谦和，态度诚恳	30		
标点符号	使用正确	5		

项目二　事务文书写作

◎ **训练目标**

掌握事务文书的性质、特点和写作要领，能够根据事务文书的适用范围选择恰当的文种，并理解事务文书与公务文书的区别。

◎ **训练任务**

通过必备知识的学习和各类事务文书的专题指导和训练，能够在实际工作情境中运用事务文书的写作要求与写作技巧，运用恰当的语体完成事务文书的写作。

◎ **知识准备**

事务文书概述

一、事务文书的概念与分类

事务文书是指国家机关、社会团体、企事业单位以及个人在日常行政事务活动中用来传递信息、沟通关系、制订计划、探讨问题、指导工作、总结经验、调查情况、规范行文、处理日常事务而撰写的应用文体，又称"常规文书"或"业务文书"。

事务文书包括意见、简报、计划、总结、说明等文体，它虽然也应用于党政机关的公务活动，但这类文书的性质和作用是有别于法定公文和专用文书的。它应用范围广，使用价值较大。由于"事务"是个泛指概念，既包括公文，又包括"私务"，这就使事务文书在具体应用中既包括"公用"，也包括"私用"，因而有人又称事务文书是平时处理公务和私务所用的应用文体。

事务文书往往直面我们的生活，以工作和生活中的实际需要为写作动机，以解决方方面面的日常问题为写作目的。这类文书看似容易，但各种文种均有自己相对独特的写作规范和技巧。

二、事务文书的写作要求

1. 写作目的要明确。在具体工作中，写作者会根据具体事项选择相应的文种，因而事务文书具有很强的针对性。

2. 运用材料要真实。各类事务文书是为了解决实际问题、处理事务而撰写的，因而运用材料一定要真实、具体，观点明确，杜绝虚假和作秀的成分。

3. 写作态度要诚实。诚实的态度是写好事务文书的重要条件。对事务文书写作态度的反映，往往就是对工作态度的反映。

4. 人名、地名、数字以及引文要准确。日期一般写具体的年月日，除部分结构层次序数和词语、惯用语、缩略语、具有修辞色彩词语中作为词素的数字必须使用汉字外，一般都用阿拉伯数字书写。

三、事务文书与公文的主要区别

事务文书与公文有很多相似之处，如都是在机关工作中经常使用的，都具有较强的政策性、规范性和针对性。但事务文书之所以未被列入《国家行政机关公文处理办法》规定的公文中，是因为它有不同于公文的一些特点：

1. 事务文书是为处理日常事务活动而使用的，它所反映的是具体职能部门的看法和意见，作者可以是具体职能部门，也可以是其工作人员。而行政公文体现的是各级领导机关的意志，其作者是法定的各级领导机关或者机关领导人。

2. 事务文书是用来处理实际事务的工具，对推动实际工作、解决实际问题所起到的是参考和指导作用。事务文书一般不具有公文法定性质，只有通过公文载体批转、转发、发布的行政事务文书，才具有法定作用。行政公文作为管理国家政务的工具，是法定作者在法定范围内行使职权而研发的，具有很强的权威性和约束力，其法定作用非常明显。

3. 事务文书虽然也具有一定的写作格式，但这是在实践中逐步形成的惯用格式，而不是固定不变的，作者可以根据其内容和写作要求，自由、灵活、多样地确定表述程序，合理地安排文章结构。而行政公文具有法定的格式，在《国家行政机关公文处理办法》中，对公文的格式、行文规则、处理程序甚至用纸规格、书写编排等都有严格的规定，都要认真遵守、执行。

4. 在表达方式的运用上，事务文书以说明、叙述、议论为主，但也可以适当运用描写等方法，使语言既准确、质朴、简明，又生动、形象、活泼，增强文章感染力和说服力。而行政公文的表达方法更为严肃，通常只用说明、叙述和议论，且说明重在把事务、事理解释清楚，叙述重在把事务、事理交代明白，议论重在对事务、事理进行客观评述。

任务一　简报的写作

教学目标：本任务主要通过简报例文的教学，帮助学生了解简报的含义、特点、作用与种类，掌握简报的结构和写作方法，能写出具有较好创意的简报。

教学提示：教学要结合实际，可以布置学生通过网络搜集几份关于政府或企事业单位的各种不同形式的简报，体会它们的不同特点和具体写作方法上的不同要求，加深对各类简报的认识。同时提示学生简报写作的语言要简洁。

基础知识：

1. 简报的含义和用途。简报是各行政机关之间用来下情上报、上情下达和互通情况、交流信息的一个文种，是信息类公文中最重要、最常用的一种。它是一种机关文书。

机关、团体、企事业单位或私人企业内部用来汇报工作、交流经验、反映情况、沟通信息、报道动态的应用文体叫简报。简报把丰富的内容进行缩编，文体简约，语言精要，篇幅不宜过长，一般情况下不超过2000字，是简短的情况报道。

2. 简报的特点。

（1）反映情况。通过简报，可以将工作进展情况以及工作中出现的新情况、新问题、新经验及时反映给各级决策机关，使决策机关了解下情，为决策机关制定政策、指导工作提供参考。

（2）交流经验。简报体现了领导机关的一定指导能力，通过组织交流，可以提供情况、借鉴经验、吸取教训，这样对工作有指导和推动作用。

（3）传播信息。简报本身即是一种信息载体，可以使各级机关及从事行政工作的人互相了解情况，吸收经验、学习先进、改进工作。

3. 简报的种类。按时间分，有定期和不定期简报；按内容分，有工作简报、学习简报、生产简报、科技简报等；按性质分，有专题简报、综合简报；按使用范围分，有业务简报、中心工作简报、会务简报等。

通常使用的简报有以下三种：

（1）工作简报。配合中心工作，有计划、有目的地反映工作进展情况，便于领导机关对工作的指导监控。这类简报常常反映工作中出现的问题、解决的办法、工作的质量要求和进度等。

（2）动态简报。及时反映机关单位一个时期的内部状况，员工生产、生活中的思想动态、精神状况等。这类简报文字简练，新闻式的消息较多，形式灵活，不拘一格。

（3）会议简报。在较为重大的会议中，报道会议的进展情况，宣传会议的基本精神和有关领导的重要指示，反映会议代表在会议上的发言、表态，评价会议的意义和影响。这种简报为会议服务，在会议召开时编发，会议结束时终止，密切配合会议进展情况，编写速度快，内容精短，形式活泼。

4. 简报的写作方法。简报的种类尽管很多，但其结构却不无共同之处，一般都包括报头、标题、正文和报尾四个部分。有些还由编者配加按语，成为五个组成部分。

简报一般都有固定的报头，包括简报的名称、期号、编发单位和发行日期。

（1）简报名称印在简报第一页上方的正中处，为了醒目起见，字号宜大，尽可能用套红印刷。

（2）期号位置在简报名称的正下方，一般按年度依次排列期号，有的还可以标出累计的总期号。属于"增刊"的期号要单独编排，不能与"正刊"期号混编。

（3）编发单位应标明全称，位置在期号的左下方。

(4) 发行日期以领导签发日期为准，应标明具体的年、月、日，位置在期号的右下方。

报头部分于标题和正文之间，一般都用一条粗线隔开。

有些简报根据需要，还应标明密级，如"内部参阅""秘密""机密""绝密"等，位置在简报名称的左上方。

报尾部分应包括简报的报、送、发单位。报，指简报呈报的上级单位；送，指简报送往的同级单位或不相隶属的单位；发，指简报发放的下级单位。如果简报的报、送、发单位是固定的，而又要临时增加发放单位，一般还应注明"本期增发×××（单位）"。报尾还应包括本期简报的印刷份数，以便于管理、查对。报尾部分印在简报末页的下端。

[范文1] 工作简报

工作简报
第 121 期

××车站办公室编　　　　　　　　　　　　　　　　20××年××月××日

旅客赞扬我站文明礼貌服务好

我站最近陆续收到二百多封表扬信，表扬我站文明礼貌服务好。

封封热情洋溢的表扬信件，有的是国际友人寄来的，有的是归国华侨写来的，更多的是国内旅客写的。一位五十八岁的老华侨来信说："十二月三日那天，我和妻子从××转车回香港，我妻子有心脏病，携带的东西又多，正在为上车发愁时，客运二〇九号值班员主动走过来，询问我们到哪里去。她问明情况后，给我们扛行李、拎提包，一直把我们送到车上。我们老两口非常感动，拿出三十元钱表示谢意。这位姑娘说，钱我不能收，这是我应该做的事情。我们问她叫什么名字，她只说'是乘务员'。"这位老华侨在信中感慨万千地说："还是祖国好，处处有亲人。"一位法国女留学生在信中说："十一月底，我经过贵站转回北京，因天气突然变冷，我在站台上被寒风吹得直打战。一位女服务员连忙把我请到休息室，还给我端来一杯热茶。车到站后，她又帮我拎提包上车，我问她姓名，她只说是车站的服务员。"

上海宝钢总厂一位干部寄来一封信和十元钱。他在信中说："十二月十三日，我在××车站买票时发现钱不够，少了十元，我焦急万分，向一位服务员讲明情况后，她毫不犹豫地掏出十元钱给我。我不知道她的姓名，只知道她是客运二班服务员，是个二十多岁的姑娘。"车站根据这一线索，查到了这位助人为乐的服务员是王××。

××车站是我国最大的客运站之一，过去我站曾以环境脏、秩序乱、服务态度差招致不满。在"迎党的十六大文明礼貌月"活动中，站党委带领我站职工，把站台打扮得像一座小花园。车站还要求服务人员在接待旅客中做到"三要""五主动"：接待旅客要讲究礼貌，纠正旅客违章行为时要态度和蔼，处理问题要实事求是；主动迎送旅客，主动扶老携幼，主动帮助旅客解决困难，主动介绍旅行常识，主动征求旅客意见。

所以不少过往我站的旅客都称赞我站确实变了。

希望我站广大职工继续努力，为建设我站社会主义物质文明和精神文明作出新贡献。

发送范围：车站全体职工

共印：××份

[简析]

该简报格式规范、完整，选材集中，首先用简明的语言引用旅客来信数量说明情况，然后选择典型事迹来具体介绍该站服务人员是如何关心帮助旅客、助人为乐的，最后发出号召。内容十分真实感人。

[范文2] 动态简报

××简报
第 12 期

××厂办公室主办　　　　　　　　　　　　　　　　　　20××年××月××日

提高素质　优化结构　我厂调整一批中层领导干部

为适应企业转换经营机制和工厂承包经营形势，推动工厂民品发展再上新台阶，春节前后，我厂对中层领导干部进行了调整。共免去7名中层干部的领导职务，8名党政中层领导由副职提为正职；2名中层干部被任命为厂长助理；还选拔了7名年轻干部担任中层领导职务，他们平均年龄37.7岁，文化程度平均在中专以上。这次中层以上干部调整的特点是：

1. 一批老干部退居二线，但不"一刀切"。目前，工厂正处于艰苦创业时期，虽然新的形势给工厂经济好转带来了机遇，但工厂面临着更多的困难：资金严重不足；企业严重亏损；企业走向市场，产品开发任务艰巨；领导工作的难度更大。为使中层干部队伍更好地适应形势，肩负起开发民品的重任，工厂安排了一部分年龄较大的干部退出领导岗位，同时选拔了一批年富力强的中青年干部充实干部队伍。个别老同志干劲大，积极性高，工作岗位又确实需要，因此仍留在领导岗位上。

2. 重实绩，一批年轻干部被大胆启用，有的走上了重要领导岗位。承包后的各单位被工厂推上了市场，要想在市场竞争中取得显著效益，就需要那些精力充沛、头脑清醒、思想解放、敢闯敢干有能力的同志做带头人，这次新提拔和副职提正职的干部就具有这些特点，他们在过去一年的工作中作出了突出的成绩，受到厂领导和职工群众的公认，工厂注意发现并给这些同志提供发挥才干的机会，给他们表演的舞台，放手让他们在创业中为工厂作出贡献。

3. 大胆尝试，逐步增加党政担子"一肩挑"的干部。加快经济发展的新形势要求企业政工干部必须熟悉生产经营，生产经营中的思想政治工作也需要由党、政干部共同去做好，党、政干部都应成为生产经营和思想政治工作的内行。党政担子"一肩挑"，有利于企业领导干部真正成为"内行"，有利于企业生产经营和思想政治工作的开展，促进工厂经济发展。这次干部调整，有16名中层领导干部挑起了党、政两副担子。

经过这次干部调整，我厂中层领导干部的结构渐趋合理，整体素质得到进一步提高，从而为我厂的经济发展提供有力的组织保证。

上报：（略）

抄送：（略）

共印：××份

[简析]

这是一篇企业人事动态简报，文字简洁、表述清楚。正文前言表述目的，概括叙说"春节前后，我厂对中层干部进行了调整"，简述了中层干部的任免情况，接着用"这次中层以上干部调整的特点是"导出主体内容。主体内容为"特点"的开展。

[范文3] 工作简报

来自招商一线的报道
——××市××区级机关招商引资工作成绩突出

今年以来，区级机关各部门从整治软环境和服务经济中心入手，着力改善工作面貌，努力提高服务效率、服务质量和服务水平，各项工作都取得了显著进展，招商引资工作成绩斐然。

区农业局围绕特水养殖、江滩开发、银杏产业等区域资源和传统产业积极开展特色招商，该局派驻广东、福建招商小分队的人员在经费极其紧张的情况下，克服诸多困难，终日骑着租来的摩托车四处奔波，逐家逐户敲门招商。目前，已为区农业科技创业园引进了投资额达人民币4000万元的冷冻食品深加工项目。

区建设局通过多方努力邀请到××项目投资者——××广信公司前来我区做客，以局长为首的建设局工作人员不分早晚，全程陪同投资者实地参观考察，他们的诚意感动了对方，××广信公司先后放弃了两份意向性协议，使××项目终于落户我区。

区外经贸局为营造良好的投资环境，提出了"保姆式"服务的口号，局领导身体力行，全局工作人员对外商的要求从不说"不能办"，总是千方百计地"尽快办"。他们工作不分白天晚上，出差不分节日假日，该局的"一站式"服务受到了众多投资者的一致好评。

区科技创业园主要负责同志为了招商引资工作，爱人手术住院也没有时间陪护，一心扑在工作上。创业园派往各地招商的工作人员中也涌现出了不少感人事迹：负责东莞办事处的邵××同志，撇下新婚宴尔的妻子外出招商，一别就是七八个月；负责温州办事处的陈××同志为了工作，母亲生病住院也未回家探望；上海办事处的一班年轻人大胆探索，通过网络招商、电话招商、敲门招商、以商引商等形式积极开展活动，在短短两个月的时间内就签下了6个项目。

在各部门、各单位的协同努力下，我区的招商引资工作取得了丰硕的成果。到目前为止，共引进企业32家，已投产的企业有5家，累计引进外资总额达7890万美元、利用民资近人民币3.3亿元，形势十分喜人。

[简析]

这是一篇工作简报，反映的是××市××区级机关招商引资工作成绩。简报标题为双题式，正文的主体部分采用并列式展开，分别对数个部门的工作情况加以介绍，语言简洁明了。很显然，正文的主体部分是对导言中"区级机关各部门……招商引资成绩斐然"主题的展开。

[思考与练习]

你校学生会或专业经常组织什么活动？你经常参加吗？

[任务评价]

请根据实际情况，为学生会或所在专业开展的校园活动拟写一则简报，并使用评价表格对完成的简报进行评价。

简报的写作评价表

评价项目	评价标准	分值	自我评分	教师评分
写作文种	文种类型选择无误	5		
写作格式	符合简报规范要求，按照简报的规范格式书写	20		
简报结构	结构完整，条理清晰	20		
简报内容	一事一报，紧密结合工作需要，选取典型事实和情况，内容高度概括，真实全面	30		
语言表达	语言表述精确、简练、生动	20		
标点符号	使用正确	5		

任务二　计划的写作

教学目标：通过本任务教学，帮助学生了解计划的性质、功能，充分认识计划是指导行动的文件，树立制订计划要认真、严肃，执行计划要努力、坚决的思想；弄清计划的分类；懂得制订计划的方法、步骤、内容、格式和写作要求。

教学提示： 在教学中可以通过案例分析来了解计划的一般结构和格式要求。虽然计划是大家很常见的，可是对撰写时的具体要求也许并不清楚。课前，教师可以布置学生搜集几份计划，进行分析、归纳计划的一般特点和要求。同时布置学生撰写个人学习计划、活动规划和设想等，学以致用，这样的教学既能调动学生的兴趣，也便于培养学生的实用写作技能。

基础知识：

1. 计划的含义和用途。工作、学习之前的安排和打算行之于文字的应用文体称为计划。机关单位制订计划还必须根据党和国家的方针政策及上级指示精神，结合本部门、本单位的实际情况拟订出切实可行的措施和步骤。

在实际应用中，常常根据特定的计划内容来选用合适的名称。常用的名称有：

安排、打算，是短期的具体的计划，其特点是对计划的目标以及实现计划的措施、方法、步骤等都有详细具体的安排部署。"安排"比较确定，没有特殊的情况要照办无误；"打算"则留有余地，可以进一步商量修改。

规划，是一种时间较长远的计划，是对事物发展的远景和规模从宏观上作出规定，内容较概括，是确定目标和方向的宏观性计划。

纲要，是用来明确规定出指标、规模、大政方针的计划。这种计划一般要经过法定程序制订颁发，是纲领性计划。

方案，是为完成某项具体工作任务，从目标、措施、方法、步骤、操作规程等作出精心设计的实施方案，是最精细的一种计划。

设想，是对未来实践活动的设计展望或假想。内容可以充实、修正甚至推翻，是一种初步的、非正式的、参考性的计划。

2. 计划的作用。

（1）预先制订计划，可使人早做安排，心有全局，工作减少盲目性，增强自觉性。单位计划，可以按照计划的部署合理使用人力物力资源；个人计划，可以对将要开展的学习、工作安排有序，步步落实到位。

（2）预见困难，及早防范。制订计划，可以预先估计工作、学习中可能出现的困难，做好思想和物质准备，采取有针对性的措施，掌握主动权，以便更好地推进工作。

（3）便于检查总结和推动工作。上级部门督促下级机关制订计划，可以及时掌握工作进展情况，检查和考核工作质量，并帮助下级机关随时处理问题。因此，一项周密完善的计划，有利于指导和检查工作，总结经验。

3. 计划的种类。

（1）按内容划分，有工作计划、学习计划、生产计划等；

（2）按范围划分，有单位计划、个人计划、局部计划、整体计划等；

（3）按时间划分，有月度计划、年度计划等；

（4）按写作形式划分，有条文式计划、表格式计划等。

计划的名称也因时间长短、内容详略、制订的规模大小有所不同。

4. 计划的写作方法。计划的结构由标题、前言、主体、落款四部分组成。

（1）标题。通常有两种：公文式标题和简略式标题。①公文式标题的写法是，单位名称+时限+事由+文种，如《××集团公司20××年政治理论学习计划》。②简略式标题的写法是，省略公文式标题的某一项或某几项，如《××集团公司党员轮训工作安排》；有的由事由和文种构成，如《业务考核计划》；有的甚至只写文种，如《计划》。

机关单位制订重大计划，要经过上级机关审批才能实施的，可先以"草案""讨论稿"等形式出现，等到审批通过，再进一步修改完善，成为正式的计划。

（2）前言。写出制订计划的依据，或根据哪些方针政策或上级的指示精神，有的要写明目的、意义等。

（3）主体。包括任务和目标，方法和措施及时限等。

任务和目标：这部分要说明"做什么"。写明所要达到的目标、实现的任务、完成的具体要求。写任务和要求一定按照计划制定的目标来写，要写计划完成的结果，不要写成具体做的实际过程。

方法和措施：这部分要说明"怎样做"。完成任务需要具体的措施、方法和步骤，因此，要针对上一部分的任务和要求来写，可操作性要强，要说明怎样安排，谁来执行，执行到何种程度。还要注意操作的先后顺序，有条不紊，具体明确，丝丝入扣。

（4）落款：写明制订计划的具体时间。单位名称如果标题已写，落款可以省略。

[范文1] 企业生产计划

××造纸厂20××年质量管理工作计划

随着我国加入WTO，企业的外部环境发生了很大变化，进入国际市场的机遇越来越多，面对的竞争也越来越激烈。提高产品质量，降低产品成本，成为增强企业竞争能力的重要手段。20××年是本厂产品质量升级、品种换代关键的一年，为进一步提高产品质量，特制订本计划。

一、质量工作目标

1. 一季度增加2.5米大烘缸两台，扩大批量，改变纸页温度。

2. 三季度增加大烘缸轧辊一根，进一步提高纸页的平整度、光滑度。此项指标要达到QB标准。

3. 四季度改变工艺流程，实现里浆分道上浆，使挂面纸板和水泥袋纸板达到省内同行业先进水平。

二、质量工作措施

1. 强化质量管理意识，进行全员质量意识教育，培养质量管理干部。

2. 成立以技术副厂长×××为首的技改领导小组，主管提高产品质量以及产品升级设备引进、技术改造工作，并负责各项措施的落实和检查工作。

3. 由上而下建立好质量保证体系和质量管理制度，把提高产品质量列入主管厂长、科长及技术人员的工作责任，年终根据产品质量水平分配奖金，执行奖惩办法（奖惩办法由劳资科负责拟订，××月××日前公布）。

4. 本计划纳入20××年全厂工作计划。厂部负责监督、指导实施。各部门、科室要协同配合，确保本计划的完满实施。

××造纸厂
20××年××月××日

[简析]

这是一篇条文式计划。标题为计划单位名称、计划时限、计划内容和文种，属于要素齐全的完整式计划标题。正文导言交代了制订本计划的背景和目的。正文主体的"质量工作目标"，按时间顺序写；"质量工作措施"四条，分别从管理意识、领导体制、质量保证体系、质量管理制度及检查指导等方面加以体现。计划思路清楚，语言准确、明晰，目标明确、措施具体，要求清楚，是一篇写得较好的计划。

[范文2] 学校教学计划

教务处20××—20××学年第一学期教学工作计划

本学期教务处认真贯彻党的教育方针，紧紧围绕学校"专升本"重点工作，深化改革，强化管理，真抓实干，加强建设，保证全校教学工作稳步健康发展。

一、重点工作

1. 围绕学校专升本工作的总体要求，制订计划，加强实验室、实训基地建设。按照学校升本工作部署，认真查找教学硬件保障条件中的薄弱环节，根据学校资金情况积极建设，重点加强专业实验室、新专业图书及实践教学基地建设，进一步改善办学条件。一方面为升本打好基础，另一方面为迎接20××年上半年教育部对我校"高职高专教育水平评估"打好基础。

2. 围绕学校中长期战略发展规划以及本科院校建设要求，制定学科（专业）建设和师资队伍建设规划。认真总结我校专业和师资队伍建设现状，根据省教育厅《关于加强高等学校师资队伍建设的意见》和《关于加强高等学校专业结构调整工作的意见》，充分调研经济和社会发展对学校发展的新要求，研究制定《郑州高等学科（专业）建设和师资队伍建设规划》，提出建设的中长期目标和保证措施，保证学校持续健康发展。

二、主要工作

1. 加强师资队伍梯队建设，做好骨干教师队伍的选拔考核工作。做好我校第四批青年骨干教师培养对象的期满考核工作；做好第二批学术带头人培养对象的年度考核工作；做好省级骨干教师的立项、选拔、推荐工作。做好我校第五批青年骨干教师培养对象的选拔工作，重点选拔35岁以下具有硕士学位或中级职称的骨干教师；为促进年轻教师尽快脱颖而出，设立"教学科研骨干"培养对象，选拔30岁以下具有一定教学、科研潜力的年轻骨干重点培养。

2. 做好课程建设和专业建设工作。在对20××年立项的精品课程建设项目进行中期验收后，组织20××年校级和省级精品课程、网络课程申报工作，投入运行资金，实行动态管理，确保建设效果，争取1~2门课程能够纳入省级或国家级精品课程建设项目。结合学校的定位和发展方向，积极组织新专业的论证申报工作，争取能够新设3~4个新专业或专业方向。

3. 修订并落实新一轮教学计划，做好学籍管理系统升级后配套工作。完成新一轮教学计划的修（制）订工作，并从20××级新生开始执行。做好学籍成绩管理系统升级后，进行网络化运行的配套工作。

4. 进一步规范教学管理，促进学校的教风和学风建设。制定《毕业论文及毕业考核管理办法》，规范我校毕业论文及毕业考核管理；修订《教学科研工作量计算办法》，细化计算项目，规范计算规程；制定《选修课管理办法》，加强我校选修课管理。加强教学质量管理，严格考风考纪和课堂教学纪律管理，营造优良的教风学风；进一步完善教学档案管理制度，把迎接专业改革试点和教学水平评估准备工作落到实处。

5. 加强教学研究，提高研究水平。加强高教研究所自身建设，将高教研究工作融入教学管理中，提高研究能力和研究水平；加强教研项目的过程管理，组织对各级各项教研课题的检查验收；做好省级教学研究成果评奖的各项准备工作；继续实行教材建设项目申报制，做好校内第三批规划教材的申报工作。

20××年××月××日

[简析]

这篇教学工作计划是教学部门的学期工作综合计划。标题采取了单位名称+时间+内容+文种全称式，前言交代了制订计划的指导思想和学校的中心工作。从表面上看，文中只写了"重点工作"和"主要工作"两个部分，实际上讲工作项目的同时已把方法、步骤也讲清楚了。可见，计划的写法可以灵活多样。本计划写得明确具体，可行性较强。

[思考与练习]

改错：

计　划

前言：在新的学期，要努力完成各科学习任务，做到位居前四。

一、任务和要求

要6点起床，阅读一个小时，每天不废。

二、方法和措施

1. 5门课程期末的总分达到456分。

2. 高质量地完成各科作业。

3. 从前8名上升到全班第4名。

4. 复习好英语，训练单词的背诵和记忆。

5. 作文做到每周一文，力求每篇800字。

6. 化学课重视实验，认真完成。

计划完成时间：本学期末。

尹××
20××年9月1日

[任务评价]

根据自己或本班、本社团的实际情况，制订一则条文式计划，并使用评价表格对完成的计划进行评价。

要求：(1) 标题正确；(2) 前言简洁；(3) 任务和要求明确、简洁；(4) 措施、步骤分条列项，层次分明；(5) 整体格式正确；(6) 字数不少于250字。

计划的写作评价表

评价项目	评价标准	分值	自我评分	教师评分
写作文种	文种类型选择无误	5		
写作格式	标题、前言、主体、结尾符合计划的规范格式，无缺项	20		
计划结构	结构完整，条理清晰	20		
计划内容	从实际出发，目标任务具体明确、实事求是，方法措施有针对性，切实可行	20		
语言表达	语言简洁、准确、生动	30		
标点符号	使用正确	5		

任务三　总结的写作

教学目标：通过本任务教学，引导学生对总结的性质、作用有深刻的认识，能认识到勤于总结、善于总结是自己成才的必由之路，从而培养自己勤于总结的良好习惯。掌握总结的写作方法，能做到实事求是，有实践性也有理论性，能用事实说话，以叙为主，叙议结合。

教学提示：首先要选准突破口。一般宜从学生自身的实践入手，提出引人入胜的思考题，题目应由浅入深，比如先提出"我们班的拔河比赛为什么胜了对方？""我们班的辩论比赛为什么会失利？"通过这一类问题，引发学生思考，然后引向深入，启发学生总结自己在某方面的经验或教训，比如"我是怎样学英语的？""我是怎样学语文的？""我是怎样当班长的？"然后回过头来讲概念、性质和作用，使学生将理论指导和实践总结紧密结合。

基础知识：

1. 总结的含义和用途。总结是单位或个人对过去一个时期内的实践活动作出系统的回顾归纳、分析评价，从中得出规律性认识用以指导今后工作的事务性文书。一般情况下，总结是计划执行之后所得到的结果，告诉人们"做了什么""怎样做的""结果如何"。

2. 总结的种类。从性质、时间、形式等角度可划分出不同类型的总结。从内容分，主要有综合总结和专题总结两种。综合总结又称全面总结，它是对某一时期各项工作的全面回顾和检查，进而总结经验与教训。专题总结是对某项工作或某方面问题进行专项的总结，尤以总结推广成功经验为多见。总结也有各种别称，如自查性质的评估及汇报、回顾、小结等都具有总结的性质。总结也有其他的名称，内容少、范围小、时间短的活动，如一次劳动、一次听课，可以称为小结或体会，写成"工作小结""听课体会"等。

3. 总结的特点。

（1）自身的实践性。总结是单位或个人实践活动的反映。对这种实践活动的经验或教训的提炼和概括，需要自身来实现。一个单位某一方面的总结，要由单位自身完成；一个人的某一活动的总结，要由本人来完成，其他单位或个人都无从代替。总结就是一种自为性的应用文体。总结的人称只能使用"我单位""我部门""我本人""我们小组"等。

（2）高度的概括性。总结不是事无巨细的记"流水账"，把某一时期所做的事情一一写出，而是在有限的篇幅内，选择最能说明某些问题的材料，进行有点有面的叙述，必要时还须精要的评议。总结的情况也许是几个月所做的事，也许是几年来的成果，甚至是更长时间中积累的经验。因此，总结是一种高度的概括，是对自身实践活动的浓缩。

（3）较强的理论性。总结不是仅仅陈述工作、学习及其他活动的情况，其重要之点在于要对这些情况作出合理的分析、深刻的检查、确切的评判，将感性的材料上升为理性的认识，提炼这些实践活动的精华，并揭示事物的规律性，用以指导以后的工作、学习及其他活动。

4. 总结的写作方法。

（1）标题。文件式标题：一般由单位名称、时限、内容、文种名称构成，如《××局××××年度拥军优属工作总结》。

文章式标题：以单行标题概括主要内容或基本观点，不出现总结字样，但对总结内容有提示作用，如某高校的专题总结《我们是如何实行教学与科研相结合的》。

双行式标题：分别以文章式标题和文件式标题为正副标题，正标题揭示观点或概括内容，副标题点明单位、时限、性质和总结种类，如《知名教授上讲台　教书育人放异彩——××大学德育工作总结》。

（2）正文。

前言。一般介绍工作背景、基本概况等，也可交代总结主旨并作出基本评价。开头力求简洁，开宗明义。

主体。应包括主要工作内容、成绩及评价、经验和体会、问题或教训等。这些内容是总结的核心部分，可按纵式或横式结构形式撰写。所谓纵式结构，即按主体内容纵向所做的工作、方法、成绩、经验、教训等逐层展开。所谓横式结构，即按材料的逻辑关系将其分成若干部分，标序加题，逐一写出。

结尾。可以归纳呼应主题、指出努力方向、提出改进意见或表示决心信心等语作结，要求简短精练。

落款。一般在正文右下方署名时，如是报纸杂志或简报刊用的交流经验的专题总结，应在标题下方居中署名。

[范文1] 综合工作总结

××行政学院××××年工作总结（摘要）

××××年是我校（院）进一步深化改革的一年，是教学、科研等各项工作取得明显进步的一年，也是我校的面貌发生较大变化的一年。在市委、市政府的直接领导和关怀下，在校委和全校教职员工的共同努力下，围绕"全面提高现有领导干部的素质"这个主题，抓住机遇，大胆改革，锐意创新，开拓进取，收到了显著的成效。

一、贯彻全国党校工作会议的精神，制定校（院）整体改革方案

1. 学习贯彻会议精神，统一思想，确定深化改革的总体思路。
2. 调查研究，集思广益，反复论证，形成改革方案。
3. 结合实际，边制订改革方案，边抓多项改革措施的落实。

二、突出教学中心地位，提高教学质量

1. 准确把握马克思主义的基本原理，强化理论教育。
2. 改进教学管理，提高教学质量。
3. 发挥干部培训综合基地的作用。

三、发挥科研基础作用，为教学和决策服务

1. 建立和完善我校科研体系。
2. 努力使科研成果进入决策层。
3. 取得了丰硕的科研成果。

四、强化服务保障功能，改善办学条件

1. 图书电教中心的建设上了一个新台阶。
2. 基础设施和辅助设施得到进一步改善。
3. 后勤工作的改革初具成效。
4. 接待工作为特区赢得了声誉，获得了兄弟院校来宾的一致好评。

五、加强自身建设，保证改革措施落实

1. 加强领导班子建设。
2. 加强党的建设，发挥群团作用，做好思想政治工作。
3. 完善和建立各种制度，加强各方面的管理。

回顾××××年深化校（院）改革、开展各项工作的实践，我们有如下三点切身的体会：

1. 上级领导的重视与支持是我校（院）各项工作取得进展的根本保证。
2. 各有关部门的大力支持是我校（院）各项工作顺利进行的重要条件。
3. 全校教职工的共同努力是我校（院）工作迈上新台阶的内在动力。

我校（院）各项工作也存在一些缺点和问题，主要表现在：

1. 教学质量与新形势新任务的要求相比仍有差距。

2. 教学组织管理与新的培训方式还不尽适应。
3. 思想政治工作力度不够。
4. 办学条件有待进一步改善。

今年我校（院）的工作重点是全面实施深化改革的方案和各项措施。校长×××同志在我校（院）××××年度工作总结大会上的重要讲话，既充分肯定了过去的工作，又就我校（院）面临的形势和任务作出了深刻分析，对我们提出了新的要求。他强调要围绕"增创新优势，更上一层楼"奋发努力，"关键的问题在于提高各级领导干部的领导水平、决策能力，也就是提高干部的整体素质。在这方面，我校肩负着特别重大的责任。"我校（院）要更好地发挥干部培训基地作用，就需加大干部培训的力度，加强科研工作，提高教学质量，加强围绕教学科研工作的后勤保障。我们要认真领会，按此要求部署好今年的工作，力争新的年度取得更大成绩。

××××年××月××日

[简析]

这是一篇教学单位的年终工作总结，采用了"分部式"，即"情况—成绩—经验体会—问题—今后设想"的结构写法。文章开头段两句话概括说明了一年的工作情况及其成效，接着分五个部分对一年来的工作成绩——作了总结，随后谈了三点体会，最后说明了工作中存在的问题并提出了今后工作的重点（设想），用校长在总结大会上的讲话展望了未来，部署了工作。总的来说，这份总结能突出经验性，思路清晰，层次分明，语言简练。不足之处是典型性、代表性的材料和数据不够。

[范文2] 专题工作总结

实行"三化" 提高工作质量

办公室工作的被动性、从属性、事务性和服务性特点，常常导致办公室在忙、乱、杂中运转。如何从被动中求得主动，提高办事效率、办公质量？现将××石化总厂储运公司的一些做法介绍出来，以期抛砖引玉。

我们采取"抓住重点，带动一般"的办法，在重点项目上建立健全工作程序、标准和制度，实现工作程序化、标准化和制度化，从被动中求主动。具体来说就是：抓住文件、会议、小车管理和接待协调三大项目，带动其他日常工作，对各项工作都要求绘出程序图，制定出制度和标准，在规定目标的同时，也规定达到目标的方法。

首先，我们根据三个重点项目各自的特点，绘制了《经理办公程序》《行政会议组织程序》《公文审稿工作程序》《客人接待工作程序》《小车安排工作程序》等二十四个工作程序图，制定和完善了《草拟公文工作标准》《秘书日常工作标准》《文稿修改工作标准》《复印文件工作标准》等十二个工作标准和《关于复印文件暂行规定》《关于保密工作的暂行规定》《关于印信使用的暂行规定》等八项工作制度，使各项工作有程序、标准和制度可依。

其次，在严格执行上下功夫。例如，我们要求在办文中严把"四关"：一把拟办单位关，要求拟办单位草拟文件时不草率；二把文字关，即看是否要行文和以什么形式行文，是否符合党和国家的政策法规，文字表达是否准确、简练、通顺，涉及几个部门时是否协商一致，和本单位前后文件是否有矛盾，体例格式是否规范；三把打字、校对、印刷、装订、分发关；四把文件发出后的催办关。通过严把"四关"，使文件的草拟、审核、审批、打印、校对、印刷、装订、分发与催办形成一条龙，从而保证了文件整体质量的提高。再如，在提高会议质量时，我们根据所规定的工作程序、标准和制度，主要抓了会前的准备工作、会中的记录和提醒、会后的记录整理和有关事项的催办和反馈四个环节。会前填写会议议题单，会后下发会议决定通知单或会议纪要，严格控制会议，认真整顿会风，提高了会议质量。

经过几年的实践，我们体会到，实行工作程序化、标准化和制度化，可以使复杂的工作条理化、规范化和责任化，使每个人都明确自己的责任和权限，达到了用时少、效率高的目的。

[简析]

这是一篇工作专题性总结。文章总结了该办公室实行工作程序化、标准化、制度化这"三化"的经验，针对性强，偏重于介绍做法、总结经验，内容集中，写得具体、细致，条理清楚，是推广经验文章的可取写法。

[范文3] 专题经验总结

企业围绕市场转　产品随着效益变
——××钢厂开展"转、抓、练、增"活动的经验

××钢厂是全国独立型特钢企业，全国500家最佳经济效益企业。长期以来，××钢厂始终坚持了"育人为先、管理为头、质量为命、效益第一"的指导方针，立足高原，艰苦创业，以深化改革为主线，以市场经济为导向，加速企业机制转换，在调整产品结构、提高产品质量的同时，增产降耗，加强经营管理，克服了重重困难，使企业得到了长足的进步和发展，经营生产年年持续跨上新台阶，为振兴西北地方经济、发展我国钢铁工业作出了应有的贡献。总结××钢厂在转机制、抓管理、练内功、挖潜力、增效益方面的做法，主要有以下几个方面：

一、深化企业内部配套改革，加快转换企业经营机制

（一）解放思想，转变观念，走转机制、抓管理的新路子。近年来，多次派人外出考察、学习，开阔了眼界，拓宽了思路。××××年以来，根据国内外市场需求情况和自己的实际条件，制定了企业战略目标，确立了"企业围绕市场转、产品随着效益变"的经营方针，树立了大市场、大企业、大流通的观念，加强了市场预测、经营决策和营销服务工作。树立创建全国第一流特钢的观念，积极进取，大胆实践，在建立社会主义市场经济体制中，走出了企业转机制、抓管理的新路子。

（二）坚持实行"两保一挂"承包方式，进一步完善内部经济承包责任制。

1. 以全厂利益为重，始终坚持国家、企业、职工三者利益兼顾，责权利相结合，

职工报酬与企业效益、个人劳动成果相联系的原则；坚持以市场为导向，突出经济效益的原则；坚持突出成本、质量的考核，增大对成本、质量、安全指标否决力度的原则。从而使企业内部经济承包责任制逐年走上程序化、标准化、规范化的轨道。

2. 不断完善企业内部经济承包责任制的"指标、考核、保证"体系。把企业对国家的承包指标，逐级分解，层层落实，实行全员承包，设计并完善了多种承包形式。

（三）深化以"三项制度改革"为重点的企业内部配套改革，不断完善分配机制和竞争机制。

二、强化管理，深挖内潜，努力增加效益

（一）加强以标准化为重点，以班组建设为落脚点的基础管理。在标准化工作中，在积极采用国际标准和认真执行国家标准、部颁标准的同时，重新补充、修订了企业技术标准。在信息管理中，建立了厂信息中心和17个分中心，扩大信息网络，聘用外部信息员，扩大信息来源。在班组建设中。始终坚持以班组建设为落脚点的基础管理并贯彻落实。

（二）不断提高专业管理水平，向管理要效益，加强以质量为中心的生产管理。××钢厂始终坚持"生产经营以质量为中心，企业管理以全面质量管理为中心"的经营思想。多年来，在全厂范围内先后开展了"西钢质量巡查""质量万里行"等活动，进一步增强了全体职工的质量意识，促进了产品质量的提高。加强新形势下的营销管理，建立健全营销组织机构，成立了经销处和进出口公司、青海西钢物资实业总公司。把开拓两个市场、抓好物资供应和产品销售这"两头"作为营销工作的重点，始终坚持"以销定产、以销保供"的原则，积极开展营销业务。加强以成本为中心的财务管理，××钢厂一贯重视成本管理，加强成本核算。针对上游产品不断涨价的严峻形势，紧紧抓住降低产品成本这个关键环节不放。

（三）大力推广和应用现代化管理方法，积极推进企业管理现代化。先后推广和应用了方针目标管理、网络技术、价值工程、正交试验法等15种现代化管理方法和手段，微机已广泛应用于财务、劳动人事、生产、质量、统计等专业管理，都收到了较好的效果。

三、坚持科技兴厂方针，加快技术改造步伐

（一）加快技术改造步伐，提高装备水平，增强企业发展后劲。始终坚持"小步快跑、滚动发展、保证重点"的技改方针。在各项技术改造过程中，把科学管理和现代化管理方法及手段运用于实践，取得了投资省、质量好、达产快的效果。去年，完成了炼钢电炉、650连轧等8项主要工程和公辅设施的配套改造，在资金紧张的情况下，坚持自我积累、自我发展和"自行设计、自行施工、自行制造、自行安装、尽快见效"的方针，重点对炼钢进行改造，进一步改善了企业的装备水平。

（二）依靠科技进步，积极开发"三新"。××钢厂坚持市场急需、适销对路的产品研制开发方向，充分发挥新产品研制开发体系和研制开发管理网络的骨干带头作用。根据有关文件规定，每年按销售收入的1.5%提取技术开发费。确保技术开发工作得以顺利开展。同时，对技术难度高、对全厂经济指标影响大的攻关项目和"三新"开发项目等实行了技术承包，进一步调动了科技人员的积极性。

目前，××钢厂围绕建立现代化企业制度，本着"管好主体、放活辅助、加强基层、服务现场"的指导思想，重点抓好经营机制的转换，逐步实现主辅分离，为建立现代化企业制度、进行公司化改制打好基础。

[简析]

这是一篇优秀的专题性经验总结。正标题概括总结的主题，副标题写单位名称和概括总结的具体内容。正文的前言概述企业的基本情况和取得的主要成绩，接着用"主要有以下几个方面"过渡到主体部分。主体从三个方面具体介绍了××钢厂在转机制、抓管理、练内功、挖潜力、增效益方面的成功做法。写法上采用列小标题的方式，每条经验概括为一个小标题。具体介绍各条经验时，又以观点作段旨，并编上序号。最后以该厂目前的工作和今后努力的方向作结语。

[思考与练习]

改错：

打工总结（节选）

第二天清晨，我很早起床。准备上路，在上车瞬间，我仿佛看到妈妈脸上的担心与不放心。我知道妈妈让我出去打工的用心。因为从没离家这么远，她的担心，我心里都知道，因此我一定要坚持下去，让妈妈为我高兴。还有什么比母爱更感人！大约过了一个多小时，我到达了目的地。那里的领班给我安排好床位，领了工作服，带班便让我擦玻璃，不到五分钟，便擦完了。叫来领班检查，她看了看我说："你觉得干净吗？"我看了看摇了摇头，她便耐心地教我，我按照她说的做了起来，不一会儿，这块玻璃在阳光的照耀下格外的透亮，但我已满头大汗，不过心里格外的愉快。

[任务评价]

每位同学在学习、生活以及各项活动中都有可写的材料，请参考下面的标题，写一篇总结，并使用评价表格对完成的总结进行评价。

（1）同学交际总结；
（2）宿舍生活（或卫生）总结；
（3）志愿者工作总结；
（4）假期打工总结；
（5）实习实训总结；
（6）技能学习与考核总结；
（7）系部、学生会活动总结；
（8）才艺PK总结；
（9）学习经验总结；

（10）学练书法（或绘画）总结；

（11）计算机技能总结。

总结的写作评价表

评价项目	评价标准	分值	自我评分	教师评分
写作文种	文种类型选择无误	5		
写作格式	标题、前言、主体、结尾符合总结的规范格式，无缺项	20		
总结结构	主体结构一目了然，行文条理清晰	20		
总结内容	主体内容要点清楚，数据、例证充分，详略安排得当	20		
语言表达	语言得体，点面结合，遣词造句恰如其分	30		
标点符号	使用正确	5		

任务四　会议记录的制作

教学目标：通过精讲会议记录相关知识和实训，帮助学生明确会议记录的含义和特点，掌握会议记录的写法，能够写出合格的会议记录。

教学提示：教学中教师可以通过案例分析，学生了解会议记录的一般结构和格式要求。精心设计课堂训练，教师可采用情景教学的方式，通过观看会议录像或进行小组讨论活动，组织学生记录，引导学生互评，教师做适当的点拨。

基础知识：

1. 会议记录的含义和用途。会议记录是由会议组织者指定专人，如实、准确地记录会议的组织情况和会议内容的一种机关应用性文书。会议记录一般用于比较重要的会议或正式的会议，它要求真实、全面地反映会议的本来面貌。

2. 会议记录的特点。

（1）真实性。会议记录的执笔者与其他文章的写作者有一个重要的区别，那就是他只有记录权没有改编权。会议是什么样就记成什么样，与会者发言时说了些什么就记下什么，记录者不能进行加工、提炼，不能增添、删减，不能移花接木，不能张冠李戴。

（2）原始性。会议记录是会议情况和内容的原始化记录。所谓原始，就是未经整理，未经综合。在这一点上，会议记录与会议简报、会议纪要有着很大不同。会议简报和会议纪要也是真实的，但不是原始的。虽然在内容上可能差别不大，但在存在形态上，会议记录与会议简报和会议纪要的差异甚大。

（3）完整性。会议记录对会议的时间、地点、出席人员、主持人、议程等基本情况，对领导讲话、与会者的发言、讨论和争议、形成的决议和决定等内容，都要记录下来，一般没有太多的选择性。

3. 会议记录的作用。

（1）依据作用。会议记录忠实地记录了会议的全貌。会议精神、会议形成的决定和决议、会议对重大问题作出的安排，如果在会议后期需要形成文件，要以会议记录为依据；如果不形成文件，与会者在会后传达贯彻会议精神和决定是否准确，也要以会议记录为依据进行检验。

（2）素材作用。会议进行过程中连续编发的会议简报，以及会议后期制作的会议纪要，都要以会议记录为重要素材。会议简报和会议纪要可以对会议记录进行一定的综合、提要，但不得对会议记录所确认的内容进行歪曲和篡改。可以说，会议记录是形成会议简报和会议纪要的基础。

（3）备忘作用。会议记录可以用作会议情况和会议内容的原始凭证。时过境迁，有关会议的内容和情况可能无法在记忆中复现了，甚至当时作出的重要决定可能也记不清了，这时就不妨查查会议记录。会议记录还可以成为一个部门和单位的历史资料，若干年后，通过大量会议记录可以了解这个单位的历史进程和发展状况。

4. 会议记录的写作方法。

（1）标题。标题由会议名称加文体名称组成，就是《××××会议记录》。如果使用的是专用的会议记录本，连"记录"二字也可省略，只写会议名称即可。

（2）会议组织概况。①会议时间。要写明年、月、日，上午、下午或晚上，×时×分至×时×分。②开会地点。例如，"××会议室""××礼堂""××现场"等。③主持人的职务、姓名。例如，"校党委书记×××""公司总经理×××"。④出席人。根据会议的性质、规模和重要程度的不同，出席人一项的详略也会有所不同。有时可以只显示身份和人数，如"各院系党总支书记和直属党支部书记31人""各部门经理""全体与会代表"等。如果出席人身份复杂，既有上级领导，又有本单位各部门的主要领导，还有各相关人员，最好将主要人员的职务、姓名一一列出，其他有关人员则分类列出。⑤列席人。包括列席人的身份、姓名，可参照出席人的记录方法。⑥缺席人。如有重要人物缺席，应作出记录。⑦记录人。包括记录人的姓名和部门，如"××（××办公室秘书）"。

（3）会议内容。这部分随着会议的进展一步步完成，没有具体的固定模式。一般包含以下方面：会议的议题、宗旨、目的；会议议程；会议报告和讲话；会议讨论和发言；会议的表决情况；会议决定和决议；会议的遗留问题。这些是一般会议都有的项目，但侧重点会有所不同，先后次序会有所不同。

（4）结尾。可将主持人宣布的散会一项记入，也可以将散会一项略去不记。

最后，由主持人和记录人对记录进行认真核校后，分别签上姓名，以示对此负责。

5. 会议记录写作注意事项。

（1）真实准确。即忠于原话，不随意增删改动，尤其是关键性话语不能走样。

（2）反应迅速。记录前要事先对会议内容和所涉及问题有所了解，记录时才能反应快捷灵敏。

（3）注意保密。会议记录要妥善保管，不得外传或遗失。

[范文] 工作会议记录

××区干部培训中心第×次会议记录

时间：20××年3月4日14：30-17：00

地点：培训大楼第×会议室

出席人：刘××（主任）、杨××（教务长）、张××（办公室主任）、吴××（办公室秘书）及各培训部主要负责人

缺席人：王××、张××（外出开会）

主持人：刘××（主任）

记录人：吴××（办公室秘书）

一、报告

（一）杨××报告中心基本建设进展情况。（略）

（二）主持人传达区人民政府《关于压缩行政经费的通知》（以下简称《通知》）。（略）

二、讨论

我中心如何按照区人民政府《通知》的精神抓好行政经费的合理开支，切实做到既勤俭节约，又不影响正常的培训教学、科研等活动的开展。

三、决议

（一）利用两个半天时间（具体时间由各培训部自行安排，但必须安排在本周内）组织有关人员集中传达学习《通知》精神，提高认识，统一思想。

（二）各培训部负责人在认真学习的基础上，利用下周政治学习时间向群众传达、宣讲。

（三）各培训部责成有关人员根据《通知》的压缩指标，重新审查和修改本年度行政经费开支预算，并于两周内报主任办公室。

（四）各培训部必须严格控制派出参加外地会议及外出学习人员的人数，财务科更要严格把关。

（五）利用学习和贯彻《通知》精神的机会，对全中心员工普遍开展一次勤俭节约、艰苦朴素的传统教育。

散会。

主持人（签名）：　　　记录人（签名）：

[简析]

这是一篇摘要式会议记录。格式符合会议记录的要求。正文分两部分，第一部分记述会议的组织情况，第二部分摘要记录了会议的过程情况。会议作出的决议记录具体、清楚。

[思考与练习]

请将下列这段文字写成一则会议记录，注意格式要求和标点符号的正确使用。

9月5日，××专业第五学习小组在308班教室召开了一次"交流学习体会"的会议，出席人员有王××，他是主持人，其余出席会议者有章×、李××、范××等，徐×作记录。会议的交流情况如下：

王××说："今天召开一个学习交流会，大家畅所欲言，可以谈经验，也可以谈教训。开始吧。"

章×说："我是属于'记忆型'的。从小就记忆力强，某些定义定理，别人背三遍还不会，我一遍搞定。因此，我的语文、英语、历史学习成绩比理科好。"

范××说："我属于'视觉型'，善于通过视觉刺激而学习。喜欢通过图表、图像、录像、影片接收信息。我从中获得的知识比单纯听课获得的还要多。"

李××说："我属于'夜猫型'，夜晚头脑清醒，反应敏捷，记忆和思维效率高。而白天困了就睡。几次英语考试，都是凭借'夜战'取得好成绩的。"

主持人作总结（略），会议结束。

[任务评价]

采访一位学习优秀者，或者体育特长生，或者计算机制作爱好者，做一次采访记录，要求事先设计几个问题，采用一问一答的方式，把被采访人说的重点内容记录下来，要符合记录稿的格式，并使用评价表格对完成的记录进行评价。

会议记录的写作评价表

评价项目	评价标准	分值	自我评分	教师评分
写作文种	文种类型选择无误	5		
写作格式	按照会议记录的规范格式书写，要素齐全	20		
记录结构	结构完整，条理清晰	20		
记录内容	记录具体清楚，要点不漏，态度认真负责	30		
语言表达	忠于原意，语言通顺流畅	20		
标点符号	使用正确	5		

项目三　科技文书写作

◎ 训练目标

认识科技文书在日常工作、学习中的作用，掌握科技文书的种类、特点、格式和写作要领，能够根据科技文书的适用范围选择恰当的文种进行写作。

◎ 训练任务

通过必备知识的学习和常用科技文书的专题指导和训练，能够在实际工作和学习情境中运用科技文书的格式要求、写作要求与写作技巧，按要求完成科技文书的写作。特别要提高运用计算机进行科技文书编辑和写作的能力。

◎ **知识准备**

科技文书，是企事业单位、个人在生产经营和学习研究等活动中产生的，按照严格的、既定的程序和规范的格式制作的，用于学术研究、科技管理等方面的应用文。科技文书包括的种类很多，如学术论文、调研报告、实验报告、科技成果鉴定书、产品说明书等。

任务一　毕业论文的写作

教学目标：通过毕业论文写作的教学，引导学生认识毕业论文，掌握毕业论文的相关知识，提高学生写作毕业论文的能力。

教学提示：在教学过程中教师可以根据毕业论文的特点讲解写作技巧、写作重点以及注意事项，让学生切实掌握论文的要素和写作方法，写好本专业论文。也可以集中利用学生毕业实习写作的宝贵机会练习写作，然后教师集中指导写作。

基础知识：

1. 毕业论文的含义和用途。高等院校毕业生，运用他们学习阶段的基础知识和实践技能，分析和解决本学科领域某一基本问题而写成的论文称作毕业论文。它是大学生从事科学研究的最初尝试，能基本反映出学生的科学研究能力以及所具备的专业学识水平。

2. 毕业论文的特点。

（1）真实性。论题必须从实际出发，具有现实意义。论点要经得起推敲，符合科学原理，而不能主观臆断；论据中的事例要确凿，数据要翔实，由论据得出的推理要坚实、可靠；论证的方法要适合论点、论据的需要。所以，毕业论文的各部分、各要素都体现出真实性的特点，这也是好论文的基本条件。

（2）创造性。具有创造性的毕业论文才有生命力，才有价值。要强调论点新，发现新事物，解决新问题。创造性也表现在对以前的定论有新的研究，敢攻冷门，或者提供新材料，纠正陈旧的说法等。因此，简单地归纳前人的意见，只能流于平庸；而用新的理论来丰富所研究学科的内容，才是创造性的突出体现。

（3）专业性。毕业论文是应用所学的专业知识、理论来选题写作的，题材带有本学科的性质、特点。写作中可就某一专业问题深入研究、分析，得出结论，也可从大量专业资料中推论出新观点。总之，毕业论文必须围绕所学专业来写。

3. 毕业论文的作用。

（1）通过毕业论文的写作教学和训练，使学生对所学的理论知识进行必要的复习、巩固、深化和提高。

（2）培养学生注重调查研究、理论联系实际、严谨踏实、尊重科学、学以致用、积极进取的学风、作风、态度和追求。

（3）重点训练和培养学生掌握与专业目标、职业目标要求相适应的基本技能：①材料搜集、整理、应用能力；②思维能力和语言驾驭能力；③现代办公技术应用能力（主要是计算机文字、数据、图表处理等能力）；④资源利用和协调能力，借以提升学生观察问题、分析问题和解决问题的综合能力。

（4）检验学生的知识素质、能力素质和综合素质。

4. 毕业论文文体结构。高等院校学生毕业论文常见的类型主要有专题论文、调查报告（实验报告）和资料集成等。

（1）专题论文的文体结构。

①题目。要准确、简练、醒目、新颖，能够简明、确切地表述研究的对象和内容。

②作者。用真实姓名，不要用笔名。

③内容摘要或内容提要。一般在100~200字。内容摘要与内容提要不同：内容摘要是对论文的核心或主要内容进行客观的凝缩概括；内容提要除介绍核心内容外，还可以介绍的方式对内容进行评介。

④关键词。关键词是从论文的题名、摘要或提要以及正文中选取出来的，是对表述论文的中心内容有实质意义的词汇。关键词要符合学科分类及专业术语的通用性，每篇论文一般选取3~5个词汇作为关键词。

内容摘要（提要）和关键词的字体一般要区别于正文；3000字以内的论文可以不用内容摘要（提要）和关键词。

⑤正文。通常由引言、主体和结尾三部分构成。引言又称前言、序言和导言，用在论文的开头。引言一般要概括地写出作者意图，说明选题的目的和意义，并指出论文写作的范围等。引言要短小精练、紧扣主题。主体应包括论点、论据、论证过程和结论。结尾是论文的收束，要简洁、利落。

⑥注释。注释是对题目、作者、引用材料等信息进行的详细说明或诠释。注释通常用脚注。排序标志常用①②③、（1）（2）（3）、［1］［2］［3］等形式，并上标。注释的相关信息排序：

著作文集类——序号、作者国籍（国内作者不需要此项）、作者、文献名（书名）、文献标识码（加方括号）、出版地、出版社、出版日期、页码（此项适用于引用的原文）。

报纸杂志类——序号、作者国籍（国内作者不需要此项）、作者、文献名（篇名）、文献标识码（加方括号）、报纸杂志名、出版日期（包括卷期）、页码（此项适用于引用的原文）。

文献标识码：普通图书——M；会议录——C；报纸文章——N；期刊文章——J；学位论文——D；报告——R；标准——S；专利——P；其他——Z。

示例一：1. 张伯伟. 全唐五代诗格会考［M］. 南京：江苏古籍出版社，2002：288.

示例二：⑥［英］佛兰西斯·培根. 培根论人生［M］. 何新，译. 上海：上海人民出版社，1983：51.

示例三：（3）谢希德. 创造学习的新思路［N］. 人民日报，1998-12-25（10）.

示例四：［7］叶朗. 《红楼梦》的意蕴［J］. 北京大学学报（哲学社会科学版）. 1998，35（2）.

⑦参考文献。参考文献是论文写作过程中参考过的有关信息或材料，可以是直接引

用的，也可以是未直接应用的。参考文献一律放置在文末（参考文献的排序规范参见注释的排序规范）。

（2）调查报告的文体结构。

①题目。

②作者。

③正文。主要包括：引言（前言）；基本情况（介绍调查对象调查前后情况，重点在于现状即现实情况。一般为第一手的事实材料和数据、图表等材料）；情况分析与结论（情况分析应尽量顾及正面和负面因素，要客观、深刻；结论要慎重，实事求是）；建议（对策）；结尾。

④说明或注释（注释的排序规范见前文）。

⑤附件（相关资料或原始资料）。

（3）资料集成的文体结构。

①题目。常用"××××××综述""××××××述评""××××××年表"等方式。

②作者。

③正文。包括前言（引言、概述等）、主体和结尾。

④注释（注释的相关规范见前文）。

⑤参考文献（参考文献的相关规范见前文）。

5. 毕业论文写作要求。

（1）总体要求。

①规范。

②有价值。

③独到（有创意）。

④有效提高或展示个人的写作技能。

⑤杜绝剽窃与抄袭。

（2）选题要求。

选题原则：①要具有研究价值，或是对本学科传统说法的纠正，或是对某种论点的补充，甚至发前人所未发，具有创见性。这些都需要掌握前人的研究成果，了解目前该学科的发展动向，在大量资料的基础上确定有价值的选题。②选题要恰当。选题要具体，题目不宜贪大。题目大，论述容易面面俱到，不能深入下去，也容易枝节旁出，不可收拾。选题也要避免过难，难度大，会在写作中力不从心，中途"搁浅"。选题要根据自己的学识和专业实际，谨慎选择。③避免雷同。选题雷同，论点往往陈旧，费力费时而难写出新意。因此，要从论证角度、研究方法、材料选用等方面有所突破，讲究新意。

选题时间：毕业生准备论文，选题是第一步。早一些进入选题阶段，可以有一个酝酿的过程，也能够从容积蓄材料。一般是学习了一定的专业知识，具备了初步研究能力后，就可以考虑选题了。

选题的主观因素：要选自己感兴趣的方面来写，根据自己对某个问题研究的时间长短、深浅程度来选。自己感兴趣、研究深入的论题，写起来顺手；而了解不够、研究不深的论题，写作中会力不从心，对完成毕业论文有阻碍。

(3) 提纲要求。

①论文提纲要反映论文的主要内容和写作思路，内容层次有几个层级，提纲就应反映出几个层级。短语表述、句子表述均可。

②提纲所含信息要明确、完整，以便指导教师准确把握，包括：题目；年级、专业、班级、姓名；提纲正文。

(4) 内容要求。

①题文相符。

②处理好中心论点与分论点之间的关系。

③处理好论点与材料之间的关系。

A. 材料要强有力支持论点。

B. 材料要真实客观。

C. 材料引用量要适当。

D. 要处理好主次、轻重、繁简等关系。

④论证要思路清晰、逻辑严谨、层次分明、结构完整。

⑤要处理好材料的"引用"问题，必须按规范要求进行注释或说明。

⑥通过结构的完整来保证内容的完整。

⑦内文层次排序要求：

一层结构可使用汉字数序，如一、二；或者使用表述次序，如第一、第二，首先、其次，其一、其二等。

二层结构可使用"一""1"排序模式。

三层结构可使用"一""（一）""1"排序模式，或"一""1""（1）"排序模式，或"一""1""①"排序模式。

四层结构可使用"一""（一）""1""（1）"排序模式，或"一""1""（1）""①"排序模式。

五层结构可使用"一""（一）""1""（1）""①"排序模式。

六层结构可使用"一""（一）""1""（1）""1）""①"排序模式。

尽量不要出现七层以上结构。

(5) 语言要求。语言要客观、理性，简洁畅达。

(6) 字数要求。按学校（院）或指导教师要求执行。总字数包括图表和标点符号。

(7) 文本格式要求。

①纸张与打印规格：A4 打印纸；Word 文档格式（本着务实、通用和节约原则，不要使用稿纸方式打印）。

②封面：遵照院（校）统一式样要求。

③标题：二号黑体字、居中。如果有副标题：另起一行，副标题前加"——"线、三号宋体字、居中。

④作者：上下各空一行；三号仿宋体字或三号楷体字、居中；姓名后加脚注序号，脚注注明姓名、学号、系别、年级、专业、班级。

⑤内容提要或内容摘要：内容提要或内容摘要可省略为"提要"或"摘要"，加

粗，后加冒号（如用粗重方括号"【】"则不能使用冒号）；提要或摘要正文用四号仿宋体字或四号楷体字。

⑥关键词："关键词"三字与摘要字体、字号、标示一致；关键词3~5个，字体、字号与摘要正文一致；词与词之间空一个字符，不加标点符号。

⑦正文：与关键词之间空一行，四号宋体字。其中，正文中的一级小标题用四号宋体字，加粗，上下可各空一行；二级小标题用四号黑体字，上下可各空0.5行；三级小标题用四号宋体字。正文段落（含小标题）全部使用首行空2个字符的格式。

⑧注释与参考文献：注释一律采用脚注，五号宋体字。参考文献一律置于文尾。

⑨页边距：按Word文档默认格式处理。

⑩页码：右下角或居中。

文本格式也可根据学练结合、学用结合和美学原则，参照学术期刊的版面格式自行确定，通栏排版或二栏排版均可。

（8）装订要求。左侧装订。论文的装订顺序为：封面、目录、论文、指导教师评语。

[范文] 毕业论文

浅论企业核心竞争力[①]

吴×× 杨××

【提要】 企业核心竞争力是企业经营的根本依托，是企业竞争优势的决定力量，同时核心竞争力又是一个复杂和多元的系统。企业核心竞争力的形成和培育必是一个长期的战略过程。

【关键词】 企业核心竞争力；学习型组织；企业文化

随着市场经济的发展，企业核心竞争力已经成为企业竞争优势的决定性力量。从短期看，企业产品质量、性能和服务质量决定了企业的竞争能力；从长期看，以企业资源为基础的核心能力则是企业保持竞争优势的决定性源泉。在本文中，笔者仅就企业核心竞争力谈一点浅见。

一、核心竞争力的含义

1991年，普拉汉拉德和哈默在《哈佛商业评论》上发表"The Core Compe tence of the Corporation"一文，标志着企业核心竞争力理论的正式提出，他们认为，核心竞争力是企业组织中的集合性知识（collective learning），特别是如何协调多样化生产经营技术和有机结合多种技术流的知识。随着产品生命周期的日益缩短和企业经营的日益国际化，一个企业的差异化竞争优势，来源于企业管理层如何比竞争对手既快速又低成本地将遍布于企业内的各种技术和生产技巧有机结合起来形成核心竞争力的能力。企业的核心竞争力是指企业以开发独特产品、发展独特技术能力为基础，通过企业战略决策、生产制造、市场营销、内部组织协调管理的交互作用而获得使企业保持持续竞争优势的能力，是企业在其发展过程中建立与发展起来的一种资产与知识的互补体系，同时企业核

[①] 刘杰、付胜：《经济文书写作范例》，人民出版社2005年版。

心竞争力的强弱在很大程度上受企业所面临的产业技术与市场动态性的影响。

通俗地讲，企业的核心竞争力就是企业在那些关系到自身生存和发展的关键环节上所独有的、比竞争对手更强的、持久的某种优势、能力或知识体系。"企业文化"是企业生存和发展的"元气"，是企业核心竞争力和动力之源。"创新"是一个企业生存、发展的内在要求和基本形式，也是一个企业不断适应环境、实现自我超越的必然过程。"人才"是企业的核心战略资源，企业之间的较量，归根结底是人才及其综合素质的较量，"能力"作为企业核心竞争力的转换要素，特指企业动员、协调和开发企业内外资源的生产力，这种组合提供了企业潜在的竞争优势。一般来说，核心能力存在于企业中人的身上，而不是存在于企业本身，核心能力深深地植根于技巧、知识和人的能力之中。

二、核心竞争力的构成

核心竞争力是一个复杂和多元的系统，包含多个层面。归纳起来主要包括以下几个方面：

1. 创新能力。一个企业要保持发展和竞争优势，就必须善于总结和提高，永远追求卓越，不断超越自我，不断进取和创新。所谓创新就是根据市场和社会的不断变化，在原基础上重新整合人才、资本等资源，进行新产品开发和更有效组织生产，不断创造和适应市场，实现企业的更大发展。它包括技术创新、产品和工艺创新、管理创新。在以技术快速更新和产品周期不断缩短为主要特征的现代企业竞争中，创新是保持长久竞争优势的动力源泉。创新能力是一个企业具有核心能力和旺盛生命力的体现。

2. 形象力。这是通过塑造和传播优秀企业形象而形成的一种对企业内外公众的凝聚力、吸引力、感召力和竞争力，是隐含在企业生产经营活动背后的一种巨大的潜在力，是企业新的生产力资源。它包括产品形象、服务形象、品牌形象和管理形象。我们知道，塑造企业形象不是一朝一夕的事，形象力资源要求企业从长远发展角度来审视和制定企业的战略规划，它从企业的发展趋势和运行的前景着眼，能对企业的发展产生长远的、战略性的推动力，带有战略性思考与制度安排的特征。

3. 服务增值能力。现代市场发展的一个重要趋势，就是服务竞争在现代市场竞争中的地位和作用越来越突出。质量概念，不仅包括产品质量，也包括服务质量。国外企业文化研究中首先使用的"服务增值"的概念，值得重视。因为同样质量的产品，可以因服务好而"增值"，也可以因服务差而"减值"。企业形象从根本上说是表现为产品质量和服务质量。服务的永恒主题是企业同客户、用户、消费者的关系问题。这里包括如何使抱怨用户转变成满意用户、忠诚用户，进而成为传代用户，包括如何开发忠诚的顾客群，包括不丢失一个老客户而不断开发新客户的问题，包括如何使营销服务成为情感式劳动，真正让用户、顾客引导决策，进而引导产品开发的问题。

4. 管理能力。总理在去年的政府工作报告中指出，今年是管理年，要向管理要效益。据统计，生产中有50%的效益来自管理，技术管理中的80%来自管理，可见管理能力的重要性。企业的管理也是生产力，它涉及企业结构组合、信息传递、沟通协调、激励奖惩以及各种生产要素的优化组合，通过高效优势的动作，保障技术优势的发挥，也保障了将生产优势转化为市场优势。

三、核心能力的培育

企业核心竞争力的形成不是一种短期行为，而在于要把企业建设成为一种创新型的学习性组织，在不断学习和积累中形成特有的竞争力，并通过机制来保障这种竞争力的发展。因此，形成并保持企业核心竞争力是一项长期的根本性战略。为此，必须做好以下工作：

1. 建立学习型组织。企业核心竞争力的出现是系统整合的结果，尤其面对日益复杂多变的环境，企业需要比以往任何时候应更重视持续地、更快地获取信息和知识。而且这种学习必须是全体的、主动的、积极的和创造性的。彼得·圣吉认为，企业是一个系统，可以通过不断学习来提高发展的能力，《第五项修炼》即在组织中实行共同愿景、自我超越、团队学习、改善心智模式和系统思考，在企业中建立一个相互关照、彼此通融的"学习型组织"。使组织形成"学习——持续改进——建立持续性竞争优势"的良性循环。

2. 建立良好的企业文化。从企业文化力的功能来说，它有5个方面：第一，凝聚力。企业文化搞好了是一种"黏合剂"，可以把上下左右、广大员工紧紧地团结在一起，这是一种凝聚功能和向心功能。第二，导向力。包括价值导向与行为导向。在企业行为中该怎么想？怎么做？企业价值观与企业精神，发挥着无形的导向功能。第三，激励力。企业文化所形成的文化氛围和价值导向是一种精神激励，能够调动与激发职工的积极性、主动性和创造性，把人们的潜在智慧诱发出来。第四，约束力。在企业行为中哪些不该做、不能做，企业文化、企业精神常常发挥着一种"软"约束的作用，是一种免疫功能。第五，纽带力。企业、特别是大企业集团，维系发展要有两种纽带：一个是产权、物质利益的纽带；另一个是文化、精神道德的纽带。这两种纽带相辅相成，缺一不可。

3. 建立良好的管理队伍。企业核心竞争力是企业综合实力的表现，是人的主观能动性得以发挥的成果。要产生这样的效果，必须使企业有良好的领导者和良好的运行体系。拿破仑说过："世界上没有无用的士兵，只有无用的将军"。没有良好的领导者和运行体系，就难以建立起人力资源的集群和激励人力资源发挥的力量，而没有知识结构合理、能力结构互补、规模相当、人才队伍稳定的集群，是很难发挥出主观能动性的，也很难保持持久的核心竞争力的优势。

4. 坚持技术创新与技术领先。技术能力是企业赖以生存的关键。邓小平同志说，科学技术是第一生产力。产品与服务的领先其支柱是科技。像英特尔不断推出高性能的微处理器的能力、诺基亚不断推出新功能手机的能力、微软不断推出新的计算机软件的能力等都是保持领先、形成垄断的基础能力。

综上所述，企业核心竞争力是企业综合实力的象征，是决定企业生死存亡的关键。企业应把核心能力的管理放到战略的高度来考虑，在企业的发展过程中逐渐积累、培育领先于对手的核心能力。

[简析]

这是一篇具有时代感的学术论文。论文导言直陈核心竞争力的重要性，作为选题的缘由、背景，提出本文的题旨是对企业核心竞争力"谈一点浅见"。论文分三大部分：第一部分阐述何为核心竞争力。文章在探究了"企业核心竞争力"之说的渊源和他人对其含义的界定后，对企业核心竞争力的含义作出了自己的界定，继而阐述了企业核心竞争力与企业文化、人才等因素的关系。第二部分进而提出核心竞争力是一个复杂而多元的系统，它包括了创新能力、形象力、服务增值能力和管理能力这"四力"，并分别对"四力"的作用和内涵进行了论述。第三部分提出企业核心竞争力的培育不是一种短期行为，它的培育需依靠机制来保障，需做好建立学习型组织、建立良好的企业文化、建立良好的管理队伍和坚持做好技术创新与技术领先等方面的工作。论文的末段对论点进行了综述，并对企业应注重核心竞争力的培育作了强调。

本论文语言简洁、明晰、流畅，以递进法安排三大部分的结构，环环相扣，层层深入。而在其中的第二、第三大部分内则均采用并列法，以展开段旨句的方式发展段落，思路清晰，行文有序。

如果论文在论证过程中能适当地注意运用比较法和例证法，做到既有理（讲道理），又有据（摆事实），可能会使论点得到更有力的支撑，使文章显得更厚实。此外，文章论证的是"企业核心竞争力"，但多处却出现"核心竞争力""核心能力"的提法，前后不统一。

[思考与练习]

结合专业实习实训的情况，确定选题，搜集资料，写一篇800~1000字的小论文。

[任务与评价]

完成思考与练习要求的小论文后，召开一个座谈会，由教师主持论文的答辩。答辩参考题目：

（1）选题的原则是什么？你是如何搜集材料的？使用了几种方法？
（2）撰写当中遇到了什么困难？你是怎样克服的？
（3）谈谈你这篇小论文的价值和特点。

答辩结束后，使用评价表格对论文撰写情况进行评价。

毕业论文的写作评价表

评价项目	评价标准	分值	自我评分	教师评分
写作文种	文种类型选择无误	5		
写作格式	符合毕业论文规范格式，要素齐全	20		
论文结构	结构完整，条理清晰，逻辑性强	20		
论文内容	观点鲜明，充分利用材料，论据充实有力，具有一定创新性和实用性	30		
语言表达	语言表达准确、流畅，具有逻辑性	20		
标点符号	使用正确	5		

任务二 调查报告的写作

教学目标：通过本任务的教学，要让学生懂得调查报告的性质和作用，认识调查报告的文体特点，学会写调查报告。

教学提示：教学调查报告最关键的就是先给学生找到适合他们的选题，然后要他们带着选题去读、思、练。按照"调查—研究—报告"三个环节，切实解决三个方面的问题：一是对调查的认识和态度问题。调查是对他人实践的检验，要重视调查，"没有调查便没有发言权"，说明了调查的重要性。然而，调查是艰苦细致的工作，来不得半点马虎，所以要端正调查思想，学会调查方法。二是掌握正确的调查方法，深入调查，占有大量材料，并运用"调查十六字诀"——去伪存真、去粗取精、由此及彼、由表及里，而后形成观点。三是调查报告的表述问题，用事实说话，叙议结合，观点紧扣调查材料。

基础知识：

1. 调查报告的含义和用途。调查报告是对某项工作、某个事件、某个问题，经过深入细致的调查后，将调查中收集到的材料加以系统整理、分析研究，以书面形式向组织和领导汇报调查情况的一种文书。具体来说，调查报告就是采用一定的方法，对客观事物进行调查研究，获得大量的材料，然后经过整理分析、概括归纳，写成的揭示事物本质或规律性的书面材料。

2. 调查报告的特点。

（1）真实性。调查报告是在占有大量现实和历史资料的基础上，用叙述性的语言实事求是地反映某一客观事物。充分了解实情和全面掌握真实可靠的素材是写好调查报告的基础。

（2）针对性。调查报告一般有比较明确的意向，相关的调查取证都是针对和围绕某一综合性或是专题性问题展开的。所以，调查报告反映的问题集中而有深度。

（3）逻辑性。调查报告离不开确凿的事实，但又不是材料的机械堆砌，而是对核实无误的数据和事实进行严密的逻辑论证，探明事物发展变化的原因，预测事物发展变化的趋势，提示本质性和规律性的内容，得出科学的结论。

3. 调查报告的种类。调查报告的种类主要有以下几种：

（1）反映社会情况的调查报告。针对社会上某一领域的情况，对其历史和现状进行调查。根据调查结果对情况作出正确的估计和判断，为领导部门掌握情况、研究问题、制定方针政策提供重要材料和事实依据。名称一般称为《调查汇报》《考察报告》等。名称的使用，有的要根据调查者的身份及调查本身的作用来确定。例如，《考察报告》一般是领导者亲自调查。

（2）推广经验的调查报告。侧重于总结具有普遍意义的典型经验。调查反映某些先进单位的管理经验"点"上的经验，会对"面"上的工作起推动作用；这类调查在写作中必须说明先进经验的产生过程、具体做法和实际效果，给人启发收获。

（3）揭露问题的调查报告。侧重反映某些机关单位存在的某些问题、不良倾向，以便引起有关领导部门和社会的注意，采取有效方法给予解决。

(4) 关于热点问题或突出事件的调查报告。社会生活中经常出现引人关注的热点问题，公众迫切希望了解详情。对此类问题进行调查采访，具有一定的社会意义。

4. 调查报告的写作方法。调查报告一般由标题和正文两部分组成。

(1) 标题。标题可以有两种写法。一种是规范化的标题格式，即"发文主题"加"文种"，基本格式为"××关于××××的调查报告""关于××××的调查报告""××××调查"等。另一种是自由式标题，包括陈述式、提问式和正副题结合使用三种。陈述式，如《东北师范大学硕士毕业生就业情况调查》；提问式，如《为什么大学毕业生择业倾向沿海和京津地区》；正副标题结合式，正题陈述调查报告的主要结论或提出中心问题，副题标明调查的对象、范围、问题，这实际上类似于"发文主题"加"文种"的规范格式，如《高校发展重在学科建设——××××大学学科建设实践思考》等。作为公文，最好用规范化的标题格式或自由式中正副题结合式标题。

(2) 正文。正文一般分前言、主体、结尾三部分。

①前言。有几种写法：第一种是写明调查的起因或目的、时间和地点、对象或范围、经过与方法以及人员组成等调查本身的情况，从中引出中心问题或基本结论；第二种是写明调查对象的历史背景、大致发展经过、现实状况、主要成绩、突出问题等基本情况，进而提出中心问题或主要观点；第三种是开门见山，直接概括出调查的结果，如肯定做法、指出问题、提示影响、说明中心内容等。前言起到画龙点睛的作用，要精练概括，直切主题。

②主体。这是调查报告最主要的部分，这部分详述调查研究的基本情况、做法、经验，以及分析调查研究所得材料中得出的各种具体认识、观点和基本结论。主体部分常见的结构形式有：

A. 横式结构。紧紧围绕主体，对调查的内容加以综合分析，按照不同的类别分别归纳成几个问题来写，每个问题可加上一个小标题。

B. 纵式结构。通常适用于线索简单、内容集中的调查，往往围绕某一线索在时间上的展开而叙述，即按照调查的时间先后顺序或者事件本身发生的先后经过来写。

C. 纵横结合式结构。这种结构形式兼有上述两种结构形式的特点，互相穿插配合，组织安排材料。采用这种方式，一般是在叙述和议论时采用纵式结构，而写收获、认识和经验教训时采用横式结构。

D. 对比式结构。这种方法是用两种不同事物的对比来揭示问题的本质。这种对比的方法可以更深刻地让读者辨别某种现象的问题所在，也便于突出显示调查报告的中心旨意。

③结尾。结尾的写法也比较多，可以提出解决问题的方法、对策或下一步改进工作的建议；或总结全文的主要观点，进一步深化主题；或提出问题，引发人们的进一步思考；或展望前景，发出鼓舞和号召。

[范文1] 情况调查报告

大学生课余生活调查报告

在如今的大学校园里，属于大学生们自由支配的时间越来越多了。于是，我不禁要问：大学生们在课余时间都在做些什么？他们是如何点缀和丰富自己的课余生活的？学习？工作？逛街？上网？大学生是校园文化建设的主体，营造一个活跃、向上、丰富的文化气氛，有利于学生身心健康发展。然而，随着社会竞争的日益加剧，学生面临着来自校园内外的多重压力，课业负担繁重。如何充分利用自己四年的大学课余时间，发展自己的个性，培养技能，增长知识，修养身心，使自己的综合素质有所提高，圆满地度过自己的大学生活，这是我们必须思考的问题。

近日，针对大学生课余时间活动这个话题。了解我校同学的课余活动状况，我展开了对我校大一大二各专业的200名学生的调查（其中大一110人，大二90人）。这次调查，我采取了任意抽样问卷调查，主要调查了大学生课余活动的内容。现在，结合一项专项调查结果，对我校学生课余活动情况进行对比分析。

一、课余活动内容取向概况

根据一项专项调查，从中可以看出大学生在参加课余活动方面存在内容上的不同取向。在给出课余活动的11个选项之后，大学生作出了如下的选择：

体育锻炼11%；校系活动和工作13%；聊天、社交19%；课余学习21%；阅读课外书刊报纸12.5%；勤工助学5%；上网、打游戏10%；棋牌活动4%；睡懒觉3%；无所事事1%；其他0.5%。

从中可以看出，大学生课余活动取向表现出有主次之分和多元化的特点。"课余学习""聊天、社交""阅读课外书刊报纸""体育锻炼""上网、打游戏"五项是大学课余时间参加的主要活动。而我校学生课余活动取向是以"课余学习""聊天、社交""体育锻炼"为主要活动。由于大学学习方式和信息传递方式的改变，加之大学生活更加开放和丰富多彩，使得大学生的课余活动不再是传统的"三点一线"模式，呈现出多元化的取向。值得注意的是，与以往的调查结论相比，"聊天、社交"成为大学生课余活动取向的第二位。我校学生也普遍承认用在这方面的时间不少。这表明，大学生已经意识到建立和谐的人际关系，提高人际交往能力在现实生活中的重要作用，对社会性价值观的认可程度正在提高。

二、大学课余生活取向表现出年级和性别差异

各年级大学生由于心理发展水平、对大学生的适应性以及学习任务不同，在课余活动取向上存在一定的差异。专项调查表明，大学生课余活动取向的年级差异主要表现在三个方面：

一是各活动项目加权选择率的排序不同，"课余学习"被二、三年级学生排在第一位，被一年级学生排在第二位，而"聊天、社交"被一年级学生排在第一位，而在二、三年级学生那里却退居第三位；

二是年级主导取向有差异，二、三年级的主导取向为"课余学习"，一年级的主导取向却是"聊天、社交"；

三是各年级对"课余学习""聊天、社交""上网、打游戏""校系活动和工作""勤工助学"五项的取向有明显的差异。

而我校大一大二学生课余活动的主导取向普遍是"课余学习"，其次为"聊天、社交"。这反映了我校的学习气氛还是不错的。在与大一新生交谈中，我发现他们大部分

对大学生活充满热情，积极参与各种社团、交际活动。在娱乐身心的同时，也紧紧抓住学习不放。反而大二学生经历了一年的大学生活后，感觉到那种当初汹涌澎湃的热情有所减弱。但许多学生称会更加抓紧学习，同时也会积极参与一些有利于培养能力又有意义的校内外活动。

从整体看，我校大一大二学生在课余时间还是十分重视学习的，特别是大一新生。究其原因主要是，对于我校刚刚入学的新生们，不熟悉大学学习的方式加上还保留着高中学习的状态，使他们主要把时间用在学习上，不允许自己落下。

[简析]

这是一则针对大学生课余时间生活的情况调查报告，采用的是抽样调查的方法。运用问卷作出统计数字，然后加以分析。每类小问题均冠以标题明确段旨。这份调查报告反映了大学生课余生活问题，用事实说话，文章观点鲜明，材料翔实，分析客观，结论明确。

[范文2] 推广经验调查报告

关于××钢铁总厂管理经验的调查报告

××钢铁总厂是19××年建设的老厂。19××年，××钢铁总厂与其他钢铁企业一样，面临内部成本上升、外部市场疲软的双重压力，经济效益大面积滑坡，当时生产的28个品种有26个亏损，总厂已到了难以为继的状况，然而各分厂报表中所有产品却都显示出盈利，个人奖金照发，感受不到市场的压力。造成这一反差的主要原因，是当时厂内核算用的"计划价格"严重背离市场，厂内核算反映不出产品实际成本和企业真实效率，总厂包揽了市场价格与厂内核算用的"计划价格"之间的较大价差，职责不清，考核不严，干好干坏一个样。为此，××钢铁总厂从19××年开始推行了以"模拟市场核算，实行成本否决"为核心的企业内部改革，加大了企业技术改造力度，加强了企业内部经营管理，坚持走集约化经营的道路，使效益大幅度提高，实力迅速壮大。5年来实现的效益和钢产量超过了前32年的总和，××钢铁总厂已由过去一个一般的地方中型钢铁企业跃居全国特大型钢铁企业行列。

一、抓住"成本"这个"牛鼻子"不松手，抓住"成本否决"这个关键不留情，抓住"效益"这个中心不动摇，是××钢铁总厂管理经验的关键所在。

（一）关于"模拟市场核算"的具体做法。一是确定目标成本，由过去以"计划价格"为依据的"正算法"改变为以市场价格为依据的"倒推法"，即将过去从产品的原材料进价开始，按厂内工序逐步结转的"正算"方法，使目标成本等项指标真实地反映市场的需求变化。二是以国内先进水平和本单位历史最好水平为依据，对成本构成的各项指标进行比较，找出潜在的效益，以原材料和出厂产品的市场价格为参数，进而对每一个产品都定出"蹦一蹦能摸得着"的目标成本和目标利润等项指标，保证各项指标的科学性、合理性。三是针对产品的不同情况，确定相应的目标利润，原来亏损但有市场的产品要做到不赔钱或微利，原来盈利的产品要做到增加盈利。对成本降不下来的产品，停止生产。四是明确目标成本的各项指标是刚性的，执行起来不迁就、不照顾、不讲客观原因。如××钢分厂，19××年按原"计划价格"考核，该分厂完成了指标，照样拿了奖金，但按"模拟市场核算"实际亏损15000万元。19××年，依据"倒推"方法确定该分厂吨钢目标成本要比上年降低24.12元，但分厂认为绝对办不到，多次要求调整，总厂厂长指出：这一指标是根据市场价格"倒推"出来的，再下调就是亏损，要你们吨钢成本降低24.12元，你降低24.11元也不行，不是我无情，而是市场无情。于是，该分厂采用同样的"倒推"方法，测算出各项费用在吨钢成本中的最高限额，将构成成本的各项原材料、燃料消耗、各项费用指标等，大到840元一吨的铁水，小到仅占吨钢成本0.03元的印刷费、邮寄费，逐个进行分解，形成纵横交错的、严格的目标成本管理体系，结果当年盈利250万元，成本总额比上年降低了2250万元。19××年，该分厂的总成本比目标成本降低3400万元，超创内部目标利润4600万元。

（二）关于"实行成本否决"的具体做法。一是将产品目标成本中的各项指标层层分解到分厂、车间、班组、岗位和职工个人，使厂内的每个环节都承担降低成本的责任，把市场压力及涨价因素消化于各个环节。实行新经营机制的第一年，总厂28个分厂、18个行政处室分解承包指标1022个，分解到班组、岗位、个人的达10万多个。目前全厂2.8万名职工人人身上有指标，多到生产每吨产品担负上千元，少到几分钱，人人当家理财，真正成为企业的主人。二是通过层层签订承包协议、联利计酬把分厂、车间、班组、岗位和职工个人的责、权、利与企业的经济效益紧密地结合在一起。三是将个人的全部奖金与目标成本指标完成情况直接挂钩，凡目标成本指标完不成的单位或个人，即使其他指标完成得再好，也一律扣发有关单位或个人的当月全部奖金，连续3个月完不成目标成本指标的，延缓单位内部工资升级。四是为防止成本不实和出现不合理的挂账，确保成本的真实可靠，总厂每月进行一次全厂性的物料平衡，对每个单位的原材料、燃料进行盘点。以每月最后一天的零点为截止时间，次月2日由分厂自己校对，3日分厂之间进行核对，在此基础上总厂召开物料平衡会，由计划、总调、计量、质量、原料、供应、财务等部门的负责同志参加，对分厂报上来的数据与盘点情况进行核对，看其进、销、存是否平衡一致，并按平衡后的消耗、产量考核各分厂目标成本指标完成情况，据以计发奖金。除此之外，每季度还要进行一次财务物资联合大检查，由财务、企管等部门抽调人员深入到分厂查账。账物不符的，重新核算内部成本和内部利润；成本超支，完不成目标利润的，否决全部奖金。5年来，全厂先后有79个厂（次）被否决当月奖金，69个分厂和处室被延缓工资升级时间。

（三）调整内部机构设置，保证内部管理新机制的高效运转：一是精简机构。19××年到19××年总厂和分厂的管理科室从503个减到389个，管理人员从占职工总数的14%减到12%。二是充实和加强财务、质量管理。销售、计划、外经、预决算、审计等管理部门，进一步强化和理顺了管理职能。实行模拟市场核算和成本否决，对财务工作提出了更高的要求，先后在原料、销售、外经等处室增设了财务科，作为财务处的派出机构，以加强内部经济核算工作。为加强财务集中管理，强化全厂资金调度，将各分厂处室的财务科归总厂财务处统一管理。为强化质量管理，将原来主要负责产品质量监督的质量监督处扩编为质量管理部，配以总支建制，使其得以有效地对全厂质量工作负责，实行从原材料进厂检验到工艺过程监督和产品发出后质量跟踪"一条龙"管理，并突出抓好原料的入厂关，堵塞原料进厂中弄虚作假的漏洞。严把工序操作关，促进了产品质量的提高。三是实行"卡两头，抓中间"的管理方法。一头是严格控制进厂原材料、燃料的价格、质量，仅此一项，从19××年以来总共降低成本9000万元；另一头是把住产品销售关，建立集体定价制度，确定最低销售价格。抓中间就是抓工序环节的管理，不仅抓生产过程中的"跑、冒、滴、漏"，而且将各项技术经济指标进行横向比较，以同行业先进水平为赶超目标。在19××年和19××年两度市场疲软中，许多钢厂产品滞销，库存增加，××钢铁总厂依靠物美价廉始终保持着较高的市场占有率。1995年产销率达100%。

二、有效推进了企业经营机制和增长方式的转变，大幅度提高了企业的经济效益，是××钢铁总厂管理经验的成效所在。

（一）推进了由计划经济体制向市场经济体制的转变。（略）

（二）推进了增长方式由粗放经营向集约经营的转变。（略）

（三）促进了企业内部管理工作。（略）

5年来，××钢铁总厂坚持走集约化经营的道路，大幅度提高了经济效益，进入了低投入高产出的良性循环。19××年到19××年的5年间，产品销售收入由10.2亿元增加到50亿元；上缴税款由1.8亿元增加到4.3亿元，实现利润由0.5亿元增加到7亿元，平均年递增率达93.4%；钢产量由110万吨增加到215万吨；总资产由27.83亿元增加到76.4亿元，净资产由10.42亿元增加到46.9亿元，资产负债率从62.54%下降到38.6%。

××钢铁总厂的实践证明，国有企业适应建立社会主义市场经济体制要求，必须在转换经营机制的基础上转换经营方式，切实转变经济增长方式，这样才能充分挖掘企业的内部潜力，提高企业的整体素质和市场竞争力。××钢铁总厂的做法为国有企业实行从传统的计划经济体制向社会主义市场经济体制、从粗放经营向集约经营两个具有全局意义的根本性转变提供了借鉴经验。

××××年××月××日

[简析]

这则报告采用了典型调查的方法，全文引用了大量数字进行对比，用以说明其经验的成功性。全文经验介绍分为两部分，一部分是介绍××钢铁总厂的"成本"管理方面的经验，另一部分是介绍经营机制的转变经验，用以说明企业在市场体制下转变经营机制的重要性。全文重点突出，经验做法介绍详细，便于学习推广。

[思考与练习]

请根据所给材料，写一份有关中学生上网问题的调查报告。

2018年寒假，××职业学院学生采用问卷的方式，对北京市××地区三所中学进行调查，共收回合格问卷301张。调查所得到有用数据如下：

上网学生中57.6%的人偶尔上网、40.6%的经常上网，大部分时间都泡在网上的只有 2.3%。有 59.2%的中学生网龄在半年到一年,而两三年网龄的人只有 10%。

中学生上网多数是在周末或假期,81.2%的中学生上网的主要目的是获得更新的信息,23%的中学生是为了结交更多的朋友,6%的中学生上网是为了玩游戏。

半数以上的中学生认为上网是大势所趋,30.5%的学生对网络表示满意,47.1%的人认为对中学生上网应适当指导。

[任务评价]

以"双休日,大学生在干什么"为题,在校内组织一次调查活动。以小组为单位,先拟订一份调查设计,然后对调查获得的材料进行整理,并以所学的调查报告写作知识为指导,集体讨论、拟定一份写作提纲,在全班进行交流,并使用评价表格对完成的调查报告进行评价。

调查报告的写作评价表

评价项目	评价标准	分值	自我评分	教师评分
写作文种	文种类型选择无误	5		
写作格式	符合调查报告规范格式,要素齐全	10		
文章结构	结构完整,条理清晰,逻辑性强	20		
问卷设计	主题确定恰当、科学,有可行性和针对性	10		
资料收集	全面搜集、整理资料,资料真实、准确,把握问题的本质	20		
语言表达	语言表达准确简洁,词汇通俗易懂	20		
合作能力	有合作精神,配合完成任务好	10		
标点符号	使用正确	5		

综合训练——大学生专题研讨大赛

"大学生专题研讨"是考查学生综合素质的重要形式。其目的是通过开展专题研讨活动的过程及结果,衡量学生采集与处理信息、综合分析、表达交流、探索创新等方面的能力与素质。

一、活动主题

促进学风建设,加深专业认知,提高职业能力。

二、参加比赛选手的选拔与培训

(一)选拔对象与条件

在学生中开展宣传动员,在学生自愿报名的基础上,按平均每班2名选拔推荐,各专业不少于5名,并将选拔名单上报至基础部语文教研室。

被选拔的学生应基本符合下列条件:

1. 思想品德过硬,学习成绩良好。
2. 具有较强的创新和实践能力,在历年文化节、社团活动或社会实践等活动中成绩突出者。
3. 具有较强的口语表达能力。

(二)选手培训

各队推荐参加比赛的学生由语文教研室统一组织培训2~3次。

1. 选手培训地点:教学楼×××教室。
2. 培训时间:根据实际安排确定。
3. 培训内容:在辅导教师指导下,主要围绕"素质教育与大学生职业能力培养"等内容,开展文献检索、小论文的写作、口语表达技巧、主题报告的准备等方面的培训。培训结束时,所有参加培训学生应提交1篇小论文,经辅导老师筛选确定各系3名参赛选手(论文题目在由辅导教师提供选题范围中确定)。

三、决赛安排

(一)时间

初定于××月××日××时举行。

(二)地点

教学楼×××教室。

(三)比赛形式

学生3人一组组队(准备论文、报告、多媒体课件等),比赛命题组提前两天将研讨题目告知学生,各系代表队在辅导教师的指导下破题并检索资料,每人完成1000字左右符合要求的中文论文一篇(包括中英文摘要、关键字、参考资料),同时准备现场研讨形式(形式不限,结合多媒体PPT,但应注意展示选手的英语表达能力)。

(四)比赛程序

1. 汇报发言:发言时每组1人做主要陈述,其他成员补充发言,要求主题论点鲜明,时间8~10分钟。

2. 问答:由评委老师就发言随机提问。其中一位评委老师将使用英语进行提问,选手应用英语回答问题。

3. 研讨:所有人员就发言问题进行讨论。

4. 评价:由评委老师对发言及讨论情况进行评价。

(五)评奖方法

评出一等奖一组、二等奖一组、三等奖一组,最佳论文一篇、最佳PPT一份、最佳演讲一名,最佳组织奖一个,颁发奖状及奖品。

(六)评分标准

1. 材料收集及论文内容。(25分)

能根据主题和参考材料的内容,构思和写作文章,做到重点突出,层次分明,内容充实,文笔流畅,不拖泥带水,不出现有争议的内容。完成不少于2000字以上的文章,并附英文摘要、提纲。

2. PPT质量。(20分)

能结合论文内容制作PPT,版面和谐统一,有美感。

3. 语言表达。(25分)

能根据文章内容,精练确定发言的内容;能按照排序法表明主要观点,针对自己的主要观点进行重点论述;能注意每个细节,合理设计自己发言的全过程;能做到音调有高低起伏、抑扬顿挫,节奏有轻重缓急,情绪有高涨、低潮;普通话标准。

4. 仪容仪表。(10分)

做到服装得体,姿态庄重,体现当代大学生的精神风貌;做到彬彬有礼,面带微笑,文明用语。

5. 发言时间掌握。(10分)

主讲人发言时间为5分钟,副讲每人1~2分钟,共9分钟,不得超时发言。

6. 现场答辩。(10分)

回答问题能按逻辑、按实际,答在重点上;回答语速合适,有必要的停顿,语言清楚准确。

望各位辅导老师及各系高度重视,宣传到位,精心组织,结合本专业特点指导学生开展专题研讨,切实通过比赛提高学生的综合素质和职业技能,保证比赛顺利进行并取得预期效果。

附 则

全国职业核心能力（与人交流能力）测评（中级）文件包及填写指导[①]

使用说明（略）

第一部分 测评指导（略）

第二部分 常规资料（略）

（含考勤情况记录、课堂表现情况记录）

第三部分 证据资料（节选）

二、业绩证据记录

（考生填写，指导教师评估）

（一）限选任务部分

你必须有下列 2 项限选任务的证据，以证明已达到与人交流的中级水平。

· 任务 1：

（一）任务情景描述：

> 为完成某个项目（如一个较大的工作或生产任务、作品设计、某个产品销售等），利用口头语言表达自己的观点、意图，与他人有效沟通洽谈，当众演讲；并通过书面阅读获取相关信息，利用书面表达的形式撰写公文等，适应工作需要，完成工作任务。

（二）证据范围要求：

1. 交谈讨论方面：2 种以上文字或照片音像资料，如主持小组讨论或洽谈的会议记录、录音、照片，讲话要点的草稿等。

2. 当众发言（演讲）方面：2 种以上文字或照片音像等资料，如当众进行演讲的过程照片、录音等资料，演讲稿、PPT、产品销售的宣传推广讲话等。

[①] 本项目依据人社部《职业核心能力培训测评标准》开展培训测评工作，2017 年起，由教育部中国成人教育协会负责培训测评的工作指导与证书管理。

3. 阅读获取资料方面：2种以上文字或照片音像等资料，如通过网络或文献的形式收集的相关资料整理后的文件、笔记、卡片等。

4. 书面表达方面：2种以上文字或照片音像等资料，如已完成的书面文件、撰写的各类请示、报告、会议纪要、简报等公文材料、宣传材料等。

（三）完成实证记录：

1. 背景自述（根据上面的"任务情景"，简述你完成任务的具体背景，200字内）：

> **参考回答：**
> 任务：销售kindle活动
> 双十一到了，很多商品都在进行打折活动，为了提高同学们的与人交流能力，我们小组决定在校园内进行电子书kindle的销售活动，同时增强自己的社会实践能力。
> 活动主题：kindle校园销售活动
> 时间：××××年××月××日
> 地点：北京政法职业学院
> 小组成员：甲、乙、丙、丁等

2. 证明内容：

（1）交谈讨论方面：

评估能力点	自述在本项任务中，你能够……	指导教师点评（合格/不合格）
JLZ1 主持小规模的讨论，始终围绕主题参与交谈和讨论；	1. 在本项任务中，你主持过小组讨论和专题性洽谈吗？ 参考回答： 　　我主持过小组讨论和专题性洽谈。 2. 你们讨论的主题是什么？你怎样组织大家围绕主题讨论？ 参考回答： 　　（1）主题：进行小组成员分工和具体实施方案。 　　（2）组织的过程描述如下：首先说明讨论的目的，具体内容。然后围绕主题，创造良好氛围，调动组员参与讨论的积极性，各抒己见。最后点评各组员的发言内容，并由我总结再进行下一个任务。	
JLZ2 能主动把握交谈的时机、方式和内容；参与讨论时回应提问，主持讨论时能推进讨论进行，对讨论作出评论；	3. 你是怎样主动把握洽谈讨论的时机、方式、内容参与讨论的？ 参考回答： 　　讨论时围绕主题，抓住重点，仔细聆听发言者的发言内容，结合主题，及时提出疑问和自己的观点。 4. 主持洽谈讨论时，你是如何推进洽谈讨论进行的？	

续表

评估能力点	自述在本项任务中，你能够……	指导教师点评（合格/不合格）
JLZ2 能主动把握交谈的时机、方式和内容；参与讨论时回应提问，主持讨论时能推进讨论进行，对讨论作出评论；	参考回答： 　　努力调动各成员的积极性，充分调节现场气氛，明确讨论的主题和内容，当发现讨论内容偏离主题时，主动调节，积极互动。 5. 主持洽谈讨论时，在洽谈讨论结束前，你对讨论做了总结评价吗？你评价的主要观点是什么？ 参考回答： 　　做了评价，首先肯定本次洽谈讨论很成功，其次感谢本小组各位组员的积极参与配合和支持，最后确定出最终选择的销售时间。	
JLZ3 理解对方谈话的内容，准确辨明态度和意图，予以相应回应；	6. 在交流的过程中，你是如何准确理解对方谈话的态度和意图的？请举例说明。 参考回答： 　　仔细听成员们的语述，观察在讨论时的动作、神态，从有声语言与非有声语言中了解成员们的赞同观点和不同观点。 　　例如，某一同学坚决要求在中午销售，若不是中午进行销售，他就不参加，而且说话很激动，甚至带有许多手部动作，因此认定他在中午销售的意志很坚定。	
JLZ4 全面准确传达一个信息和观点，能使用图表和其他辅助手段说明主题。	7. 你是怎样全面、准确表达自己观点的？请举例说明。 参考回答： 　　通过举例、列数据、证据等正确的语言和方式，清晰明了地表达自己的观点。 　　例如，在确定销售时间时，一方面通过调查而得的学生愿意购物和被打扰的时间表给大家看，另一方面加重语气强调。 8. 你能用图表或其他辅助手段帮助说明你发言的主题吗？请举例说明。 参考回答： 　　我能运用图表、道具、板书或者PPT等辅助手段帮助提升说明效果。 　　例如，我在为这次销售活动做方案说明时，专门制作了PPT，其中引用了一些成功案例的图片，列举了下一步工作的计划图表，并运用艺术字在PPT结尾起到较好鼓舞士气效果。	

(2) 当众发言（演讲）方面：

评估能力点	自述在本项任务中，你能够……	指导教师点评（合格/不合格）
JLZ5 主持小规模的讨论，始终围绕主题参与交谈和讨论；	1. 在整个活动过程中，你一共做了几次当众讲话？请举一例说明。 参考回答： 　　共做了3次当众讲话。 　　例如：当销售结果不理想时，及时就存在的问题进行原因分析：认为可能原因是宣传工作不到位、范围不广、宣传点分布过于集中，面不够广。把上述原因分析给团队成员，并提出了改进意见。 2. 在当众演讲之前，你都做了哪几方面的准备？ 参考回答： 　　首先利用互联网和产品说明书对kindle的性能、功能、特色等进行查阅； 　　其次准备好演讲稿，请教其他同学共同探讨修改； 　　最后整理演讲稿、调整心态、整理形象、当众演讲。	
JLZ6 能主动把握交谈的时机、方式和内容；参与讨论时回应提问，主持讨论时能推进讨论进行，对讨论作出评论；	3. 你发言的主题是什么？你采用了什么方法突出你的主题。 参考回答： 　　（1）发言的主题是：怎样让kindle的销售达到预期的目标。 　　（2）为了让主题更加吸引听众的注意力，通过换位思考和调查，揣测和了解顾客的心理，将重点放在销售渠道、销售技巧和产品功能介绍这些方面。用恰当的语言，清晰简洁的字眼表达自己的主题。	
JLZ7 理解对方谈话的内容，准确辨明态度和意图，予以相应回应；	4. 在表达内容、语调、身态等方面，请举例说明你表达得体的地方有哪些？ 参考回答： 　　（1）在表达内容方面：用正确的语言阐述自己对此项目的规划，使听众清晰易懂。 　　（2）在语调上：注意重音和轻音的灵活和结合运用。 　　（3）身态上：面对听众、保持微笑、表情放松、适当配以手势。	

续表

评估能力点	自述在本项任务中，你能够……	指导教师点评（合格/不合格）
JLZ8 全面准确传达一个信息和观点，能使用图表和其他辅助手段说明主题。	5. 在这些当众讲话的过程中，你用了哪些辅助手段？你是如何使用这些辅助手段来帮助你说明主题的？ 参考回答： （1）利用了图像、PPT、短视频等手段； （2）放映PPT，边放映边演讲，PPT中用插入的图像、图表、数据让听众更容易明白和接受，加强自己的演讲说服力。	

（3）阅读获取资料方面：

评估能力点	自述在本项任务中，你能够……	指导教师点评（合格/不合格）
JLZ9 从不同类型的文字材料中找到或筛选有用的资料；	1. 在准备你的任务前，你是通过哪些途径找到你所需要的资料的？你筛选这些资料的依据是什么？ 参考回答： （1）通过互联网、图书馆、问卷调查表和请教专业人士了解kindle及销售方式和策略。 （2）选出符合校园、学生群体为消费者的具有典型性、真实性和代表性的相关资料。	
JLZ10 从较长的资料中找到所需要的信息，看懂资料所表达的观点和写作目的，归纳文章要点；	2. 你是怎样理解这些资料所表达的观点和写作目的的？你是怎样归纳资料的要点的，请举例。 参考回答： 认真分析、仔细阅读相关资料的内容，找出关键词和中心句，归纳出结构层次，理解其中要表达的观点和主题。 例如，为了进一步做好kindle的校园销售活动方案，我认真阅读了产品说明书，收集资料，了解该产品的特点和创新性，找到产品与市场其他同类产品相比最突出的优点。	
JLZ11 根据需要归纳汇总出自己的文字资料。	3. 你归纳汇总出的自己的文字资料有哪些？ 参考回答： （1）相关电子书等产品的资料； （2）上网查询此品牌产品的性价比； （3）了解此品牌产品的使用评价度和信誉度； （4）打印其资料作为证据。	

(4) 书面表达方面：

评估能力点	自述在本项任务中，你能够……	指导教师点评（合格/不合格）
JLZ12 根据工作任务要求，选择基本文体，撰写较长的文稿；利用图表和各种编排形式突出内容；	1. 在本项任务中，你写的书面文字稿件有哪些？ 参考回答： 　（1）活动的实施方案； 　（2）活动的总结报告。 2. 你能利用图表来说明内容或用文字编排技巧来突出内容吗？请列举1~2件来说明。 参考回答： 　能。例如： 　（1）在活动总结中，针对销售情况是否达到预期，我制作了一个图表，关于预期销售量和实际销售量的比较。 　（2）利用红色和加粗字体对不足的地方进行标注。 　（3）在制作活动方案和总结中，注意使用序数词，使结构更加明晰。	
JLZ13 利用和组织素材，充实内容，说明要点；	3. 你是如何利用和组织素材来说明你所写稿件的要点的？请列举你的证据。 参考回答： 　根据主题内容筛选所需的素材，将其制作成一个图表或PPT： 　（1）选用真实的具有典型性、代表性的材料； 　（2）利用简单的、通俗易懂的语言阐述观点。 　例如，利用收集整理的素材，提炼出产品的特色和最佳卖点，并制作出同类产品性价比对比图表，以说明kindle本身的特点和优势，在活动方案中，将这些素材和制作加工的图表提供给团队成员，帮助大家找到最佳卖点，提升销售业绩。	
JLZ14 通过起草、修改，清楚表达主题，层次清晰，逻辑概念清楚，语句通顺，用词规范，标点恰当，书写工整，版面编排符合要求；	4. 请举一个至两个你写作或修改的稿件例子，证明你是怎样准确清楚地表达主题思想的。 参考回答： 　例如，我曾经撰写过一个发言稿，主题是"高职院校新生如何树立正确的消费观"。我先是通过调查问卷收集、整理、分析数据的真实性，然后结合现实情况，按照文体结构要求着笔写作；在写作过程中，实事求是地反映当前高职新生的消费现状，目的是提醒同学们：及时纠正自己的不合理的消费价值取向，树立正确的消费观。与此同时也为家长、学校和社会提供开展正确消费观教育的一些参考依据。	

续表

评估能力点	自述在本项任务中，你能够……	指导教师点评（合格/不合格）
JLZ14 通过起草、修改，清楚表达主题，层次清晰，逻辑概念清楚，语句通顺，用词规范，标点恰当，书写工整，版面编排符合要求；	5. 举例说明你的稿件层次清晰。 参考回答： 　　例如，我撰写的《kindle 校园销售活动总结》中，采用层进式的结构，全文分四个部分：第一，开头部分概述本次活动的主要情况，明确表示我们自主完成了本次销售活动的组织和实施，取得了良好的销售业绩，达到了预期目标；第二，主要工作业绩和做法，重点在于总结经验和体会；第三，分析活动中发现的问题，并分析导致这些问题产生的原因；第四，反思与改进策略，提出今后类似活动组织工作的改进建议。 6. 文章用词、标点符号及书写是否已仔细检查？请举例说明版面编排哪些地方是符合要求的？ 参考回答： 　　文章已仔细检查。 　　全文进行了认真校对，标点符号使用规范，版面整齐、排版规范，正文逻辑清晰，结构严谨，采用"1，1.1，1.1.1"三级标题，图表均有题注说明。	
JLZ15 根据文章主题采用适当的写作风格，提高文章的说服力。	7. 你的稿件分别是什么文体？ 参考回答： 　　可以根据文稿的文体和稿件名称选择相应文体（记叙文、说明文、议论文、应用文等）。 8. 你认为在这些稿件中使用的语言风格与这种文体相符吗？为什么？ 参考回答： 　　相符。销售活动的计划和总结，都属于事务文书，要求语言准确规范、简约平实。 　　我撰写的文稿，内容真实确切，材料典型，反映问题迅速及时，文字简练朴实，符合事务文书文体的有关要求。	指导教师签名

· 任务 2[①]：

（一）任务情景描述：

　　在组织一个 5 人以上参加的较大型的活动（如学习考察、社会调查、公益活动、主题宣传活动、竞赛活动、联谊活动、旅游等）中，利用口头语言表达自己的观点、

[①] 本部分仅提供测评包样题，不再进行相关回答技巧和要点指导。

续表

意图，与他人有效沟通洽谈，当众演讲；并通过书面阅读获取相关信息，利用书面表达的形式撰写公文等，适应工作需要，完成工作任务。

（二）证据范围要求：

1. 交谈讨论方面：2种以上文字或照片音像资料，如主持小组讨论或洽谈的会议记录、录音、照片，讲话要点的草稿等。

2. 当众发言（演讲）方面：2种以上文字或照片音像等资料，如当众进行演讲的过程照片、录音等资料，演讲稿、PPT、产品销售的宣传推广讲话等。

3. 阅读获取资料方面：2种以上文字或照片音像等资料，如通过网络或文献的形式收集的相关资料整理后的文件、笔记、卡片等。

4. 书面表达方面：2种以上文字或照片音像等资料，如已完成的书面文件、撰写的各类请示、报告、会议纪要、简报等公文材料、宣传材料等。

（三）完成实证记录：

1. 背景自述（根据上面的"任务情景"，简述你完成任务的具体背景情况，200字内）：

2. 证明内容：

（1）交谈讨论方面：

评估能力点	自述在本项任务中，你能够……	指导教师评估（合格/不合格）
JLZ1 主持小规模的讨论，始终围绕主题参与交谈和讨论；	1. 在本项任务中，你主持过小组讨论和专题性洽谈吗？ 2. 你们讨论的主题是什么？你怎样组织大家围绕主题进行讨论？	
JLZ2 能主动把握交谈的时机、方式和内容；参与讨论时回应提问，主持讨论时能推进讨论进行，对讨论作出评论；	3. 你是怎样主动把握洽谈讨论的时机、方式、内容参与讨论的？ 4. 主持洽谈讨论时，你是如何推进洽谈讨论进行的？ 5. 主持洽谈讨论时，在洽谈讨论结束前，你对讨论做了总结评价吗？你的评价的主要观点是什么？	

续表

评估能力点	自述在本项任务中，你能够……	指导教师评估（合格/不合格）
JLZ3 理解对方谈话的内容，准确辨明态度和意图，予以相应回应；	6. 在交流的过程中，你是如何准确理解对方谈话的态度和意图的？请举例说明。	
JLZ4 全面准确传达一个信息和观点，能使用图表和其他辅助手段说明主题。	7. 你是怎样全面、准确表达自己观点的？请举例说明。 8. 你能用图片或其他辅助手段帮助说明你语言的主题吗？请举例说明。	

（2）当众发言（演讲）方面：

评估能力点	自述在本项任务中，你能够……	指导教师评估（合格/不合格）
JLZ5 主持小规模的讨论，始终围绕主题参与交谈和讨论；	1. 在整个活动过程中，你一共做了几次当众讲话？请举一例说明。 2. 在当众演说之前，你都做了哪几方面的准备？	
JLZ6 能主动把握交谈的时机、方式和内容；参与讨论时回应提问，主持讨论时能推进讨论进行，对讨论作出评论；	3. 你发言的主题是什么？你采用了什么方法突出你的主题？	
JLZ7 理解对方谈话的内容，准确辨明态度和意图，予以相应回应；	4. 在表达内容、语调、身态等方面，请举例说明你表达得体的地方有哪些？	
JLZ8 全面准确传达一个信息和观点，能使用图表和其他辅助手段说明主题。	5. 在这些当众讲话的过程中，你用了哪些辅助手段？你是如何使用这些辅助手段来帮助你说明主题的？	

(3) 阅读获取资料方面：

评估能力点	自述在本项任务中，你能够……	指导教师评估（合格/不合格）
JLZ9 从不同类型的文字材料中找到或筛选有用的资料；	1. 在准备你的任务前，你是通过哪些途径找到你所需要的资料的？你筛选这些资料的依据是什么？	
JLZ10 从较长的资料中找到所需要的信息，看懂资料所表达的观点和写作目的，归纳文章要点；	2. 你是怎样理解这些资料所表达的观点和写作目的的？你是怎样归纳资料的要点的，请举例。	
JLZ11 根据需要归纳汇总出自己的文字资料。	3. 你归纳汇总出的自己的文字资料有哪些？	

(4) 书面表达方面：

评估能力点	自述在本项任务中，你能够……	指导教师评估（合格/不合格）
JLZ12 根据工作任务要求，选择基本文体，撰写较长的文稿；利用图表和各种编排形式突出内容；	1. 在本项任务中，你写作的书面文字稿件有哪些？ 2. 你能利用图表来说明内容或文字编排技巧来突出内容吗？请列举1~2件来说明。	
JLZ13 利用和组织素材，充实内容，说明要点；	3. 你是如何利用和组织素材来说明你所写的稿件的要点的？请列举你的证据。	
JLZ14 通过起草、修改，清楚表达主题，层次清晰，逻辑概念清楚，语句通顺，用词规范，标点恰当，书写工整，版面编排符合要求；	4. 请举一个至两个你写作或修改的稿件例子，证明你是怎样准确、清楚地表达主题思想的？ 5. 举例说明你的稿件层次清晰。 6. 文章用词、标点符号及书写是否已仔细检查？请举例说明版面编排哪些地方是符合要求的？	

续表

评估能力点	自述在本项任务中，你能够……	指导教师评估（合格/不合格）
JLZ15 根据文章主题采用适当的写作风格，提高文章的说服力。	7. 你的这些稿件分别是什么问题？	
	8. 你认为在这些稿件中使用的语言的风格与这种文体相符吗？为什么？	指导教师签名

（二）自选任务部分（必选）①

你必须有 1 个自选任务的证据，以证明你已达到与人交流能力的中级水平。

（一）写出你自选任务或活动的名称：

（二）你应提供完成自选任务的证据的要求：

1. 交谈讨论方面：2 种以上文字或照片音像等证明资料。
2. 当众发言（演讲）方面：2 种以上文字或照片音像等证明资料。
3. 阅读获取资料方面：2 种以上文字或照片音像等证明资料。
4. 书面表达方面：2 种以上文字或照片音像等证明资料。

（三）自选任务完成的实证记录：

1. 背景自述（200 字内）：

　　自选任务：某某某商品促销或者某个辩论赛
　　（背景叙述）：……

　　活动时间：××××年××月××日
　　组员：甲、乙、丙、丁等
　　地点：××学院（或其他某个地方）

---

① 本部分仅提供测评包样题，不再进行相关回答技巧和要点指导。

2. 证明内容：

（1）交谈讨论方面：

评估能力点	自述在本项任务中，你能够……	指导教师点评（合格/不合格）
JLZ1 主持小规模的讨论，始终围绕主题参与交谈和讨论；	1. 在本项任务中，你主持过小组讨论和专题性洽谈吗？ 2. 你们讨论的主题是什么？你怎样组织大家围绕主题进行讨论？	
JLZ2 能主动把握交谈的时机、方式和内容；参与讨论时回应提问，主持讨论时能推进讨论进行，对讨论作出评论；	3. 你是怎样主动把握洽谈讨论的时机、方式、内容参与讨论的？ 4. 主持洽谈讨论时，你是如何推进洽谈讨论进行的？ 5. 主持洽谈讨论时，在洽谈讨论结束前，你对讨论做了总结评价吗？你评价的主要观点是什么？	
JLZ3 理解对方谈话的内容，准确辨明态度和意图，予以相应回应；	6. 在交流的过程中，你是如何准确理解对方谈话的态度和意图的？请举例说明。	
JLZ4 全面准确传达一个信息和观点，能使用图表和其他辅助手段说明主题。	7. 你是怎样全面、准确表达自己观点的？请举例说明。 8. 你能用图表或其他辅助手段帮助说明你发言的主题吗？请举例说明。	

（2）当众发言（演讲）方面：

评估能力点	自述在本项任务中，你能够……	指导教师点评（合格/不合格）
JLZ5 主持小规模的讨论，始终围绕主题参与交谈和讨论；	1. 在整个活动过程中，你一共做了几次当众讲话？请举一例说明。 2. 在当众演讲之前，你都做了哪几方面的准备？	
JLZ6 能主动把握交谈的时机、方式和内容；参与讨论时回应提问，主持讨论时能推进讨论进行，对讨论作出评论；	3. 你发言的主题是什么？你采用了什么方法突出你的主题。	

评估能力点	自述在本项任务中，你能够……	指导教师点评（合格/不合格）
JLZ7 理解对方谈话的内容，准确辨明态度和意图，予以相应回应；	4. 在表达内容、语调、身态等方面，请举例说明你表达得体的地方有哪些？	
JLZ8 全面准确传达一个信息和观点，能使用图表和其他辅助手段说明主题。	5. 在这些当众讲话的过程中，你用了哪些辅助手段？你是如何使用这些辅助手段来帮助你说明主题的？	

（3）阅读获取资料方面：

评估能力点	自述在本项任务中，你能够……	指导教师点评（合格/不合格）
JLZ9 从不同类型的文字材料中找到或筛选有用的资料；	1. 在准备你的任务前，你是通过哪些途径找到你所需要的资料的？你筛选这些资料的依据是什么？	
JLZ10 从较长的资料中找到所需要的信息，看懂资料所表达的观点和写作目的，归纳文章要点；	2. 你是怎样理解这些资料所表达的观点和写作的目的？你是怎样归纳资料的要点的？请举例。	
JLZ11 根据需要归纳汇总出自己的文字资料。	3. 你归纳汇总出的自己的文字资料有哪些？	

（4）书面表达方面：

评估能力点	自述在本项任务中，你能够……	指导教师点评（合格/不合格）
JLZ12 根据工作任务要求，选择基本文体，撰写较长的文稿；利用图表和各种编排形式突出内容；	1. 在本项任务中，你写的书面文字稿件有哪些？ 2. 你能利用图表来说明内容或用文字编排技巧来突出内容吗？请列举1~2件来说明。	

续表

评估能力点	自述在本项任务中，你能够……	指导教师点评（合格/不合格）
JLZ13 利用和组织素材，充实内容，说明要点；	3. 你是如何利用和组织素材来说明你所写稿件的要点的？请列举你的证据。	
JLZ14 通过起草、修改，清楚表达主题，层次清晰，逻辑概念清楚，语句通顺，用词规范，标点恰当，书写工整，版面编排符合要求；	4. 请举一个至两个你写作或修改的稿件例子，证明你是怎样准确清楚地表达主题思想的。 5. 举例说明你的稿件层次清晰。 6. 文章用词、标点符号及书写是否已仔细检查？请举例说明版面编排哪些地方是符合要求的？	
JLZ15 根据文章主题采用适当的写作风格，提高文章的说服力。	7. 你的稿件分别是什么文体？ 8. 你认为在这些稿件中使用的语言的风格与这种文体相符吗？为什么？	指导教师签名

三、第三方证人证词

（证人完成）

被证明人姓名	甲		证明事项		kindle 的校园销售
证明人情况	证人姓名	××	与被证明人的关系	同班同学	手机号
	工作单位	××学院			
证词描述	（包括：对被证明人在为某项任务的完成所做的工作中，对在与人交流能力方面为该项任务完成的效果进行具体的评价） 参考回答： 　　在这项任务中，甲同学在小组中积极参加讨论，并发表自己的观点，在当众发言中，发表了精彩的谈话，说了自己对销售 kindle 的见解和如何开展校园售卖活动。在我们活动开展后，甲同学积极在网上查找资料，为我们的活动提供了便利条件。 　　在进行 kindle 的销售时，甲同学积极地发放传单，给顾客耐心讲解 kindle 的功能及本次优惠活动力度。结束时，该同学进行认真总结，并做成书面总结，写出了在这个活动中他表现的优点和缺点，为以后的工作、学习打下了基础。				
证明人签字				年　月　日	

全国职业核心能力认证过程测评文件包[①]

National Vocational Key Skills Certificate Proficiency
Process evaluation Portfolio

职业沟通

Vocational Communication
（2012 版）

测评人姓名：_____
身份证号码：_____
准考证号码：_____
单　　　位：_____

教育部教育管理信息中心
全国职业核心能力认证办公室

[①] 职业核心能力认证项目（简称 CVCC 项目）是由社会团体——高校毕业生就业协会核心能力分会组织开发的又一个职业核心能力认证项目，其中职业沟通项目的测评标准和测评包对本教材主要针对的与人交流能力训练具有参考价值。

一、前言

职业核心能力（又称关键能力，Key skills）是人们职业生涯各种活动中，除专业能力之外、广泛需要并且可以让学习者自信和成功地展示自己，并根据具体情况如何选择和应用的基本能力。职业核心能力认证项目（简称 CVCC 项目）是教育部教育管理信息中心全国职业核心能力认证办公室研发团队在吸收了英国、美国、德国等西方发达国家最新能力教育和培训成果基础上开发出来的。通过培训和测评，就业者可以成功地提升在生活、学习和职业场景中的效率和质量。2010 年 5 月 20 日，教育部正式向全国发文推广职业核心能力认证项目。职业核心能力包括如下模块：

职业沟通 Vocational Communication

团队合作 Teamwork

解决问题 Problem Solving

自我管理 Self-management

信息处理 Information and Communication Technology

创新创业 Innovation and Entrepreneurship

礼仪训练 Etiquette Training

CVCC 等级测评由过程测评和笔试两部分组成，总分为 500 分。其中，过程测评为 150 分，笔试 350 分，笔试包括专业能力考试和职业能力测评。参加等级测评的考生须在持有《教育部全国职业核心能力认证教师资格证》的教师和培训师指导下，用 2 个星期或 2 个星期以上的时间完成《全国职业核心能力水平等级认证过程测评文件包》。

教育部教育管理信息中心
全国职业核心能力认证办公室
北京　二〇一一年三月五日

二、测评指导

全国职业核心能力水平等级认证过程测评文件包依据教育部职业核心能力专家委员会所制定的职业核心能力等级标准而设计，用于在过程培训中测查参加全国职业核心能力水平等级认证的考生能力水平。该测评包在全国职业核心能力水平等级认证的 500 分中占 150 分，所有考生必须参加该项过程测评，如无该项成绩，则不能申请中华人民共和国教育部职业核心能力水平等级证书（CVCC 证书）。

（一）测评包的内容构成

本测评包把职业核心能力各单模块的能力要求融入典型职业场景的案例中，让考生分析自己在碰到同样情况下的应对策略，其中一部分还需要由考生提交自己的过往能力训练记录、真实行动记录及证据（证人、证言及证物）。该项评估的目的主要用于全面评估考生能力培训与个人能力进程的状况证明，供培训师综合评估。

（二）填写要求

此项过程测评文件包的目的是全面评估考生通过培训和学习所获得的职业核心能力。考生对照此测评包各题目的要求并按要求收集证据。考生必须承诺所提交的证据是由自己亲自完成并真实有效的，这些证据可包括反映任务完成过程的电子照片、电子文档以及其他可转换成电子档的资料等，如证人（考生的上司、同事、客户、同学、朋友、家人等）提供能显示考生能力的凭证，该证人必须亲自签名。

（三）测评要求

过程测评文件包过程测评由本单位持有教育部职业核心能力教师资格证的培训师或教师按照测评要求对测评内容的真实性和有效性进行检测，通过对考生完成测评包中设定的任务和过程培训中表现出来的能力进行观察，对业绩证据和现场测评中反映的能力要求进行全面考核，全面评估考生所达到的能力水平，测评结果由培训师按 A（A+，A，A-）、B（B+，B，B-）、C（C+，C，C-）、D（D+，D，D-）、E（E+，E，E-）的等级赋予相应分值。

培训师要考查考生完成测评包所设定任务的真实性和有效性。

1. 培训师除对此测评包的内容进行检查测评外，还有权对该考生在过程培训中所体现出来的能力进行相应的评估。

2. 内督员必须对此测评包进行复查，并在过程测评的结果页上签名。

3. 外督员有权对此测评包进行抽查，并有权就有疑点的测评包询问相关的考生和培训师。

教育部教育管理信息中心
全国职业核心能力认证办公室
北京　二〇一一年三月五日

三、考生须知

　　为了证明你的团队合作能力，你必须与你的学习伙伴组成一个工作小组来完成一项真实的、具体的协作项目，该项协作项目由你和你的学习伙伴自己来设计。其目的是要让你对本测评包中对考生在团队合作能力各方面的要求有一个清晰的理解，通过收集完成该项目的证据来体现你的团队合作能力。如你曾经在一个小组中工作过，则需要提交你在小组中工作的证据。

　　注：由于此测评包已受保护，只能填写文字，不能插入图片，请将你的业绩证据用另外一个 Word 文档生成后再提交给你的培训师。

考生保证
我保证：我所提交的业绩和证据都是我自己完成的，并且是真实有效的。 　　　　　　　　　　　　　　　　　　　考生签字： 　　　　　　　　　　　　　　　　　　　日期：二〇一　　年　　月　　日

证人声明
我声明：此考生在此测评包中所描述的内容是真实的。 　　　　　　　　　　　　　　　　　　　证明人签字： 　　　　　　　　　　　　　　　　　　　日期：二〇一　　年　　月　　日

四、测评包正文

（一）说服的技巧

【案例】

MM公司成立至今已有十多年了，技术出身的老板钱伟十分强势、独断，训斥别人时不留一丝余地，高管们总是被从办公室骂出来。5月的一天，老板把人力资源经理赵小松叫进了办公室，然后丢给他一份社保数据，质问为什么员工社保缴纳得那么多，接着就是一顿狂骂，连解释的机会也不给，就让赵小松马上把社保基数调低。众所周知，社保基数每年4月份调整一次，现在已经是5月了，根本就无法调整，老板布置的是个不可能完成的任务。

赵小松心里也是一肚子气，因为4月份调整社保基数是经过老板签字同意的。于是，赵小松无视老板的要求，再次提交了付款申请，结果很快就被老板退回。看着社保局寄来的缴费通知书，赵小松深知再不付款就要罚款了，但老板就是不肯支付这笔款项。

对此，以下四位网友分别提出了自己的看法。

张三：（1）老板知道现在改不了吗？如果知道那就是刁难了，如果不知道赵经理就要想办法让老板知道。（2）如果确实改不了，那么建议赵经理主动认错。具体如下：在合适时机讲出无法更改的事实，并列举如果我们还不交可能就要面临被罚款的情况（可以找个被罚款公司的例子），然后跟老板说这都是他的错，没有跟老板再次确认，但是目前已经改不了了，老板认为应该怎么处理才好？而他也需要承担这个责任，希望老板再给他一次机会。（3）当然了，还是要明白：首先老板永远是对的，其次在职场中我们犯了错越是主动承担错误越是容易得到别人谅解，如果赵经理还想干下去，忍一忍吧。

李四：（1）对老板的做法表示理解，一个公司应该以利润为中心，在尽可能合规合法的基础上消减运营成本。（2）首先，4月份不可以调，政府规定不能这样做，不批会导致罚款；其次，5月份调可行，但要说明法律风险：给员工的感觉不好，认为公司不关心员工，从而打击员工积极性；会很容易导致一些劳资纠纷，员工可以根据公司没有缴足社保而状告公司，提出离职要求赔偿。（3）提出其他节约成本的方案。

王五：我觉得做人力资源经理的确实有很多无奈，但是既然做了，就要想办法做好，我每次在跟老板汇报之前，比如签工作合同，我先把有关人员的工作都做好了，确定没有问题，然后考试。合格的，我上报常务副总，除了汇报需签约人员的工作情况外，还要附上考核表格以及用人部门领导的鉴定，然后再让主管副总签字。副总自然会跟老板汇报，完后我再找老板签字办理正式合同，一般这样就不存在什么漏洞了。如果还是不能签，我会半个月左右再次向常务副总建议，并说明人员的反映和工作情况。

赵六：（1）承认错误："老板，我错了，当初没有全面分析就请您签字了。现在看到人事成本上升，我也很后悔，可是现在后悔也不行，社保局的催交单已经发了两次，还说如果再不缴到时就要加滞纳金了。"（2）进一步解释："其实，现在员工看到公司对社保这一块这么好，有几个本要辞职的员工都留下来了。您看现在招聘也挺难的（特别是普工），今年这个就当作我们招聘的投资，也许就可以更好地抢占人才了。"（3）作出保证："明年调整社保基数时，我一定会做全方位的分析，确保成本的可支付性。如果您觉得我做错了，我愿意接受公司的处罚。"

【任务】

如果你是人力资源经理赵小松，你会采取什么策略与老板再沟通，请他收回成命并签字同意付款？

_____

_____

_____

（二）面对面沟通

【案例】

李先生前一段时间去应聘一个采编岗位，对主考官说自己发表了30万字的文章。考官针对这一点提问："在前面你一直强调你发表了30多万字的文章，但是我们认为，这仅仅能反映你的写作能力。作为一名采编人员，非常重要的一点是与人沟通、开展采访的能力，以及敏锐的观察力，你能不能更多地展示一下这方面的能力？"

李先生答道："平常在与人沟通中是不要说太多，而做得多，关键不是要看你说什么，而是看你做了什么。理论是灰色的，生命之树常青！我父亲也常常对我说，在与人交往的过程中一定要少说，要多做，作为一名采编人员，可能要接触很多人，敏锐的观察能力是任何一个创作者必须具备的，我写了30万字的文章，这本身就反映了我的观察力。我没有过分地突出我说的能力，是因为我的强项是写作，可能因此削弱了说这方面，但实际上我具备了这方面的能力。"

结果，考官对李先生的回答并不满意，最终他被淘汰了。

【任务】

结合上述案例，分析李先生为什么被淘汰？请结合真实案例，说明你在工作小组与人沟通时如何运用倾听技巧，以及对倾听过程中获得的信息如何反馈并推进活动。

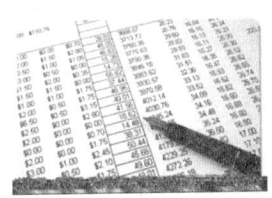

_____

_____

_____

（三）赞美

【案例】

一位客户在一款地砖面前驻足很久，小张走过去对他说："您的眼光真好，这款地砖是我们公司的主打产品，也是上个月的销售冠军。"

客户问："那多少钱一块呢？"

小张说："这是我们在高档社区销得最好的一款。折扣后价格是90元一块。"

客户追问道："有点贵，还能再便宜吗？"

小张说："您买的房子肯定很棒！您家在哪个小区呢？"

客户说话爽快："在城市花园。"

"城市花园应该是市里很不错的楼盘了，听说小区的绿化非常漂亮，而且，室内格局都很不错，交通也很方便。您肯定是一位成功人士。买这么好的地方，我看您不会在乎多花几个钱买我们这款质量更好的产品。不过，我们正在城市花园和水晶城做促销，这次还真能给您一个团购价。"

客户脸上露出了些笑意，他说："可我现在还没拿到钥匙呢。没有具体面积，怎么办？"

小张马上答道："您要是现在就提货还优惠不成呢，我们按规定要达到20户以上才能享受优惠，今天加上您这一单才16户，还差4户呢。不过，您可以先交定金，我给您标上团购，等您面积出来之后再提货。"

就这样，客户顺利交了定金，两周之后订单正式成交。

【结论】

赞美是沟通中最有魔力的话术。通过赞美能达到很多预期效果。你见到一个陌生人之后能在三秒钟之内产生由衷的赞美之词吗？赞美是需要经常训练的，请与你的同伴练习赞美。

【任务】

请结合上述案例，举例说明你在工作小组中因善于使用赞美而促成了某件事情朝你预期的方向发展。

_____

_____

_____

_____

（四）沟通决策的运用

【案例】

2010年，在中国大陆拥有80万员工的富士康公司，发生了令人震惊的跳楼事件，这使企业家郭台铭面临着巨大的压力，并承受着来自大陆、台湾以及全球各地的指责。郭台铭在前所未有的压力之下，采取了一系列的策略化解了这场危机。

【任务一】
　　如果你是郭台铭，你将采取何种策略来化解公司面临的严重信任危机？你将采取何种策略加强与政府相关部门的沟通？

_____
_____
_____

【任务二】
　　你将如何加强与媒体沟通，扭转富士康公司"血汗工厂"形象？

_____
_____
_____

【任务三】
　　加强与劳方沟通，你将动用什么资源？采取什么措施？

_____
_____
_____

（五）身体语言沟通技巧

　　身体语言是沟通中特定的形象语言，在职业沟通中，如果眼神、面部表情、形体姿态、手势、着装等非语言技巧运用不恰当，往往会造成灾难性的后果。

【案例】
　　陈志伟是一位销售员，与客户见面时他发现有些客户常常两臂交叉置于胸前端坐着。这是一个肢体语言信号，那么，这样的肢体语言在向外传递着什么信息？

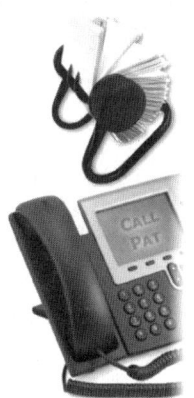

【分析】
　　也许对方只是因为有点冷才两臂交叉置于胸前，所以为了更准确地分析，你应该结合其他的客观条件。当然，这个肢体语言通常意味着：防御和提防。尽管有时别人这么做是因为这样的姿势比较舒服，但通常而言，两臂交叉置于胸前则意味着他内心抵触你所说的话。无论如何，假设对方确实是在抵触你，你要想方设法做些努力。首先，你不妨与他们进行眼神交流，让他们感受到你在乎他们以及他们的需求。然后，不妨为他们的手找些事

做，比如拿一本小册子、一支钢笔、一张纸等。当然你还可以请他们记录些东西，但不要操之过急立刻把记录本给他，你最好停顿一下，同时仔细观察。当你打开他封闭的肢体语言后，慢慢地他的思想也会打开。

【任务】

请你分别列举一个自己在工作小组中亲身经历的正面的（朝你预期方向发展的）和反面的（与你预期方向相反的）例子，说明非语言沟通技巧的重要性。

_____

_____

_____

（六）书面沟通

【任务】

在各项应用文体撰写中，你应该能够采用图表来表现你的主题。在工作小组职业场景中，你撰写过什么样的应用文？请将其复制在此，并说明你撰写此文的目的，以及其达到的效果。

_____

_____

_____

工作分工计划表

序号	项目	内容	承办及审定单位
1			
2			
3			
4			
5			
6			
7			
8			
9			
10			
11			
12			
13			

（七）与上级、平级、下级之间的沟通

【案例】

人物：李总（48岁）、陈部长（36岁）

地点：总经理办公室

李总：小陈，我们董事会昨天研究了一下，打算调人力资源部副部长老马到你们部任副部长，但还没有最后确定，打算征求一下你的意见。

陈部长：我觉得老马不合适。年龄太大，身体又不好，而且不熟悉业务。

李总：不过我们还没有发现比老马更合适的人选。

陈部长：李总，你别把眼睛总盯在老同志堆里，年轻人中人才有的是。

李总：（不高兴）小陈，你少年得志可别瞧不起老同志哦。老马在公司干了二十多年，不要说你们部的副部长，当副总都够格，正因为他年龄大，才给你当副手。

陈部长：李总，我们那里是生产一线，不是敬老院。要给老马提级，在公司里找个闲职也行。我们部副部长管销售，累死人，把老马拖垮了我可担当不起。

李总：看来你有更合适人选了？

陈部长：我想推荐我们部小张。首先，他年轻力壮，身体比老马强；其次，他搞了五年销售，业务比老马熟；再次，他到公司一直在我部里，比老马更了解情况；最后，小张是开拓型人才，主管营销正需要这样的人，而老马搞人事这么多年比较保守……

李总：（打断，小怒）好了好了！小张的情况我不如你熟悉，可老马的情况我比你了解。

陈部长：副部长是我的助手，当然最好是我了解的人。

李总：（不耐烦）好吧！两个人都提交董事会讨论，最后由董事会决定。

【分析】

我们可以想象最后的结果：如果李总在董事会上提出讨论，最后通过的肯定是老马，而不会是小张。因为陈部长不是董事会成员，而且李总的话比陈部长的话分量重很多。而从此，在李总眼中陈部长就成了少年得志、骄傲狂妄之人，他丢掉部长职务也是早晚的事。

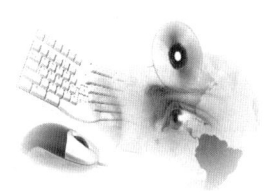

在此案中，首先，陈部长最大的失误在于直接反驳李总的意见，使李总面子上过不去，最后恼羞成怒，导致工作上的分歧上升为感情冲突；其次，陈部长不应该把自己推荐的小张和老马进行对比，这实际上是在说李总用人不当，这对他推荐小张毫无益处，最终的结果不但激怒了李总，也得罪了老马。

【任务一】

以上案例中，双方应该怎样沟通才最有效？

【任务二】
结合上述案例，请举出一个在工作小组中因你与上级沟通不畅而失败的真实案例。
_____
_____
_____

【任务三】
请举出一个你在工作小组中因与上级成功沟通而达到预期目的的真实案例。
_____
_____
_____

（八）演讲

当众演讲（当众讲话）能够提升自信心、培养良好的人际关系，有利于促进职业生涯的发展。

【任务】
在你学习和工作过程中，一共做过几次比较正式的演讲？其中最成功的一次演讲是在何时何地？请详细列出你最成功的一次演讲的时间、地点、主题、演讲时长、听众群体，以及你的演讲达成了什么目标。

_____
_____
_____

（九）商务谈判

在激烈的市场竞争环境下开展商业活动，需要具备一项职场必备的技能——商务谈判，它是化解对抗、达成谅解、连接理想与现实的桥梁。商务谈判能力成为优秀企业家和管理人员的必备素质，是否具备商务谈判策略和技能在很大程度上决定了商务活动的成功能否。许多工商界成功人士通常都是商务谈判和职场沟通的高手，杰出的商界领袖更是拥有驾驭谈判的非凡本领，创造了许多传奇故事。

【任务】
简单描述一下你曾经参与的某次谈判的经历。请你将此次商务谈判的前期准备、谈判策略、过程博弈、谈判结果以及经验教训汇总，形成一个正式的报告文件，并说明你

在此次谈判中所起的作用。

_____
_____
_____

五、第三方评价表

此表格由考生的同学、同事、朋友、老师和领导等填写，由他们来对考生的职业核心能力进行客观描述，描述内容为：考生哪些方面的能力已发展并表现得很好，哪些能力还需要进行改进和训练等，以便让考生对自己的能力发展有一个清晰和准确的认知。其目的是让考生在今后的能力训练中把握努力的重点和方向，以便更快捷地训练和掌握职业核心能力。

评价人	考生的优势	考生的劣势	考生需要努力的方向	评价人签名	评价人联系方式
同学或同事					
老师或领导					
考生的朋友					

六、过程测评结果

（此页由培训师填写）

考生姓名			性别	
准考证号		身份证号		
培训师对该考生本模块能力描述				
测评结果					
对应分数	A+, A, A-	B+, B, B-	C+, C, C-	D+, D, D-	E+, E, E-
	150~120	120~90	90~60	60~30	30~0
培训师给该考生的建议					
培训师姓名					
内督员姓名					
测评点名称					

日期： 年 月 日

主要参考文献

1. 劳动和社会保障部职业技能鉴定中心组编：《与人交流能力训练手册》，人民出版社2008年版。
2. 李永新主编：《北京市公务员录用考试专用教材——申论》，人民日报出版社2018年版。
3. 李永新、李琳主编：《公务员录用考试专用题库——言语理解与表达专项题库》，人民日报出版社2016年版。
4. 童革主编：《表达与沟通能力训练》（第三版），高等教育出版社2018年版。
5. 吴廷玉主编：《文秘写作与文书处理》，外语教学与研究出版社2014年版。
6. 武洪明、许湘岳主编：《职业沟通教程》，人民出版社2011年版。